信ずるとは何か

恒《つね》に転《てん》ずること暴《ぼ》流《る》の如《ごと》し

橋本凝胤

芸術新聞社

自然・不自然

人間生活はすべて不自然なものであり、また矛盾と束縛と不安とに駆られているものですが、そういうわれわれは、それでは自然に対してどういう態度をとっていくべきか、あるいは矛盾や束縛をどういうように自覚していくべきか、これがいちばん大きな問題だろうと思います。

人間には、いうまでもなく人間性があり、感情があって、その人間性や感情で生活している。そのためにかえって、たえず矛盾を感じ束縛を感じて不安が増すばかりです。しかし、自然の理法にしたがって人間生活を行なっていくことになれば、矛盾もなくなり、不安もなくなっていく理屈です。おたがいに自分は人間であるということを自覚して、そうして真理や自然の理法を生活のなかで判断していくことになれば、われわれの生活が非常に正しい生活になり、また矛盾のない、ほんとうに幸福な生活になります。

昔から、人間の生活は思うにならぬものであり、矛盾のあるものであったが、これはまた人間なるがゆえの問題点にほかなりません。いったい人間の幸福とはどこにあるか。それはとりもなおさず「無事《ぶじ》これ貴人《きじん》」ということばがあるように、無事であることがいちばん必要な条件です。だが、われわれ人間がいちばん矛盾を感じ、いちばん不安を感じているもの、すなわち「死」という最後に来たるべきものが立ちふさがっている以上、つねに深く心を傷めなければならない。心を傷めるばかりでなく、これを中心にしてあらゆる事件を起こしています。

人間は生まれた以上、かならず死ななければならぬというのは、一つの定義です。生まれたから死ぬことは決まっている。生まれなかったら死なない。これはまさに大自然です。ところがそこが問題で、生まれたときと死んだときと差別的に判断して、生まれたときは喜ぶが死んだときは悲しむというのは、そもそも矛盾ではないか。しかも、われわれはその矛盾のなかで暮らしている。

人間というものは、長生きしたい、金持ちになりたい、という強い要求をもっている。しかし、この両方とも思うようにならぬものであって、限界があるということを知らなければならぬ。どのくらい金持ちになろうといったって、だれもが金持ちになれるわけではない。金持ちになる人もあればならぬ人もある。そこが不可思議です。

しかし、人間に現実の差別が与えられているのは、自然のなりゆきであって、すべての人が長生きするわけにいかないし、また金持ちになるともかぎらない。こういう現実の差別をわれわれはどう見るか。そこにまず、人間に与えられている一つの課題があると思います。この課題を解決することが、つまり自然と不自然との調和をはかることにかかわってくるのです。

人間なるがゆえに起こる矛盾を、自分の判断のなかで自覚するならば、まったく不安もなく、ほんとうに幸福な生活が営んでいけるということになります。

昔から、われわれ人間は必然的のものか、偶然のものか、あるいは縁起《えんぎ》のものか、という議論があります。人間は生まれたから死ぬのであるというのは、自然の理法であり、必然の問題です。ところが、その生まれてから死ぬまでの間に、今日は明日を決定し、明日は明後日を決定していく「縁起の力」というものがある。それによって、その日その日に創造していく世界が、われわれの日常生活の判断からいろいろな現実をつくり上げていく。

いわば必然的の原理と縁起の原理との間に、われわれは始終生活している。それをどのように自己の判断のなかに入れて生活していくかということが、人生をまっとうするゆえんになる。この縁起と因果《いんが》とをかみ合わせて調和するところに、人生の意義があるのだと思います。

自分は生まれてきたのだから、しようことなしに生きているという人もあり、また、生まれたついでに生きているという人もある。近頃は、自分の人生の目的とはかかわりなしに生きている人が多いように思う。

人びとは経済生活にあくせくとして、自分が人間であるということさえ忘れている人がある。そして、いろいろな身辺の事柄にとらわれて、感情をいらだたせ、矛盾に矛盾をかさねて生活している。そのような人は、いつまでたっても喧騒たる人生にあくせくして、静かに人生を味わうこうとができない。第一、肚《はら》というものがほとんどできていない。ただ起こってくる環境に左右され、眩惑されて生活している。自分自身というものを忘れてしまっているのです。それでいて「平等」ということをつねに口にする。差別的な現実を自覚しないで、その現実にふりまわされ、猫も杓子《しゃくし》も平等という観念におどらされている。

平等ということは民主主義の一つの隘路《あいろ》だと思います。たしかに平等や自由ということは、人間性や感情からみるならば妥当性があるようだけれども、実はそこに無理がある。むしろ、人格の尊厳性という根本問題において、平等であることを強調しなければならない。けっして現実の男も女も平等ということにはならないのです。また「自由」といえば、わがまま勝手になんでもやれるということではない。自由を抑制する倫理道徳や、あるいは知性というものがあって、その上に自由であるということが建て前です。

人間なるがゆえにかくのごとき現実を得て、その現実につねに願望して、よい現実あるいは幸福な現実をもとめるために努力する。そこに人間の修行というものがあるのです。修行というものは縁起の力です。修行によってわれわれは新しい人生をクリエートしていくのです。

しかるに、はじめから立派な人間であるという考え——人間至上主義とか、感情至上主義でもって人間を過信する。これは専門的にいうと逆説的な矛盾であって、矛盾が矛盾を生んでいく。そして人間過信の幻想におぼれていく。なによりもまず、人間なるがゆえの矛盾を感じなければならないはずであり、その矛盾や束縛をはなれてこそ自己の完成がある。それは修行によって得られるものです。われわれにとって、不安のない人生こそ必要な段階ではなかろうか。

決定的な事件にやたらに心をつかって生活していても、それは徒労です。人によっては、生まれたからかならず死ぬ、だから人生は実に味気ないものであるというように宿命的に考えるけれども、しかしわれわれは宿命によって動かされているものではない。明日の世界というものは、今日にしてわれわれが自身でつくり上げていくところの明日である、ということを知らなければならぬ。それが「因果論」です。

これこそほんとうの因果論であって、われわれがいまの生活にいろいろ不平をもったり不安をいだいたりしても、それはなんにもならぬ。過去のフィルムが現在映っているだけの話です。これをもう一歩すすめて、現在映じている同じフィルムを明日になって映すときには、明日の問題となって現われてくるわけです。今日の原因が明日に現われるときは、今日とちがった結果が出てくる。こういうことがほんとうの因果論です。したがってこれは宿命説ではなく、どこまでも現実の努力主義、現実の修行によって明日を決定していこうとするところに、仏教の因果のすばらしい真理があるのです。

因果々々というと、すぐに宿命説をもちだして消極的に考えるけれども、そうではない。われわれはどこまでも、現実の努力によって明日を大成しようとするときに、現実は必然的なものであり、明日は縁起のものであることを知る。それを過去とか現在とか未来とかいうと、もうじきに死んでから後の問題だと考えてしまう。けれども仏さまの考えは、死んでから後という考えではなくて、どこまでも現在の問題、いまわれわれが努力することによって明日が決定されるばかりでなく、いまの刹那《せつな》が充実すれば次の刹那も充実するという考え方です。

日常生活の判断によって実践されるところのその判断の基礎となるものは、われわれの心の問題です。結局、問題は「心」にあるのであって、心がもっとも重要な役割をつとめるものであるといわなければなりません。

（ＮＨＫラジオ、一九六六年五月十二〜十四日放送、『人生読本・第四巻』国民思想社、一九七三年六月）

信ずるとは何か　目次

装幀：長沼辰雄

I

信仰する心とは

〈信教の自由と邪教〉

本日は皆さんお詣りになりまして、ありがとうございます。こうして月々のご法要に参拝をしていただきまして、まことに結構なことでございます。皆さんは信仰ということを腹に納めてお詣りを願うておることだと思いますが、信仰と申しますことは非常にむずかしいことでございます。

信仰というものはいろいろございます。ある人は生きもののキツネやタヌキというようなものを信仰しております。また、山を信仰している人がいる。木を信仰している人がいる。稲荷《いなり》さんを信仰している人がいる。そうかと思うと、威徳天《いとくてん》という馬を信仰している人がいる。牛頭明王《ごずみょうおう》といって牛を信仰している人がいる——。信仰というものは実に種類が多いのでございます。しかし、ほんとうの信仰というものはどういうものか。これは仏さまの時代からむずかしい問題として考えられてきているわけです。

そこで簡単に申しますれば「何でもかまわん、信仰する人の心の中に信仰というものがあるんだ。だから何でもよい、それを信じて自己を打ち込んでいきさえすればよいのである」と、こういうことが考えられてきておるわけです。また宗教心という言葉があります。数千年来人びとが何かを信じてきておる。その信ずる対象となるものは雑多でございます。

これは明治時代になりましてから起こったことですが、邪教《じゃきょう》ということばがある。邪《よこしま》な教え、あるいは「淫祠《いんし》邪教」というようなことをいっている。そういうものが果たしてあるのだろうか、ないのだろうか。これは宗教の学問の上から考えましても、非常にむずかしいことでございます。

この頃日本の国では「信教の自由」ということを申しております。その人が信ずるものが信仰の対象であるというふうに考えてきて、そうして何でもかまわん信仰したらそれでよろしいと、こういうふうに信教の自由ということが叫ばれておるわけでございます。したがって今の日本では、信教は自由であるから何でも自分がそれがよいと思えばそれでよろしい、という信仰形態に相《あい》なってきておるわけです。したがいまして、信仰の形態も種々雑多になるわけでございます。

このように、今日ほど信仰のムチャクチャな時代というのは、おそらく歴史はじまって以来ないと思います。これはつまり信教の自由ということから起こっているわけです。

この信教の自由を叫びつつ、一方で今の人びとは「邪教」ということばを使っている。邪教と申しますと、曲がった信仰ということです。「正教」というと正しい信仰。この正しい信仰と曲がった信仰とがあるかと申しますと、信仰の極地、信教の最終段階――「ここが信仰だ」という中心は同じことでございます。ただ信仰というものがむずかしいのであって、おたがいに何を信ずるかという問題がございます。

たとえば観世音菩薩を信じて皆さんがお詣りをされている。そうすると観世音菩薩の何を信ずるのか。お寺を信ずるのか、仏さまを信ずるのか、はっきりとなっておらない。そこでつまり、キツネを信ずる人がいる、木を信ずる人がいる、というのと同じように信仰というものがどうもバラバラのものになっているのでございます。これが現代人の信仰が散漫になるいちばんの原因になっているわけです。「何でもかまわん、信じたらいいんだ」というふうな不統一の信仰。これが人間の心を不統一にし、信仰を忘れ去る原因になっているのです。

たとえば京都で親鸞聖人《しんらんしょうにん》の何百回忌というのが行なわれる。そうするとそこへワンサと地方から人が参拝する。また信州へ行くと善光寺《ぜんこうじ》の何年目かの御開帳というので、どんどん人が来る。その詣って来ている人に「あなたはいったい何を信仰しておいでになってますのや」と言って聞きますと、何もないということがある。

ちょうどこの頃の団体旅行のように、どこかへ行こうというと、みんなワッと寄ってきて何も目的なしに行く。弁当を腰に巻いて何もならん噂話をして、そうしてオレもオレもという具合にして行く。それが内地の旅行をしておるだけでなく、海外へ参りましていちばん恥をかくのは日本の団体旅行でございます。厚かましゅうて行儀が悪うて、何も目的なしにウロウロしておる。これが今の団体旅行でございます。何かなしに金はあるし人が勧めるし、まあ行こうかというので行く。

わしは今度本願寺さんに詣ってきた、いや善光寺さんの御開帳に行ってきたという。そちらへ行って何を拝んでこられましたか？　さあ、本堂へ参りましたらパッと電気がついたんでびっくりして、それを見てきましたという。――何にもないわけです。堅い信仰があって参拝しているのでも何でもない。それでは烏合《うごう》の衆です。

こういう信仰がもし日本人の信仰であるといたしますならば、日本人は信仰心のない人間ばかりだ、こう言わなければならんことになるわけでございます。信仰というものはそういうものではないのであります。

〈自分の心で生きる〉

われわれの信仰というものは、心の中へ刻みつけるもの、心の中で安堵でき得るもの、生きているときはもちろんのこと、死んでも自分の心の中にある信念・信仰というものが、現実にも、あるいは未来にも生きていく人間の一つの絆《きずな》となるべきものである。仏さんというようなわれわれの信仰の対象は、決してそこらにウロウロしているものではないのであります。おたがいの心の底にしかないものである。おたがいの心の中にだけ、厳然と堅く存在しているものである。

そういうことをちっとも考えずに付和雷同して、行け行けというようなことでウロウロしているのでは邪魔になってしようがない。仏さまは、そういうことを在世当時から嫌うておられる。雑然たる信仰を非常に嫌うておられまして、自分のほんとうの心の中から出てくる信仰、仏、心を求める信仰を説いておられる。

だからわれわれの信仰の対象を、仏さまはいつでもどういうふうにおっしゃっているかというと、「是《ぜ》心《しん》是《ぜ》仏《ぶつ》、是《ぜ》心《しん》作《さ》仏《ぶつ》」――お前のその心が仏である、その仏が心をこしらえておるのであるぞ、信仰の対象はお前の心であって、心がそれをこしらえているのだぞ、というふうに厳重に教えておられるわけでございます。

ところが人間というものは、主観的にものを考えることをしないで、客観的にものを求めようとする。これが人間の大きな弱点でございます。しかし、それしかできないものですから、たとえば観音さんというような仏像があって、お祀りして、それを通して自分の心を拝んでいくようにというふうに仏さまはお説きになっている。先ほど読み上げました『観音経』でも、つまり自分の心の観音さんを拝みなさいということを説いておられる。自分の心の中にある観音さんを知らずに、客観的にあるものを拝んでおってはいかんぞよ、心の中に観世音菩薩がちゃんと安置されておる、その主観の観世音菩薩を客観にうつして拝むだけのことである、ということを教えておられる。

この「主観」を自覚できる人間はまことに少なくて、客観というものを見る。たとえば観世音菩薩が石でこしらえてある、木で造ってあると見る。それだけならよろしいが、何かちょっと人間ができないような力をもっているもの、たとえばキツネのごとき妖変するような力をもつものがあるといわれると、じきにそのキツネを祀って「稲荷さんや」という。また自然の石でも、妙な格好の石があると、たとえば伊勢に二見《ふたみ》ヶ浦というのがあるが、あそこの海中に巨石が二つ並んであってその間にしめ縄を張って信仰の対象になっている。木でも大きな木があるとすぐにしめ縄を張って「大杉さん」などといって信仰しておる。

こういうふうに人間というものは、主観にすべてのものがあるということがわからないで、客観のものしか求める力がない。そこに人間の大きな欠点があるわけでございます。したがいまして、観世音菩薩のごときは「観」という字がちゃんと上にくっ付いている。「すべては主観のものである」ということをお説きになっているわけでございます。

また信仰が主観でなかったら、何も意味のないことでございます。主観の上に生きておってこそはじめて、信仰というものは意義があるわけです。客観的なものであるということに相《あい》なりますと、ややともすると変なものが信仰の対象に浮かび上がってくる。そうすると、それは邪教というものになって正しいものにならない。正しいものはどこまでも自心――自分の心の中にあるものを自分自身の心で信仰していく。そこにほんとうの信仰というものが生きているわけです。杉の木や石に信仰があるわけではない。どんなものでも心の中にあるもの、それがほんとうの信仰でございます。

〈生きる意義を考える〉

われわれの生活はいつでも、自らの心の生活でなければならない。客観の生活であってはならない。主観の生活でなければならない。主体的に生きていかなければならない。他人《ひと》のために生きているのではない。

別してこの頃のように経済が放漫になってまいりますと、金というようなものに興味をもって、経済にばかり打ち込んで生活をする人びとが出てくる。つまり金の奴隷になっているのでございます。金みたいなものはよく働き、智恵をめぐらしたら必ず寄ってくるものでございます。そういうものにうつつをぬかし、そうして人間の心、自分自身の心というものを忘れておる。これが今日の物質文明というものでございます。

結局、人間が物のために使われ、物のために生きているということが物質文明の欠点でございます。われわれはどこまでも、自分の心で生きていかなければならない。しかるに仏さまは、人は「現前立少物《げんぜんりつしょうもつ》」だとおっしゃっております。つまらんことに迷わされている。それではいけないとおっしゃっている。ところが人間というものはみんな、客観に振り回されていて主観を忘れている。そうして人間にもっとも必要な信仰の問題まで振り回されている。

こういうことになってみますと、人間は中心を失うておることになる。そうして環境に左右され、環境にごまかされて生活することになってまいります。わずか五十年、七十年程度の人生ですから、せめて自分の心から自己の生活というものを割り出して、そうして心の生活を尊重していかなければならないのでございます。

人間は客観に左右される。まあ客観に左右されているくらいはまだ上等ですが、わずかな物質に左右されて生きておるのは実につまらんことです。時代は客観に生きるように、客観に興味をもつように進展してきている。そこで客観だけにうつつをぬかして生活している人間の生活を、もっとよく深慮して、われわれの心は他人のものではない自分の心ですから、その自分の心を大切にして、自分の心の向かう生活というものを考えていかなければならない。

実際、昨今の人々の生活を見ていると、環境のために、他人のために生きておるという人ばかりであります。こういうことになってくると、人間というものはだんだん下落してまいります。そうしてたいへん散漫となってまいります。こういう点は、どうしても自分の心をしっかり自分で見守って、そうして心の生活に着眼していかなければならない。これをほんとうに推進しておるものは何かというと、つまり信仰でございます。

信仰というものは人間の心の生活を推進していき、ほんとうにこれが必要であるということを教えようとし、またわれわれの生活はこれでなければならん、ということを気づかせてくれるものなのです。昨今のように物質に偏り、物に生活の基礎をおく、そうするとつまり物に関心をもって自分というものを失っていって自分まで物の尺度で測ろうとする。こういうことになってきますと、世の中のものごとをすべて物の尺度で考えることになってまいりまして、劣等な人生を送ることになります。そういうことになりませんように、われわれの心というものをおたがいに大事にし、そうして心を通じてみ仏の生命というものを自己の心の中に生かしていくことが、つまりわれわれの信仰心というものに結びついてまいるわけです。

したがいまして、もっと高いところから自己をよく眺めて、そうして同時に仏や、心の中の観世音菩薩という一つの理想を自分の心に体得していく。そこに、われわれの生きる意義がある。そういうことを、よく考えていただきたいと思うのでございます。

（蓼科・聖光寺講話、一九七三年五月十八日）

吉と凶と善悪

〈迷信にとらわれやすい日本人〉

　正月と申しますものは毎年やってくるものでございますし、去年との続きでございますが、まあこういうふうに新しい年が始まると気分も一新して、何か新しくなるような気がします。また去年までやってきた仕事が一段落していなくても、そういう気分になって新しくなるという気持ちになり、正月気分が起こってくるわけですが、この正月のはじまりは非常に古い歴史をもっております。

　起こりは日本ではなく、古代中国で年が改まったということがはじまりであります。そうして一年という区切りができたり、三百六十五日と決められたのはだいぶ後のことですけれども、ただ今では一年を計算して三百六十五日四分の一としておるわけでございます。こういうことは人間どもが勝手に決めていることでして、一年が三百六十六日でも、あるいは五百日でも、そんなことはちっとも差し支えないのでございます。

しかし一月から十二月までという区切りの仕方というものは、はじめは何も意味がないことでしたけれども、それにいろいろ意味をつけてまいりました。ひと月は三十日、三十一日の月がありますが、これはひと月が三十二日ありましても、ちっとも差し支えないことでございます。そういうふうに勘定してきた人もおります。

私も一年を十二に分けるとか、ひと月を三十日に分ける必要はないと考えて、三百六十五日の次は三百六十六日、その次は三百六十七日や、というふうにやってみたことがございます。私は若い時からずうっと日記をつけておりまして、それに三百六十五日の次は三百六十六日、三百六十七日とつけておったのですけれども、それが延びて五百何日とか六百何日とかいうことになりますと、やはり事が面倒になりましたので、結局三十日をひと月として、三百六十六日目を元旦にするということでいくことが習慣といいますか、それが便利ということを感じて、この頃はやはりそういたしておるのでございます。

また「十干十二支《じっかんじゅうにし》」というものがございます。甲乙丙丁戊巳《こうおつへいていぼき》……という十干、子《ね》丑寅卯《うしとらう》辰巳《たつみ》……という十二支。そしてこれを人間に配当しまして、あいつは酉年《とりどし》であるとか丑年であるとか言うて、人間を動物扱いしている社会もあるわけでございます。こういうことは中国の古代から起こっていることでございまして、この十二支の年に生まれた子供は、やはりそういう一つの性格をもつものであるかのごとくに理解する人が出てくる。そうして今度生まれる子供は午年《うまどし》だから、きっとこういう子だろうといって性格を決めるようなことにもなりますし、またその上に中国の「陰陽五行《いんようごぎょう》の説」というものが現実の人間に当てはめられて、いろいろ不思議なことを人間どもが考えて利用しておる。それが「易《えき》」になり「八卦《はっけ》」になる。信じていいのか悪いのかわかりませんけれども、そういういろいろの説が出てきておるわけです。

人間は一人一人その性格が違います。生まれる日も違う。その一人一人違うところに、いろいろな説が出てくるので、みな同じでしたら改めてそんなことをいう必要もないのですが、一人一人が性格も生まれも違うことからいろいろなことが考えられてきて、それが一方から見ると迷信みたいになり、一方から見るとそれに適応しているようにも思える。

こういうことで、この陰陽五行説というものが中国で起こって流行し、また「二十八宿《しゅく》」というものがインドで起こった。大部分の人は信じておりませんけれども、一、二のもの知りがおりまして、八卦ということを言い出した。これも平素はそんなことは何とも考えておりませんのに何か事が起こってくると、そういう暦法から出てくるいろいろのことを言い出す。日本人ほどそういうことを気にする者はいない、と言われるぐらい気にしておるわけです。

そこで中国人はどうかというのに、元祖でありますのに、そういうことは言わないのでございます。日本では天智天皇さんのときから非常にやかましく陰陽道《おんみょうどう》というようなことを言いまして、もう千三百年の歴史をもって、そういう考えにしばりつけられているわけです。

気にしなければ何でもないようなものですけれども、気にするとこれがまたたいへん気になるものでございます。特に干支《えと》は気にするもので「あの人は丑年生まれや。あの人は子年生まれや」と、かりそめにも人間を牛やネズミにたとえてみたり、性格がそれに似たように考えるということが起こってきているわけです。これがいいか悪いかは古来問題になっておりまして、こういう十干、十二支、二十八宿というようなものはよくない考えだ、だからこういうことはなるべく口にしないように、信じないようにということを一方で教えているわけです。

しかしこれは古くからの習慣ですので、普段すぐにこの干支が出てまいりまして、あの人は何年《なにどし》や、ということを言います。こういうことは非常に嫌うてるんですが、嫌いつつなおそれを言うような習慣が日本人に残っております。しかもこれは正月が契機になりまして「今年は何年や」とこう言って、それがもっともらしい理論になっております。そうしてみんな半信半疑でありながら、これを信ぜざるを得ないような習慣になっているのでございます。

ちょうど先般《せんぱん》中国の人がたくさん来られまして、この話が出たときに言うておりましたのを聞くと、日本人は他人《ひと》の話を聞いたらすぐにそれを信じてしまう国民や、たとえば十干十二支ということは中国では今はあまり申しません、それを日本人は元来、日本の文化、思想、暦であったごとくに言うている、というふうなことを申しておりました。

ですから、これはもう昔から申しますように、物質文明は東から西へ回っていき、精神文明は西から東へ回ってくると言い伝えられておりますが、どうも今の八卦のようなものは、中国あるいはインドから日本へ来て日本が終点である。そこでどうもただ今では、日常生活における迷信というものは日本人がいちばん多く抱いておる。そうしてそれを日常の必要に応じて叫んでおる、というふうに考えられておるわけでございます。

どうも日本人は他人から何か言われると、自信がなくてもそれを深く信ずるという性格を昔からもっていると見えます。確信がなくても他人の話を聞いて半信半疑のままで、自分で信じておるようなことを言う。確信のないことでも、ただ耳で聞いたものを、そのまま自分のもののようにして生活の中にそれを入れてくる。悪い習慣でございます。

〈吉凶を占相するなかれ〉

せっかくわれわれが信じて生活していくのでしたら、自分でほんとうに会得し、体得したことでなければいかぬと思うのですけれども、日本人はよそから聞いた話を平気でそのままますぐに受け売りして、それを正しい考えであるというふうにたやすく信じてしまう。そういう性格の持ち主ですので、こういう点はよほど考えてまいりませんと大きな錯覚を起こして、終生そういうことにとらわれてしまわんとは限らんと思うのでございます。

たとえば今の十干十二支というものは暦の上に出てくるものですが、生活の中でたいへん禍《わざわ》いになっておる「三隣亡《さんりんぼう》」というようなものがある。その三隣亡とは何やといって聞きますと、これに対してはっきりと解答を与えてくれる人はいないのです。私もこれについて、どういうものかと思って高嶋という八卦見《はっけみ》の本家に参りまして、「三隣亡とは何や」と聞いたところがわからんというのでございます。それから中国のその方面の先生にも聞きましたけれども、三隣亡というものはわからない。八卦見はみなわからんというておるのでございます。

ところが暦に三隣亡と書いてありますと「今日は三隣亡や」と言うて、みんな一抹《いちまつ》の不安を懐《いだ》きつつ、何か起こるんじゃないかという思いで生活しておる。先ほど申しましたように、日本人は確信のないまま、暦をご覧いただくと二十八宿のことや天一天上《てんいちてんじょう》というようなことがいろいろ書かれていますが、それをすぐに信ずる。

暦は天智天皇のときよりだいたいできておりますが、どこでこしらえるかということが明治になって問題になりまして、それから伊勢大神宮でつくることになりましたが、それだけでは追っつかないのであちらこちらで暦をつくるようになった。したがって、そのつくるところの考えによっていろいろなことが書いてあります。そこで、いろいろな雑音が入ってまいりまして歪められていくことが多い、ということを知らなければならないのでございます。そういうことのために禍いされておる人も非常に多いのです。

次に「易」というものですが、易についてはご承知のとおり『易経《えききよう》』という本がございます。これは非常にむずかしい本でして、この『易経』を読むのには相当の素養がないとわからないほどむずかしい本です。おそらく今日本で『易経』を自由に理解できる人というものはおらんのではないかと思います。服部（宇之吉）先生などが生きておられた間はまだしもでしたが、今日の漢学者で『易経』をほんとうに講義できる先生は、もうおらんのではないかと思います。この易というもの、八卦というものがたいへんな禍いをぶちまいているわけであります。『易経』に「繋辞伝《けいじでん》」というものがございますが、これは形を表現していく基本になるもので、それを軽々しく論ずる人が出てきておるのです。結婚とか病気とかいうことがあると易者にみてもらう、あるいは運勢をみてもらうということが日本人の間にずいぶん流行しております。夜店なんかに行きますと、街路の隅のほうで行灯《あんどん》をつけてやっておる。そうしてそいつを一生懸命聞いている人がいる。易者が何を言うておるか。

ああいうものを軽々しく信ずるのはよくございません。ほんとうの『易経』を理解するには相当の学殖がなければできない。これは「四書五経《ししよごきよう》」の中におきましても特にむずかしいのが、この『易経』です。これは古代中国にできたもので、今日とは全然違った時代の考えが基本になっておる本でございます。

仏さんはこういったものに対してどういう考えをもっておられたかというと、「吉凶《きつく》を占相《せんそう》することはたいへんな誤りだ」ということがお経の中に出ております。善し悪しを占うということは誤りだ、――それはどういうわけかというと、吉凶、善悪ということを外から考えることと自体に誤りがある、これが仏さんの考え方でございます。

「こんなことをしたら悪い」と思うのは、その人の心が悪いのである。その心に悪いことがあるから「悪い」という答えが出てくるので、世のことはその人間自身によって決められることで、他に決めるものはない。いかなることでも、自分の精神のなかに納得するか納得しないか、自覚するか自覚しないかということによって決定するのであって、他から悪いことをもってきたり、めでたいことを何者かが外から提げてきてくれるということがあるのではない。ものの善し悪しは、決して第三者がわれわれに与えるものではない。自分の心から出てくるものである。こういうことを強調しておられるわけでございます。

ところが人間というやつは、悪いことが起こってくると、だれかがもってきたような考えをもつ。「今年は年が悪い」という人がいる。「こっちへ行ったら方角が悪い」というようなことをいう人がいる。別段《べつだん》年が悪いのでも何でもなく、方角が悪いのでも何でもないわけでございます。悪いことを起こすのはその人間の心が悪いのです。「今年は善い年や」というが、そんな善い年もない。善い年はこちらの人間の心が善く、人の心が充実しているときは善い年です。人間の心に隙《すき》のあるときは悪い年である。こういうふうに決まっているわけでございます。

〈あらゆるものは主観である〉

人間というやつは勝手で、何か悪いことでも起こってきたら、よそからもってきおったようなことを考えて、自分の心から起こっていることを棚に上げる。こういうのが人間です。つまり仏教の自業自得《じごうじとく》とは反対に、吉凶禍福《きつきようかふく》は外部からものがくると、客観的に起こってくる事象であるというように考えた思想が中国の古代に起こってきたわけです。

ですから、まったく仏教から見れば誤っているのです。すべては主観的に起こることです。われわれの日常生活に起こってまいるあらゆることは、主観的に発生してくることである。しかるにそれを客観的に起こってきたもののごとくに理解して、そうして他人を恨み、他人にその罪をきせるようになる。こういう人間の妄想妄念《もうぞうもうねん》が、そういうふうにものを運んでいるわけでございます。そこに大きな人間どもの誤りというものがございます。

世の中が複雑になり、また人間の数が増えてまいりますと、だんだん複雑怪奇になる。そうなればなるほど、みな自分自身の罪業を客観にきせようとする。これはたいへん悪いことであります。あらゆるものは主観を抜いては何もないのです。その主観というものを客観に移して、何か外部から起こってきたように考える。そこに人間の大きな錯誤がある、ということを忘れぬようにしていただきたいと思うのでございます。

世の中のことというものは、みんな主観的に起こってくることばかり、自分の心の中からかもしているわけです。

仏さんはこういうことをおっしゃっている。「お前が他人にほっぺたを殴《なぐ》られた。その頬を殴りにきたその手はだれの手か」と弟子の阿難尊者《あなんそんじゃ》に聞かれたことがある。阿難尊者はそれはだれそれの手でございますと、こう言って答えた。すると「それはたいへんな誤りである。お前を殴りにきた手は、お前がこしらえた手であるぞ」と仏さんは言っておられる。「お前がこしらえた手でお前が殴っているのだ。殴られるようなことをしたから、お前の頬へ他人の手が当たったということだ。だからお前が殴られるようなことさえしなければ、だれも殴りにくるようなものはいない。だから殴ってくれた手は、お前の心の中にある手だぞ」——こう言ってたしなめられたことがございます。万事そうでして、こちらがかもして殴られているのでございます。

世の中というものはすべてそうでございます。こちらが計画したとおりに向こうがやってくる。こちらの考えどおりに世の中は進んでいく。もし進まん場合は、こちらがそのように進まん計画を立てているわけであると、こういうことになります。つまり、すべてみな主観的なものであって客観的なものでない。こういうことをわれわれ日常生活においては考えておかなければならない。

人を恨むというようなことは、それは恨むようなことを自分がして、その自分が恨んでいるのです。決して他人が恨むようなことをこちらにしでかすのじゃなくて、こちらが恨むようなことをして恨まれて、その恨みを自分で感ずるというもので、すべて主観的なものです。ですから、そういう点をよく理解していただきませんといけません。

また、おたがいに自分のために他人を陥れる、悪口を言うということがある。そして自分だけよいことをしようとする。それでは、この世の中というものはみんなおたがいに全体のなかの一人ですから、全体がよくならなければ一人もよくならない。一人がよくならなければ全体はよくならない。こういうことも、よく考えてやっていただきたいと思うのでございます。

それがつまり菩薩《ぼさつ》の行《ぎょう》であり、また人間として進んでいく行《ぎょう》であると思うのでございます。どうぞそういう点に、皆さんの心を使うていただきたいと思うのでございます。どうぞよろしくお願いをいたします。

（蓼科・聖光寺講話、一九七五年一月十八日）

現世社会における因果応報

〈因果論は宿命論ではない〉

昔から、古くて最も尊いものはいつも新しい、ということばがございますが、今日言うところの「因果応報《いんがおうほう》」という考えは、仏さまが今から二千五百有余年前にわれわれ人類のために提唱されたことばであります。

仏さまの御在世当時には外道《げどう》と申しまして、六十二の、仏さまのお考えとは違った考え方の諸派があったのであります。つまり、思想界が混乱しておったと言えるのでございますが、そのときに仏さまがこれを根本から是正するために提唱されたのが、因果応報論でございます。

今日わが日本の国の思想界は、実に混乱その極に達しておるのでございますが、それはなんと申しましても、東洋の思想とヨーロッパの思想とは全然その成立が違い、また環境も違うのであります。ところが、明治以来、特に敗戦以後にはヨーロッパの思想がわが日本へどんどん入ってまいったわけでございます。ヨーロッパにおきましても、すでにフランスを中心といたしまして、民主主義というものが近代政治の理想であるというふうに考えておるのでございますが、その民主主義というものがわが日本の国民全体から申しますと、はっきりと民主主義を理解しておる人はどのくらいあるかわからぬのでございまして、実にむずかしい原理でございます。

さて、その民主主義も二本立てになっております。「自由と平等」という理念がございますが、自由にいたしましても平等にいたしましても限界というものがはっきりしないのでございます。たとえば自由は、わがままであり、勝手である、他人《ひと》はどうでもいい、われさえよければいいと、こういうふうに放縦《ほうじゅう》、いわゆる自由の行き過ぎというように相《あい》なりますし、平等と申しますと、子供も大人も男も女もみな一緒だというふうに考えまして、非常な悪平等というものに相なっておるわけでございます。かように自由も平等も行き過ぎておりまして、正しい自由でなく、正しい平等でないのが今日の日本を禍《わざわ》いしておるのでございます。

特に今日の日本を禍いしておるものは、十九世紀以後起こった人間至上主義という、人間のなかにおいても感情というものが一番至上であるという考えに出発いたしておる思想でございます。この考え方は、一歩進めて考えますと、「われの思う通りにする」「感情の自由をそのまま行動の自由に訴える」、――これが今日の社会事象を混乱させておる最も大きな原因になっております。

こういうふうに、ヨーロッパの思想は、いつでも理想から現実を解釈した考えでございます。神のつくった世界であり、神のつくった人間である、したがって世界も人間も理想態であるという考えでございますので、その理想である現実の矛盾というもののあることを知って、現実に対して不平をもち、不満を抱き、さらに不安をもって行動しておるのが今日の世相でございます。

ところが、東洋はそうではございませんので、いわゆる因果応報というものがその基礎に相なっておるのでございます。そこで私は、今日の混乱を救うものは何かということをよくよく考えてみて、今日の世の中を救うものは「因果論」であると思うに至ったのでございます。

因果論は非常に古い考えである。二千五百余年も前の考えであると申します。けれども実は、私はこの考えが一番新しくて、そうして今日を救うものはこの因縁因果の考えだと思うのでございます。この因縁因果の考えがほんとうに大衆に自覚されれば、今日の混乱した世の中をもあえて救うことができ得るし、またこれによらずんば私は世を救うということはできぬと思うのでございます。

因縁因果の理論につきましては『増一阿含経《ぞういつあごんきょう》』とか、あるいは『大乗入楞伽経《だいじょうにゅうりょうがきょう》』というお経の中に詳しく説かれております。一切《いっさい》のものは、みな因縁からできておることが書かれております。また龍樹菩薩《りゅうじゅぼさつ》が『中論《ちゅうろん》』という本の中に「衆縁具足《しゅうえんぐそく》し和合《わごう》して物が生ずる、この物は衆の因縁に属するがゆえに自性《じしょう》なし」と説かれております。また馬鳴《めみょう》菩薩が『大乗起信論《きしんろん》』の中に「諸仏《しょぶつ》の法には因あり縁あり、因縁具足してすなわち成辦《じょうべん》することを得《う》」と書いておられます。因縁によってすべてのものが生じておるということでございます。

このように因縁理論も、実にむずかしく理解されておるわけでございますけれども、だいたいは原因があって、そして必ずその結果が起こってくる。原因が善であれば結果は善である、原因が悪であれば結果が悪である、こういうふうになっております。

原因が善であれば結果が善である、あるいは原因が悪であれば結果が悪であると申しますのを「等流因《とうるいん》・等流果《とうるか》」と申して、等しく流れると書かれております。これは一応の因果であって、われわれが善いことをすればよくいく、悪いことをすれば悪くいくというのは、いわゆる因果応報論でございますが、実はそればかりではなく、ほんとうの因縁因果の理論においては、原因には善悪がありましても、結果として現われておるものは善でもなく悪でもないというところに、ほんとうの因縁があると考えられておるのでございます。これを「異熟因《いじゅくいん》・異熟果《いじゅくか》」と申しまして、われわれの過去につくりました業《ごう》が反映して今日の結果が生まれておる、これは先の等流因・等流果でございます。これを「因縁変《いんねんぺん》」と申しております。

また「異熟変《いじゅくへん》」と申しますものがございます。つまり後の異熟因・異熟果のほうは時間に相違があると同時に、「善性《ぜんしょう》、悪性《あくしょう》、無記性《むきしょう》（無記＝善でも、悪でもないもの）」という三性《さんじょう》に相違がございますので、性《しょう》においても違うし、時間においても違います。すなわち過去の反映として起こった現在、現在の反映として起こる未来、こういうふうに三世《さんぜ》ということを説明しておるのでございます。

　これを「因是《いんぜ》善悪《ぜんなく》、果是無記《かぜむき》」と申しまして、原因には善悪があるけれども、結果は無記である。――皆さまの現実の差別の問題でございます。現実の差別というものはわれわれの過去に作った業によって起こった現実でございます。過去の業というものに差別がございますから、現在に差別があるのでございます。現在はだれでも差別的な現実を受けておられます。この現実というものを、われわれは何ともすることができない。すなわち必然的な因果でございます。そういう意味におきまして、現在を結果と見たときは善でも悪でもない無記性となるのでございます。

　それと同じように、現在のわれわれがその行動によりまして未来を決定していくわけでございます。したがって、未来の果に対しては現在が因となります。その意味では現在の行動に善悪があることにもなります。仏教は往々《おうおう》にして宿命論だという人がありますけれども、決して宿命論ではないのでございます。過去から現在までまいりますのは、過去に決定したことが現在に現われてくるのでございますけれども、現在われわれが努力することによって、すなわち縁《えん》によって未来にいかようなる結果でも得ることができる、こういう考え方でございます。

つまり「現在努力論」というのが、仏教の考え方であります。よく坊さんが過去・現在・未来の三世ということを説きます。それは決して過去・現在・未来をそのまま説いておるのではない。いかにして現在を充足させようかというために過去を説き、未来を説いておるのでございます。過去・未来というものは結局、過去を説くことによって現在を自覚し、現在の努力によって未来を完成していくための現在の充足であるということに相なるのでございます。

仏教は決して単なるフェタリズム（宿命論）ではなく、あくまで現在を充実させるための過去・未来である、ということに相なります。したがって過去と未来を説きますことは、すなわち現在を充足させるために説くものでございます。

〈業によって必然づけられた現実〉

現在われわれが、ヨーロッパの考えでいけば差別的現実に対して不平をもつ、不満を抱く、不安をもつ、そうして現実と戦う。われわれの現実は実に矛盾の多い現実でございます。この矛盾の多い現実が、どうしたら自由になるか、平等になるか。もともと神のつくった世界である以上は、平等でなければならない、自由でなければならない。こういうふうな考えでありますから、現在に闘争を起こすのでございます。不平、不満、不安という矛盾と闘争し続けておるのが、現在の世の中でございます。

しかしよく考えてみれば、現在のわれわれは必然的の因縁によってできておる。過去業《ごう》が現在にきておる。すなわち「因果応報」で、われわれが差別的な現実を受けておるわけでございますが、この差別的な現実をわれわれはいかにするかが問題でございます。

現在の差別的な現実は、われわれがいかに闘争を演じても改善されない性質のものです。それを闘争により、力によって差別的な現実を平等にし、自由にしようとしておるのが今の世相でございます。しかるに現実は、必然的な遠く深い因縁によってできておる。したがって、これをわれわれがいかに改めようとしましても、如何《いかん》ともすることのできないのが現実でございます。

すなわち、この現実というものは、過去のわれわれの業から来ておるのでございます。業は過去の働きでございますから、今日の現実というものは、何とも動かすことができない。これを甘受しなければならないのでございます。「甘受する」と申しますのは、東洋の考えでは、ありがたいことである、けっこうなことである、まことに感謝と喜びをもって現実に対する、というのが仏さまの考え方でございます。現実というものは必然的なものであるから、これに不平をもっても不満をもっても不安をもってもいけない。われわれは喜んで感謝してこの現実を甘受しなければならない。これが現実に対する考え方でございます。

〈現実にあって未来を完成する〉

しからばこの現実をどうしたらいいか。われわれは何のために生まれてきたのか、どうしたらいいのか、どうなるのかという、いわゆる根本問題について考えねばなりません。

われわれが今こうして生まれておるのは必然的である。その必然的であるところに、今度はどういう姿でわれわれが未来を完成するかというのに、現在においてわれわれが縁の力、すなわち修行によって、努力によって未来をいかに完成するかということが、われわれに課せられた重要な問題になるのでございます。

仏さまは、いたずらに過去を説かれたり、未来を説かれたのではない。いかに現在を充実させるかということを説いておられるのでございます。仏さまはいつもその日に生まれてその日に亡くなるということをおっしゃっている。刹那《せつな》刹那に最高価値の生活をする、ということをおっしゃっている。これはすなわち現在に、いかに充実した生活をするかということが仏さまの説法の最も肝腎なところでございます。われわれが現在に最高価値の生活、最もバリュアブル（有価値）な生活をすることによって、未来は必ず完成されるということでございます。だからわれわれは、未来の完成のために、現在に充実した最高努力の生活をすべきである、――こういうのが仏さまの考えでございます。

今日この世相混乱のとき、われわれが因果因縁の力、あるいは因果応報ということを真に理解し、真に現実を自覚し、業を自覚いたしますならば、必ずや未来に完成を期し得ると思うのでございます。

ここに因果応報論の根本義がございます。コーザリティ（因果律）の理論と申しておりますが、これが東洋の根本思想であり、また日本人の今日までつちかわれてきた思想の根本となります。

〈**人間は生まれ変わり死に変わる**〉

この「因果論」を知るか知らぬかということによって、その人がいかような日常生活ができるかということになります。たとえば、われわれ人間というものは生に始まり死に終わるというのがヨーロッパ人の考えであります。ところが、お釈迦さまの考えから申しますと、生まれる前にも悠久の歴史がある、死んでから後も、われわれの精神生活が続く。その精神生活と物質生活との関係は、いつでも因縁によって結ばれる。こういうふうにお考えになっております。

ヨーロッパ人は、歴史についても、歴史というものは一度ぎりの現象であると考えておる。ところが東洋人は、歴史の循環性というものを考えておる。したがって、人間でも生まれ変わり死に変わると申しますし、歴史も大きな波を打って循環しておると考えます。こういう二つの考え方によって、われわれの人生観も、また世界観も非常に相違があるということをまずご承知願いたい。またこのわれわれが循環する、輪廻《りんね》するという考えがいかに、われわれの人生観を円滑にし、一貫した人間性を把握できるようにするか、ということです。

仏さまは、これについて「三世《さんぜ》業報《ごっぽう》善悪《ぜんなく》因果《いんが》」ということを申しておられます。「三世」とは過去と現在と未来、「業報」とはわれわれが過去・現在・未来の三世に善い因縁を作れば必ずよい結果を得、また現在において善い因縁を作るならば必ず未来においてよい結果を得るということです。これを「等流因、等流果」――等しく流れる因果というておるのでございます。これが因果説の基本でありまして、「三世業報善悪因果」というのが諸経に説かれております。

〈因果無視は危険である〉

しかし、世の中はそう簡単に善因善果・悪因悪果というふうにはまいらぬ。善いことをしても悪くいっている者もあれば、悪いことをしてもよくいっている者がある。それで三世業報善悪因果の理法を承服できない、とする人がございます。それは根本的因果論をほんとうにわきまえない人の考えでございます。

因果論には「六因《ろくいん》・四縁《しえん》・五果《ごか》」という実にむずかしい規定がございます。それは、因果の原因は六つある。またわれわれの縁となる、すなわち修行するわれわれの縁となっていくものが四つある。それを「四縁」といいますが、その結果からみると五つの果がある。これを六因・四縁・五果と申しておるのでございます。この六因・四縁・五果の組み合わせが、いわゆる因縁因果の理法となるのでございます。専門家のわれわれがこのことを常に申しておるのですが、ふつう人は、どうも善因善果・悪因悪果というても、そう簡単に善いことをすればよくいく、悪いことをすれば悪い結果を得るというふうにはいかぬではないかといわれます。けれどもそれは、六因・四縁・五果の組み合わせによって、因縁因果の理法というものが変わった姿で出てまいるからでございます。

『成唯識論《じょうゆいしきろん》』という本に、「因縁変《いんねんぺん》」と申しまして、われわれの必然的な因縁によって起こってくる、すなわちわれわれの五識（センス）の器官になるものと、そうして根本のわれわれの筋金《すじがね》になっている根本識《こんぽんしき》、――これを私どもは専門的に第八識《だいはちしき》と申しておりますが、われわれの人生に、無始の過去から無終の未来にいたるまで、根本として底を流れておるものが一つある。それがすなわち第八識と申し、「阿頼耶識《あらやしき》」と申しておるものでございます。阿頼耶識というものは生まれる前からあるものが、現在もあり、未来にもある。それが一つの底を流れておるわれわれの「蔵識《ぞうしき》」と申しておるのでございます。

この蔵《くら》の識と申しますのは、われわれがいろいろ善悪の業《ごう》を作りますと、その阿頼耶識という底を流れておる筋金の上へリストをつけていくような格好になるわけでございます。そこでその蔵となるものの中へ種《たね》を宿す、と考えられております。お米の種を蔵の中へ入れて置けばいつまでも蔵の中にあるお米の種でありますけれども、その種をわれわれ人間の力で出してまいりまして、ちょうど四月、五月に暖かくなってくると、苗代《なわしろ》を作る、米をまく、そこで初めて米が生え、生えたものに肥料をやり、世話をして、そうしてりっぱなお米を作り上げていくというように、これを「種子生現行《しゅうじしょうげんぎょう》」と申しておるのでございます。このように種子生現行いたしますと、その現行したものはまた再び種になる。この種になったものはまた蔵へしまいます。蔵へしまったものは、また現在に生えてまいります。それをいたしますのに重要なものがすなわち「縁」の力でございます。

今日の世の中には縁の力を無視しておる人が非常に多いのでございますが、縁というのはわれわれの努力であり、われわれの修行なのでございます。今日の人々はみんな人間至上主義である、あるいは感情至上主義である、実存主義である、実証主義である、初めから人間というものは一人前であるような考えをもっておるのが今日の世相でございます。

たとえば中学校を出た、高等学校を出た、大学を出てきたといいますと、向こうから最低賃金法できちっと給与をきめて、わしは明日からあなたの会社に使うてもらう、こういうふうに、何も修行の力もない、何も経験のない人が初めから一人前のような顔をして会社へ入ってくるわけであります。会社へ入ってきたら、ぼつぼつそのあくる日から新入社員にものを教えて一人前にしなければならない。それでも、入ってくるほうでは初めから一人前のような考えをもっておる。

つまり修行の力というものを無視しておるのが今日の状態でございますが、どうしてもわれわれは修行の力によって初めて未来を完成していくということになる。それを初めからりっぱなものである、人間というものは尊いものである、人間の力でできないことは何もないという考えをもっておるところに、今日の大きな誤りがあります。

今日の時代は因果論を撥無《はつむ》しておる。すなわち因果を無視しておる人を「因果撥無の外道《げどう》」と申しまして、因果論というものを知らずに生活しておる。こういう人は思想の悪化するもっとも大きな原因を作っておるのでございます。

そこで、昔からいろいろなお経のなかにも因果応報、因果報酬というようなことを説いておられます。原因があれば必ず結果というものがある。その原因があれば必ずそれに縁というものがあって、そうしていかなる結果でも出し得る力というものは縁にある、こういうふうに考えておられるのでございます。

たとえば『罪福報応経《ざいふくほうおうきょう》』というお経がございますが、「罪福の応報すること、猶《なお》し掌中の瑠《る》璃珠《りしゅ》を観るが如《ごと》く、内外明徹《ないげみょうてつ》にして狐疑《こぎ》の想いなし」と、こういうふうに書いておられます。われわれの因果応報論というものは珠《たま》の光を見るがごとく明らかなるものである、必ずその報いのあるものであるということを書いておられる。

また『無量寿経《むりょうじゅきょう》』というお経の中には、「善悪報応《ほうおう》し、禍《か》福相承《ふくあいう》く」とある。善悪の因果というものは必ず応報すると書いておられます。『法苑珠林《ほうおんじゅりん》』という本を見ますと「形あればすなわち影現《げん》じ、声あればすなわち響き応ず、未だ形存して而《しか》も影亡じ、声続いて而も響なくなるをみず、善悪の相報理路皎然《こうぜん》たり」と書いておられまして、仏教の因果論というものは最高の理論でございます。

わが日本の国におきましても、これは私どもの寺（薬師寺）の人で奈良朝の末でございますが、景戒《けいかい》という人が奈良朝時代のいろいろな善悪因果のことを書いた『日本国現報善悪霊異記《にほんこくげんぼうぜんあくりょういき》』というご本の中では、因縁因果の理法、縁というものを非常に強調して説いておられます。「善悪の報いは影の形に随《したが》うがごとく、苦楽の響きは谷の音《こえ》に応ずるが如し。猶し縁ありて初めて果生ずる」ということが書かれておるのでございます。

この縁というものは先ほども申し上げましたように四つあって、なかんずく因縁の「縁」というものがいちばん重いのでございます。水という原因が波になりますときに、水が波になるのではなく、風という縁があって初めて、水という因が波という結果になる。ところが、哲学的に原因はすなわち結果であると、こういうふうに考える人もだんだん出てまいりまして、水がすなわち結果である、こう考える考え方のほうがよほど進んだ考えのように思う人もございますけれども、水が即《そく》波になるのではなしに、風という縁があって初めて波になるわけでございます。したがって、波には必ず縁としての風がある。その風なしに水が波になると考えますのは、つまりみそとくそとを一つにしているという議論に相なるのでございます。

今日われわれは、この縁の力というものを十分考えたい。ただ因あれば必ず果がある、因果応報である、こういうふうに考えますけれども、そうではなくて、必ず原因には縁というものが加わって初めて、ここにいかようなる応報も現われてくるものである。必ず縁という重大な要素があって初めて、そこに波というものが現われてくる。われわれの日常生活においても修行というものが大事でございます。われわれの日常の努力というものが非常に大事なのでございます。

しかるに今日では、努力ということがだんだん薄らいでおります。したがって因縁、因果応報ということがだんだん忘れられてきておりますことが、今日の思想を悪化しておる原因でございまして、今日にしてわれわれがこの因果応報論を真に自覚し、真に業を自覚し、真に自己を自覚するのでなかったならば、私はこの現実というものは次第次第に悪化の一途をたどると思い、これを憂えるものでございます。

（『大法輪』一九六二年七月号）

苦と楽――因果の理法はごまかせない

〈釈尊は苦のために捨家棄欲された〉

「苦と楽」というお話をいたしますが、この二つのうちでも、別して楽というほうは、これは「ギョウ」と読む字で、楽欲《ぎょうよく》などと続く字でございます。楽欲とは、われわれが願望することで、楽というものは、おたがいに願望する、なんとかして楽を得たいと楽欲する、こういうのが楽でございます。それでは、苦《く》というほうはどうか。これは現実にみんな感じている、どうしたら苦から逃れられるか、そんなことを考えながら日常生活を送っているわけでございますが、苦から逃げることは非常にむずかしい。もちろん人によって苦に対する感じ方が違います。また同時に、人間性というものの上から考えましても、苦というものは非常にむずかしい存在でございます。

仏さまが、二十九歳のときに家を捨て欲を捨てて、山に入ってご修行あそばされた。そして前正覚山《ぜんしょうがくさん》にお入りになった、その理由は何か。苦を諦《あきら》めるところに問題があるわけでございます。

これは、諸経の中にこの事実を書きつけられてある。特に『瑜伽師地論《ゆがしじろん》』とか、あるいは『唯識論《ゆいしきろん》』『倶舎論《くしゃろん》』というようなところに詳しく釈尊《しゃくそん》が入山されたということについての理由を書かれております。また、最も原始的な経典の『阿含経《あごんきょう》』のごときものの中には、現実における釈尊の感じられた日常生活がよく書かれているわけでございます。

これは「四苦八苦《しくはっく》」という苦しみがございます。苦しみということは、われわれのからだや心を逼悩《ひつのう》するとか損悩《そんのう》するとかということで、からだと心の両面から逼悩を受ける（せまられて悩まされる）、あるいは損悩を受ける（肉体あるいは精神を損傷していろいろな苦痛を受ける、悩まされる）ということが、つまり「苦」ということの原因でございます。

そういうふうに、いろいろな形でお経の中に苦を説かれているのでございますが、まず仏さまがああして捨家棄欲《しゃけきよく》されて山に入られるということの最も大きな原因、それからさらに三十五歳にして降魔《ごうま》の生活を終えて菩提樹下《ぼだいじゅげ》において大悟徹底《だいごてってい》される、こういうことは何を示しておるかと申しますと、苦を体得する、苦を自覚するということにあったわけでございます。

苦しみというものを、ほんとうに自分の身に体して自覚していく。そこにお悟りもあり、また釈尊が入山して苦行をするわけでございます。その初めには、主として肉体の調整に出発されまして、アララ・カラマ等の仙人に会って、インドで従来から習慣として行なってきている修行を六年間なされる。この六年間の修行の間に、肉体的な苦痛というもののあらゆる苦悩を体験されて、それからさらに精神的な苦悩を体験されるというのが、降魔の運動でございます。

三十五歳のときに、前正覚山から出てきて、尼連禅河《にれんぜんが》を渡って、菩提樹の下で（ただいまのブッダガヤ）、一見明星《いっけんみょうじょう》の力によって悟りを開かれるのでございます。

しかし考えてみますと、われわれのような凡夫《ぼんぷ》で、しかも貧困な生活の中にその日を送っておる者には非常な不平・不満があります。けれども釈尊は一国の国王の皇太子であり、しかも一粒種《ひとつぶだね》で将来国王という約束をもっておられる方で、なんらの苦痛も不平も不満もないはずのご生活の中から、ああした苦行、出家という形を選ばれましたことに、われわれと非常に違うところがあるのでございます。

われわれなれば、少々の苦痛や、矛盾や、束縛に対して妥協をする、自己に妥協する、あるいは環境に妥協して生活してしまいます。結局修行する気にもならず、悟りを開く機会も失うわけでございますけれども、釈尊の場合はみずから苦行の生活にお入りになり、そうして自分の身を、あるいは心を調整し自覚されるわけでございます。

『阿含経』などを見ておりますと、まず第一に仏は初めに四諦《したい》の法門を説く、十二因縁《じゅうにいんねん》を説くというふうになっております。四諦の中では、苦諦《くたい》ということがそもそもの初めである。あるいは、釈尊の痛切に感じられていることは四苦八苦ということである。四苦とは生老病死《しようろうびようし》でございますが、生老病死の四苦を痛切に感じられている。そうしてわれわれと違いますことは、われわれはあらゆる現象世界を眺め、それを客観的に見ていきます。しかし釈尊の場合はいつでも主観的な判断によって、自分のものとしてあらゆる事象をご覧なされたところにたいへんな違いがあります。

たとえば『阿含経』の中に「四門出遊《しもんしゆつゆう》」ということばがございます。宮城の四つの門から従者につれられて外へ出られると、あるときは道で老人に会われる、あるときは病人に会われる、あるときは妊婦に会われる、あるときはお葬式にあわれる。こういうときに、われわれは客観的な事実としてしかものを見ることができない。それを釈尊は直ちに主観に訴えて、われも死ぬときがある、われも病気するときがある、われも年をとることがある、と自己の生活の中へおさめて、それを認識される。われわれが葬式を見ましても、霊柩車が行きましても、ああ告別式か、ああ葬式か、——こういう態度で、ちっとももの(を)感じないのですけれども、仏さまの場合は、すべてについて主観的な判断をされる。そこにわれわれとたいへんな違いがあると思うのでございます。

すなわち、生老病死の四苦とか、生者必滅《しようじやひつめつ》の思想とか、こういう事件に対しまして非常にショックを感じておられる。もちろん生老病死とか生者必滅とかいうことは必然的な事実であって、決して偶然のことではない。生まれたものは必ず死ぬという事実。古来、人はみな死んだごとく、将来生まれてくる人もみな死ぬ。われわれにも必然的に死というものが襲ってまいることは事実でございますが、最後のところまで追い詰められるまで気がつかぬというのが、われわれでございます。

この必然的にくるものに対して、おたがいは、それはいつくるか知れないが、まずまずということで、明日に、明後日に、そのときがくるまでというふうに、現実を向こうへ向こうへ押しまくって暮らしている。われわれでも真剣に自己を自覚し、真剣に考えれば、必ず死というものが最後にやってくることを平素から自覚をし覚悟をして、受け入れる態勢が整っておらなければならぬ。必ず向こうから大きな山がやってまいります。けれども、どうも人間にはさような自覚が足らぬ。したがって、まあ、きたらきたときのこと、と横着に相なっております。しかし、仏さまはちゃんと受け入れ態勢を十分自覚し、それの準備行為を十分しておられたものであるということが、よくわかるのでございます。

〈外側の心と、内側の心〉

そういうふうに、四苦の中で最も重要なことは、死という最後の問題でございます。この死という逃れることのできない一番大きな問題に対して、すべての人が少し逃避して、あるいは、回り道をして、これを避けようとしている。

　年をとるというようなことでも、みんな日々夜々年をとっているにもかかわらず、常に若さを希望して暮らしているわけでございます。それを四苦八苦の中では「五蘊盛苦《ごうんじょうく》」といっています。若うつくって、若う見せかけて、年のいったこともなるべくごまかしている。ご婦人なんかでも髪が白くなってくると染めようという。どのくらい染めても根本のほうから白くなってくる、またそれを染める。こういう生活を好んでやっているわけでございます。

　これは、どうしたら若く見えるだろう、いつまでも若さを保っていこうということで、考えればまことに不自然な姿でございます。しかし、それが人間の姿であって、われわれが自然にやってくる矛盾というもの、束縛というものに打ち克っていこうとしているわけでございます。

　人間の現実は思うようにならない。日常生活において絶対思うようにはならない。こんな現実を、なんとか弥縫《びほう》して暮らしているのが人間でございます。もっとはっきりと、自然にくるものはくるものとして、喜んでこれを甘受して生活すればよろしいものを、なんとかしてこれをごまかしていこうとしておる。そこに苦というものが存在する。矛盾や束縛に対して、なんとかしてこれに打ち克っていこう、闘争を演じていこう、こういうふうに考えている。

　しかし、この自然にやってくる矛盾、束縛というものに果たして打ち克てるのかといいますのに、絶対打ち克てません。絶対打ち克てないとわかっているものに、なんとかアタックして打ち克っていこうと考えているのが、人間生活でございます。

人間の生活は一面から考えまするど、からだと心の闘争を繰り返していくのが一生涯の生活でございます。人間には必ずからだと心の二つがございますが、そのどちらを中心に生きるか。心のいうことをからだに聞かせようとする、からだの思うことを心に聞かせようとする、このストラッグル（闘争）が、つまり人間一生涯の生活でございます。今のヨーロッパ風の考えからいきますと、そういうことは申しませんけれども、実際われわれの生活は、心の欲するままにからだを動かそうとする、からだの欲するように心を動かそうとする、しかし心もからだもこれを聞かない、こういうのがわれわれの生活でございます。

そこで、先ほどから申しております四つの事実、――これはみんな偶然でなしに、必然に起こってくるネセシティのものである。必然性のあるものですから、川の水が上から下に流れるようなものである。水は高きより低きに落ちるという必然的な法則がございます。その法則に順応していけば、いかなることでもわれわれはこれに殉じなければならないのに、これに反逆しようとしている。

このように、「四苦」というものが根本になって、われわれの現実生活が起こっておる。そこで、これに対して、われわれはほんとうにぶつかっていこうとしているのが、第六感の生活でございます。第六感というのは、ほんとうに心の中では枝葉末節の心であり、すべてを比較し差別して認識するもので、こういう心を中心にしてわれわれがあらゆるものを分別する、あるいはあらゆるものの差別を考えて生活する、あるいは死と生との分別をする、あるいは病気と病気でないものとの分別をする、そうしてその病気に対していろいろな反感をもつ、希望をもつ、――こういうことになってくるのでございます。

そこで、われわれ人間というものはみんな心があるが、心とは何か、自己というものはいかなるものであるかということ、こういうことをよく考えていかなければならぬ。人間というものは、みんな外部に対してのみ心を使っている。内心の自己というものに対してほとんど心を用いておらない。外部に対して、たとえば家族に対して、隣り近所に対して、あるいは社会に対して、われわれは対外的なことには非常に気を使って生活をいたしております。しかし、内側の世界に対してほんとうにまじめに判断をしているかどうかということが、真剣に考えねばならない問題でございます。

家族なら家族に対してはどういう態度をとるか。あるいは隣り近所なら隣り近所に対してどういう態度でいくか。あるいは社会に対してはどうか。国に対してはどうだろうか。こういうふうに外部には心を向けますけれども、内面生活というものを無視しております。

この外部の生活は「表業《ひょうごう》」といって、いつでも人に見える世界でございます。これに対して内部のほうの世界は「無表業《むひょうごう》」と称して、外には現われてこない世界でございます。外へ現われてきませんからこれはどうでもよろしい、外へ現われるものはいろいろ工夫をしなければならぬというような具合になります。

たとえば家族に対しましては、親しきものにも礼儀ありというようなことで、礼儀作法、義理人情をもってする。それから隣り近所や社会に対しましては、倫理、道徳をもって掣肘《せいちゅう》しようとします。それから国家とか世界に対しましては、現代ではいわゆるヒューマニズム（人道主義）をもって律《りっ》していこうとする。つまり、外部に自己を律せられて日常生活をしている。自己の内心を無視して生活をしている現状でございます。

そのときに、「業《ごう》」というものと「苦」ということとは必然の関係をもっていて、ちょうど天秤棒《てんびんぼう》みたいなもので、業が重ければ天秤棒の片方が上がる、また業が少なければ天秤棒の片方が下がってくる。業と苦とは対抗しているものでございます。業が深ければ、必ずその受ける苦が非常に深重《じんじゅう》になってくるし、業が浅ければ苦は非常に軽微になる。こういうふうに説かれているわけでございます。

〈慈恩大師の第七・第八感説〉

われわれ人間の心というものは、このように実は二つに割れます。道徳律とか感性的判断というのは、人間の第六感に起こった動きであります。第六感による判断であります。ところが、第六感だけでなしに第七感というものがあり、あるいは第八感というものがあります。仏教では第六識《しき》、第七識、第八識といっています。ナーランダ大学（三〜八世紀）で学び、法相宗の始祖である玄奘三蔵《げんじようさんぞう》は、第七・第八の二つの識を綿密にお説きになっている。この第七識と第八識というものに気をつけなければならぬのでございます。

これは『成唯識論《じようゆいしきろん》』『倶舎論《くしやろん》』『毘婆沙論《びばしやろん》』『大智度論《だいちどろん》』等にもそのことがはっきり書かれております。「唯識論」では第七識のことを「末那識《まなしき》」、第八識のことは「阿頼耶識《あらやしき》」と申しております。第八識が初能変《しよのうへん》の識、第七識が第二能変の識、とこういっております。そして、われわれの常識的な第六感のことを第三能変の識といっているのでございます。第三能変の識ということは、常識の判断による心という意味です。常識で判断できないもっと奥に、第六識のほかに第七識、第八識があり、すなわち第七感と第八感とを強調しておられるのが玄奘三蔵、慈《じ》恩大師《おんだいし》（法相宗《ほつそうしゆう》の開祖）のお考えでございます。

これが基本となって、日本仏教のごとき、あるいは中国の六朝《りくちよう》以後の仏教というものが大成されているわけでございます。この末那識というものの中には「我痴《がち》、我見《がけん》、我愛《があい》、我慢《がまん》」という「四《し》煩悩常倶《ぼんのうじようく》」ということが書かれております。『成唯識論』の中に書かれておるわけですが、こういうものが第七識の中に潜在していると書かれておるわけでございます。

われわれの心というものは、初能変、第二能変、第三能変と三段階になっている。また常識的なわれわれの心は、必ず第二能変と初能変が作用している。

たとえば、皆さんがなにごとをやっても、自我というものがいつでも底に流れておる動作しかできない。どんなことを判断いたしましても、みんな自我というものの判断以外には出ることができない。これは、第二能変の「我痴、我見、我愛、我慢」というものである。それで、これを基礎にして常識が働いている。したがって、われわれには常識としての分別心、差別心というものがあって、いつでも自分と他人との区別、善悪の差別、形式的、対外的にのみ働いている。自我の働きというものは、家族、隣り近所、社会、国家、世界というふうに対外的にしか働かない。しかもその働くときには、いつでも「我《が》」というものが中心になって、自我というものが根底になって、われわれの働きは起こっている。このように説かれております。

そういうことですから、第二能変の識が、その第三能変の識、すなわちわれわれの常識が働きますときには、必ず我痴、我見、我愛、我慢という「我」というものが根底になって、常識が働いている。そういうものはいつでも、初能変の識という阿頼耶識の中から出てきている。これを「種子識《しゅうじしき》」といっているのでございます。種子識があって、それが第二能変（第七識）で現実に現行《げんぎょう》する。現行したものが実際、第三能変（第六識）で常識となって働いている。こういうことですから、根底に必ずこういう考えが潜在しているわけでございます。

それでカントなどが、この第七・第八の二識のことを「サブコンシャスネス・アクティビティ」（潜在意識の活動）といっているのも、そういうところに原因があるのでございます。第七・第八の二識というものは、現実のわれわれの日常生活の常識に起こってくるときには、必ず我痴、我見、我愛、我慢の「我」が核になっています。

そうして、この初能変の第八識を「無覆無記《むふくむき》」と申している。本質的なものが何のフィルターもなしに、そのまま表われてくる無覆に対して有覆《うふく》がある。人間には善悪の二つ以外に善悪のどちらでもない無記がある。人間は善悪の二つを中心に行動するが、その善悪の判断をする基準・規範さえ確立せずにいる善悪論者が沢山いる。人間というものは実際得体の知れぬやつばかり寄っている。はっきり善とか、悪とかいうことがわからない。仏教の経典にはその善悪について明確に表現されている。たとえば『維摩経《ゆいまぎょう》』の中に「心清浄《しょうじょう》なれば、国土また清浄なり」とありますように、心のいかんによって善悪がすべて転換してゆくということを書いておられます。

人間というものほどわかりにくいやつはない。あるときは無覆無記でくるときがある、あるときは有覆でくるときがある。だからそのときそのときで、こういう我痴、我見、我愛、我慢という根底があって働いているのですから、いつでも対外的には働きますけれども、自分の心の内を形成している機能・構成・性質といったような自内性の境界《きょうがい》（世界）というものはわからないわけでございます。

〈わが子を賢いと錯覚するのも業〉

そこで、仏教の経典に説かれている、あるいは七仏通戒《しちぶつつうかい》の偈《げ》に説かれている善悪についての偈を紹介します。「諸悪莫作《しょあくまくさ》、衆善奉行《しゅぜんぶぎょう》、自浄其意《じじょうごい》、是諸仏教《ぜしょぶつきょう》」、わかりやすくいえば、善いことをして悪いことをするな、とおっしゃっている。しかし悪いことをするな、善いことをせいといわれてみたって、善悪の標準というものをどこにきめるか、標準がなかなかきまらない。善悪の標準は何できめるかという問題、それを「自浄其意」（みずからその心を清くする）と、こうおっしゃっておられます。そうしたときに、清くするということが善である。仏さまは、常に善いことをして悪いことをするな、とおっしゃる。それはだれにでもわかったことだ。わかったことですけれども、その善悪の標準を決定するのに「自浄其意」ということばを使っておられる。

ここで申しますれば、無覆無記の第八識を標準にして生活する、ことばをかえていえば、第一義の生活であります。第七識のほうは第二義の生活である。第六識の生活は第三義の生活になります。こういうふうに、われわれは第三義の生活に身をやつしている。そして、第一義の生活もわからなければ、第二義の生活もわからない。しかも、都合のいいときは我痴、我見、我愛、我慢でいくし、都合の最も悪いときには、第三能変でやっていく、こういうことなんでございます。

そこで業《ごう》ということ、これはからだの上に現われてくるのが「表業《ひょうごう》」で、現われてこないのが「無表業《むひょうごう》」。この業ということと苦ということとは、必然的な関係があるわけでございます。ただ、説かれておりますことは、われわれが業をつくる（造業《ぞうごう》）その業が、どこで転換してくるかという問題です。

たとえば、われわれは長い人生において、こういう生活をしている。これは過去である、これは現在である、その過去の業というものがいくつもございます。この過去の業というものが、どういうふうに転換してくるかが問題でございます。

そうして、この過去の業を甘受し、保有し、これを遷流《せんる》させている。何がいったい遷流させているか。これが、今申し上げている第八識の仕事でございます。第八識が現行を種子として第八識の中に植えつけたものが原因になって、その原因を激発して起こしていく縁《えん》となる。つまり、ここに一つの種子がある。この種子が原因になって、この原因になった種子を、いろいろな縁によってたたきつけていく。そこで初めて現実がここに出てくる。こういうふうに書かれているわけでございます。

過去の現行が、種子として「第八識」すなわち初能変の中に種子として保有されている。この保有されているものが、現実の生活には、これが原因となって激発される一つの因縁が起こってくる。たとえば、去年つくった米を蔵へおさめておく。蔵へおさめておいただけでは、いつまででも種子の姿で熟するということはない。あるいは腐ってしまうか、胚芽不良のときもある。ところが蔵へなおしておいて、ちょうど春先になって気候がよくなってくる、水がぬるんでくる、そのときに出してきて、人の手によって水にひたすと芽を出す。そして苗代へ入れて苗とりをして田へ植えます。

こういうふうに強い強い縁によって米ができる、——縁ということは、つまり一つの努力でございます。努力によって激発する、こう書かれております。非常な力で圧迫していき、種子が芽となって現われてくるのでございます。

それで、ここでわれわれがまたいろいろな我痴をもつ、それは十二因縁の中で、「無明《むみょう》、行《ぎょう》、識《しき》、名色《みょうしき》、六処《ろくしょ》、触《そく》、受《じゅ》、愛《あい》、取《しゅ》、有《う》、生《しょう》、老死《ろうし》」といっておられる。「無明」というものは、人間の発露してくる根本である。無明が因になって激発されて、「行」すなわち働きを起こしてくる。どこへその結果がいくかというと、初能変の第八識にいくのでございます。

そうしてみますと、根本は迷いというもの、無明というものであり、つまりは痴ということ、認識の錯誤ということでございます。われわれの生活は、認識の錯誤から起こっている。理屈がわからぬところから出発している。

人の子供とわが子供とを比べてみて、わが子はあんまり賢うない、鼻たれ小僧のあほうや。それでも、隣りの賢い子供と比べてみて、わが子のほうがよく見える。そんな道理がどこにあるか。道理としては成就しない。それが成就しているということは、われわれが認識の錯誤をもっている。「わが子」という一つの我《が》というものがあって、その我が作用して、われわれにいろいろな認識の錯誤を起こさせている業というものをつくる。認識の錯誤なしに、すべてのことによく理屈がかなっておれば、こういう業にはならぬのでございます。

しかし、人間というものは認識の錯誤をする。親が死んだと涙をこぼして泣く。泣いて何になるか、帰ってもこないのに何で泣くのや、こういわなければならぬ。泣いてみたってなんの役にも立たぬ。それでも親が死んだといったら泣く。あれは一つの業でございます。嘘をいえば悪いことはよくわかっている。だが、自分の身が可愛い、自分の身を守るために思わず嘘をつく。ひとりでに嘘が出てくるということは人間の業である。こういうふうに認識の錯誤から起こってくるのが業でございます。

この業をつくることによって、今度われわれは「発業潤生《ほつごうにんじょう》」(業が起こって生をうるおす)して人間に生まれてくる。われわれが人間に生まれてきているのは、業からきているわけです。そこで、お経にありますように、三帰依《さんきえ》しなければならない。かくのごとく業から生まれてきているのだから、業を自覚し、苦を自覚しないと、どうしても現実の生活で満足に生きていくことはできません。

〈業苦に自由はない〉

『倶舎論』の中では、われわれの業生活を「惑業苦三道縁起《わくごうくさんどうえんぎ》」と書いてあります。三道が縁によって、無明の惑が業となり、業が現実の世界を生んでおる。この世界に生まれておりながら、認識の錯誤から、また次の迷いが起こってきて、業がくる。こういうふうに説かれておるのを、「惑業苦三道縁起」というのであります。

また「唯識論」の上では、「頼耶縁起《らやえんぎ》」といって、頼耶が縁起すると説かれてありますのは、この理論でございます。現実というのは、過去の種子が縁によって激発されて芽となる。芽となっておるこの世界において、われわれがまた新しい業をつくる。それが、聖者になると「聖者身業《しんごう》をつくらず」という定義がありまして、業はつくらない。しかしわれわれ凡夫はいつでも「常恒現起《じょうごうげんき》」で、感情は常に現在に起こってくる。感情というのは、いつ何どきでも、どんなときでも寝てもさめても起こってくる厄介《やっかい》なやつです。

そういうふうに、現実にいつでも業というものが起こるだけの準備態勢が整ってある。だから業をつくる。業をつくると必ず業が起こって生をうるおす。こういうふうになって、次の生活が始まってくる。こういう考えが、つまり、この時は五官（感覚）から起こって、第六識（心）に変移し、第七識に転移し、第八識に再転するので、第三能変の頼耶（第八識）が縁起して生死《しょうじ》に相続する、こういうことでございます。頼耶というものは、これもやはり常恒現起して相続する。ですから人間というものは、いつでも刹那に消滅しつつ業相続《ごうそうぞく》のものである。これが生きている人間の姿でございます。

したがって、われわれがつくる業というものは不尽《ふじん》でございます。われわれは「口許《くちもと》済めば（過ぎれば）あつさ忘れる」。もうおしまいや、と思っておりますけれども一度積んだ業というものは、必ず種子となっているから現行する。現行したものは必ず種子となる。こういうふうに、第三能変の執蔵識《しゅうぞうしき》の中でどんどん遷流しているわけである。したがって、業というものが必ず生をうるおすということになる。業というものは、一度つくった業は大小にかかわらず絶対なくなるということはない、不尽だと書いてある。業というもののある間は、われわれは業のまにまにまに生活をしなければならない。そして深い業の人と浅い業の人とによって、生活の状態が変わってくる。

もっともこれは、現実の差別というものを、ヨーロッパ人みたいに平等で自由だという、こういう考えでは解釈はできませんけれども、われわれの世界は、実際問題として千差万別の現実である。千差万別の現実を理想から見たら平等だといいたいのは、ちょうど仏さまからわれわれを見たら平等だといっているのと同じことなのでございます。仏の世界からわれわれの社会を見たら自由で平等である。しかし、われわれの現実の世界は、みんな差別的現実である。この差別的現実を承認せずに生きられる人があるかというと、絶対ないのでございます。

みんな差別的現実というものを味わいつつ苦労している。そういう苦労というものは、みんな業のまにまに起こっている。貧乏しますのも、幸福でありますのも、すべて業のまにまに起こっている現実である。悩む人もあれば、悩まぬ人もある。一つの事件に対して非常に苦痛を感ずる人もあれば、苦痛を感じない人もあるということは、業の軽重によってものが変わっていくわけです。非常に安楽死する人もあれば、非常に苦痛を感じつつ死んでいく人もある。これはみな業のまにまに起こっている現象であって、業がさように苦痛を感ぜしめておることなのでございます。

そういうふうに考えてまいりますと、業のまにまに、業のあるようにわれわれの現実が起こっている。百人おると、百人ながら業が違う。みんな業が違いますから、こうやって千差万別あって、差別的な現実を受けている。それを平等だといっても、理想としては平等でも現実は千差万別です。なるほど仏さまの世界からご覧になると、「一切の衆生はみなわが子のごとし」とおっしゃっていられますから、平等観というものは仏の境界から見れば平等でございますが、現実に足をおろして見たときには、どれ一つも平等で同一のものはなくて、みんな差別的な現実であることを是認しなければなりません。

ところが、ヨーロッパと東洋とでは非常に考え方が違います。神というものから出発しているヨーロッパの考えは、神というものを基礎にして、現実の平等、自由を叫んでおる。ところが東洋のほうは、自分の足元からものを勘定《かんじょう》している、自己というものから勘定をしておりますから、どうしても自己の業というものから出発するということになって、人間一人一人が自業自得ということになります。

業というものは、他人《ひと》の業が自分のほうへくるものではない。自分の業は自分以外には受けるものはない。他人の業をついでに受けるというようなことは絶対にない。みんな自業自得のものでございます。東洋では主として「自業自得」という。われわれが苦を受けるのは、百人おって百人ながら苦しみと感ずることはみんな違う。人によってみんな受け方が違うということは、業が違うということであります。業が違いますから、苦を受けることも違います。

それでは、悪い業をつくらないようにするためにどういう規制をするかといえば、いかなる苦しみの業でも、これは対外的に清算することはできないのであります。どんな苦労をしておる業でも、社会福祉みたいな弥縫《びほう》的な仕事はできるでしょうが、根本的な解決にはならぬ。

ヨーロッパのほうで、社会事業とか社会福祉とかいう。つまり平等であるという考えから、差別のある者に対して社会福祉で救済しようとするのですけれども、われわれのほうの考えでは、自業によって自得している苦痛であるから、その苦痛を他人が救済することはできない。自業自得で筋《すじ》が立っている。こういう考えをもってきているのが、東洋の考えでございます。ヨーロッパの考えは、それと反対で、上が平等であるから、平等の中に差別があるから、その差別をなんとか平等に救済していこうということで、社会福祉というようなことが叫ばれているわけでございます。

〈因果論からみた「楽」〉

そういうふうに、業によって苦の計算ができる。今ここにおる人でも、非常に日常生活に煩悶し、日常生活に苦労を感じている人は業が深いということに相なり、天真爛漫でいつでも朗らかに生活のできる人の業は非常に浅いということになります。また、年をとっても貧乏で、病気でもどうすることもできぬ人を、「あいつ業の深いやつだな、まだ業が果《は》てぬかいな」といっている。それはやはり業が深いために、その業の結果、受けている苦痛でございます。したがって、その業が果ててしまうまでその苦痛は続く。こういうことをいっているわけでございます。

そのほか、社会苦とか経済苦とかいう苦しみがある。これはわれわれの考えが、そういうものをどこへおさめてしまうことができるかということでございます。われわれにはいろいろな苦痛がある。その苦痛をどちらへおさめて総清算することができるか。これが重要な問題です。

つまり人間は、主観と独善のものである。われわれの極端なる主観というのは第三能変でございます。この主観の中へあらゆる苦痛の現実を集約してしまうということ、これが最後にきたる問題でございます。世の中がいかに悪くなりましても、その悪くなった現実を、自分の主観の中に自覚するということ、これが最後の決着点でございます。いかなる苦痛も、自己の精神生活の中におさめてしまう。そうすると、苦痛は自然になくなってくるということに相なります。それがつまり業の自覚とか、苦の自覚とかいうことであって、苦あるいは業というものを自覚いたしますときに、われわれの現実に対する真の楽の生活というものが起こってまいります。

楽というものは、なかなかあり得ない生活でございます。それが、極楽というような考え、あるいは安楽というような考え――安楽ということはどういうことかというと、心身を愉悦《ゆえつ》させる、心やからだを喜ばすということ、つまりわれわれが、ほんとうにほがらかに日常生活を楽しめる、こういう生活でございますが、なかなかそういう生活は、われわれの心の中の問題として解決しなければ絶対解決しない。そこで、「楽」という字を「ギョウ」と読んでいる。

楽とか苦とかいうことは、「憂喜苦楽捨《うきくらくしゃ》」という人間の感情が起こってまいりますものに五《ご》受相応《じゅそうおう》する。憂えと喜び、苦痛と楽とそして捨受《しゃじゅ》、こういう「憂喜苦楽捨」の五受相応――感情の発露してくるのは、「憂喜苦楽捨」と五受に起こってくる。その五受に起こってくるものを、われわれが、東からくるのを西へ、西からくるのを東へと払ってしまうだけの精神生活の確立を得なければ解決はできないのでございます。

そこで考えますることは、あらゆるものが必然的にくるということです。よく因果とか因縁とか申しまするが、これを親因縁《しんいんねん》、親因果《しんいんが》といっている。これは「因是《いんぜ》善悪《ぜんなく》、果是《かぜ》無記《むき》」と申しまして、「異熟因《いじゅくいん》、異熟果《いじゅくか》」であるといっているのでございます。つまり、異熟の因果でありますが、現実のわれわれの生活というものは、異熟因、異熟果の生活である、こうなります。「因是善悪、果是無記」と説かれている。原因には、善と悪とがある。結果はこれから出てきたもので無記だ。ちょっと理屈が合わぬようですけれども、これが「異熟の因果」といわれるものであります。また一般に考えておる因果は、「等流《とうる》の因果」といっているもので、善因は善果を生じ、悪因は悪果を生ずる、というように因と果のあいだになんのさわりもなく因から果へとつづいていく道理を「等流因開導依《かいどうえ》」というのです。しかし、ほんとうの因果論では、因には善悪があって、結果は無記だというのです。それを「異熟の因果」といっている。

　われわれの現実は、善因があり悪因があって、今日の結果を生んでいる。決して偶然ではない。等流因開導依となって起こっているものではないのです。われわれの善因善果とあるものは、これは必ず因縁で必然的に起こっているものですから、現実の生活に不平、不満をもっても、それは意味のないことになる。ちょっとこの点が普通と違いますが、これが親因果といっているのでございます。

〈現実における準備態勢〉

今日の現実の生活の中には、必ず原因となるものに善悪がある。原因となるものに善悪がありますけれども、結果として現われているものは、いやが応でもそうなるよりしかたのない必然的のものでありますから、もうこれはお断りだといっても必ずやってくる。だから必然的なのです。したがって必然的なものだから、われわれはこれを喜んで甘受するよりほかに方法がない。こういう考えが、「異熟の因果」ということなのでございます。

われわれは異熟の因果として受けておるこのからだですから、これを「異熟の穢《え》身《しん》」といっている。異熟、――かつての業によって受けているからだである。したがって、その受けた結果が、業と苦との天秤棒で、必ず深重の業には深い苦果《くか》を受けなければならない。苦果を受けなければならぬけれども、それは無記で、「因是善悪、果是無記」だから、必然的なものであるから、それに対して、われわれはなんとも自分自身で文句のつけようがないのでございます。

ですから、われわれの現実というものは、好むと好まざるとにかかわらず、いやが応でも、やってくるものは受けなければならぬ。われわれが一番いやがっている死というような問題、どんな若い人で、どんなりっぱなからだをしている人でも、必ず受けなければならないのが、現実の死の問題でございます。

この死の問題がぱっと向こうからやってきたときに、これに対してぶつかっていくか、これと戦うか、これをほんとうに喜んで受けるか、そういう三つの方法がございます。しかし、そこが受け入れ態勢の問題である。死が向こうから堂々としてやってくる。そのときに、向こうからやってくるやつを受けるときに、ほんとうにこれを敵として戦うか、あるいはこれを喜んで受けるか、あるいはすっとからだをかわして向こうへやってしまうか。それが、われわれの態度の問題であり、われわれの自覚の問題であります。

これはおたがいの準備態勢というもの――皆さん若いからといって、死ぬというような問題について、やってこないわけはない。特にこのごろのように、一歩外へ出れば交通事故がいつ何どきどこから訪れるか知れぬ、というような現実をもっておって、その現実に対して、自動車がぶつかってきたときに、どういうふうな受け入れ態勢をするか。そのままで死なぬと、そのまま悶絶してしまって、なんということなしに死んでいっていいか。あるいは平素から、いかなることが起こってこようとも、いつどこでどうなろうとも、十分な苦を自覚し、業を自覚して生活をしていけるか。

死というものに対して何らの苦痛もない、そこが、仏さまのいう無畏《むい》の生活、恐れのない生活ということでございます。われわれは生老病死というものに対して、なんとかしてこれを避けよう、なんとかして逃げようという考えをもっています。そいういう考えでなしに、これに正面から向かい合って恐れがない、さあいらっしゃい、どこからなりと出てくるなりぶつかるなり勝手になさい、というだけの準備態勢をこちらのほうに整えておれば、それはきわめて安閑としてその問題にぶつかっていくことができる。態勢が整っていれば、きわめて安心してこれを受け入れることができる。こういうことなのでございますけれども、なかなか人間というのは受け入れ態勢ができておらないのでございます。

以上、苦と楽、業と煩悩というようなこととの結び付き、あるいは人間性というもの——よく人間性といいますけれども、人間性というものは、先ほど申しましたように、第二能変の我痴、我見、我愛、我慢というものを基礎にして起こってくる感情というものが、人間性を形作っているものですから、人間性というものをよく自覚する、業を自覚し、苦を自覚して、そうしてわれわれが、自然に流れてくる生死相続し、あるいは生住異滅《しょうじゅういめつ》する、この自然の、いかにわれわれが手を尽くしてもどうにもならぬという現実、これに対しておたがいに対処していくということ、これが、われわれ人生にとりましては最も必要な問題であろうと、こう考えるのでございます。

（東京大学仏教青年会主催講演、『大法輪』一九七〇年十月・十一月号）

宗教的信念とは

対談・二代目 渋谷《しぶや》天外《てんがい》（俳優・劇作家）

〈宗教は自己一身の問題〉

渋谷　えー、何からお伺いしていいのやら……。あの、仏の道といいますか、宗教というほうには縁が遠いんやない、いずれお世話にならないかんやろうと思ってますのやけれど。根っから知識がないのですけれども……。あのォー、法《ほっ》相宗《そうしゅう》ですな。

橋本　そうです。

渋谷　かいつまんで伺いましたら……、かいつまんだら、よういわれまへんでっしゃろけれど、どういう……。

橋本　つまり、日本の宗教のなかではいちばん早く日本へ来た宗教ですわ。仏教の中でね。まあ、この日本の宗教というものは、宗派というようなものは、はじめから伝えられたものでなくて、つまり学問として入ってきたわけですな。それが終戦後、非常に混乱してムチャクチャになっているわけです。それで宗派行政、宗教行政というものは、いま日本では野放しになっておるわけです。

渋谷　ええ。

橋本　だから、あんたらみたいに、「そら、わしかて墓参りぐらいする」というて、それが宗教のように思っておるところに大きな間違いがあるわけや。あんた無宗教者で、地獄行きの人やわな。

渋谷　ありゃっ……。どうせオヤジが行ってまっしゃろさかい、向こうで会おうと思って……。

橋本　地獄で……。
渋谷　ええ（苦笑）。
橋本　それもいいけれども、あんたらは何も人生観、世界観の上に宗教の生きておらん人やわな。
渋谷　そうでっしゃろか。
橋本　人間というものは宗教なしにはいかんのやけれども、まぁ墓参りしたら宗教だと……。
渋谷　しかし、わたし舞台に出ましてね、お客さんが何千人か喜んでくださると、法悦《ほうえつ》といいますか、それに似たものを感じるときがあります。
橋本　それは宗教と違うわな。
渋谷　けれどこの前、丹羽《にわ》（文雄、作家）さんが何かで言ってはったんですけれども、宗教は個人の救いになるか知らんけれども、社会の救済にならんということを読みましたが……。
橋本　宗教というものは、徹頭徹尾〝自己一身〟の問題で、そんな社会現象でもなければ、自然現象でも何でもないのやさかいな。
渋谷　では、観念ですか？
橋本　自己一身の問題です。自分だけの。
渋谷　自己一身の……。
橋本　たとえばね、「死ぬ」というようなことでも、あんた代わってもらうことでけへんわね。世間のやつは何といっとるかいうたら「人は死《よ》ぬべきものなり」といっておるやろ。まるで他《そ》人ごとみたいなことでおるわけや。けれども死ぬということは、あんただけの問題やわね。
渋谷　ええ。
橋本　あんた何宗です？
渋谷　浄土宗です。ところが、浄土宗のお方は全然知りまへんで、友だちには真言宗が多いんです。

橋本　そうでっしゃろ。そんなことやさかに、あんたが浄土宗やと口でいうてなはるけれど、そしたらどんなドクトリン（信条）で生きてなはると、こういうたら、そりゃ知りませんと、こういうのやろ。
渋谷　そらもう全然。ただ拝んでもらって……。
橋本　生活と直結してへんやろう。
渋谷　葬式のときとか、法事のときとかいうにすぎんということやけれども……。
橋本　そうそう、そういうこっちゃ。この間、亀井（勝一郎、評論家）さんが、そのことを「朝日新聞」に書いとったな。まるで葬式か逮夜《たいや》に、思い出したように坊主を呼んできてやな、そいつが「わしんところの宗派はこれこれや」と、こういうても生活には何にも直結しとらん。宗教というものは何やというたら、われわれの日常生活の指導原理になっておるもんやね。
渋谷　はあ。
橋本　あんたの生活の指導原理は何やと、こういうたら、そういう宗教的なもの、人間のこしらえたものでなしに、もっと高いもので、あんたの指導精神、あるいは生活を指導しているものがあるかというたら、ちょっと考えるわな。
渋谷　そうですな。そりゃ、食うて寝て、飲んで寝て、チョン、ていうようなもんですなあ。
橋本　そうやろう。それでは宗教じゃないわな。そんなことというてたら地獄へ行くより道はないやろう。それがええと思ってんのなら別やがな。
渋谷　そりゃ、ええとは思ってませんけれども……。この前、子供が学校に入るのに、「はい」と返事しよりまへんね。「おい」といったり、「何や」というたりするようなことですねん。「はい」といわないかんやないかといって、子供に怒りたおしまして。ところが、じんわり考えてみたら、私が呼ばれたら「はい」といいまへんね。うちの女房も呼ばれたら「へい」「何でごわす」「何だんねん」……。これは、われわれから変えていかないかんじゃないかというこことで、この間から自分が呼ばれたら「はい」と返事してますねん。ところがね、はじめのうちはきまり悪うてしようがおまへん。私自身「はい」というのは、やっとこのごろ板につきだしてきたんですね。そしたら、子供も「はい」といい出してきたんです。これをみると、宗教というもので割り切れるのか割り切れんのかわかりまへんけれども、何か自分が教えていく、指導理論みたいなもんですね、これが欲しくなってきたんです。

橋本　そうやろう。たとえばね、あんたも今年か来年か、いずれ死なんならん、どっちみち。

渋谷　いえ、まあ、ゆっくりと……（笑）。

橋本　なるべく早いほうがいいわな（笑）。あんたが仮に仏壇の前で朝夕に手を合わせる。その姿を子供が見とったら、こういうふうにするのかな、ということで自然に一つの宗教心がわいてくるわけや。いずれあんたも来年か、再来年か仏壇の中に祀ってもらうのやさかい。

渋谷　こりゃ、忙しくなってきた（笑）。

橋本　そこで祀ってもらったときにやな、拝んでくれたほうがいいか、思い出してくれないほうがいいか。やっぱり思い出してもらうほうがいい、ということになるわけやな。

渋谷　そりゃまあ、そうです。

橋本　そやから、子供に訓練をつけるということになると、今の「はい」といっしょやわな。やっぱり、親からいかんといかんわ。

渋谷　この前、いつかのときに霊魂の問題をしゃべりましてね。霊媒《れいばい》というものがあるんです。

あれで霊魂が現われるというのやったら、霊というものは物質的なものやろう、ガイガー計数管をもっていったら霊魂のあるところわかるやろ、こう私いうたんです。そしたらだいぶん批判があってハガキがまいりました。それで、あゝいうものでしたら〝向こう〟へ行って謝る、申し訳ないいうて。こう、私返事出したんです。

橋本　向こうへ行って謝らんと、今ここで謝ったらええやないか。向こうへ行ってから謝れるか、謝れんかわからへんやないか。

渋谷　（苦笑）……そしたら新興宗教みたいなもの、管長にかかったらコミジ木ッ端ですな。

橋本　そりゃ、そんなこと決まりきったことやないかね。そんなアホらしいこといわんだけで、相手にならんだけの話や。

渋谷　なるほど。けれども、新興宗教にいわしたら、既成宗団というものは腐敗しとるから、新興宗教の方が実際的だと、こういいますわね。

橋本　そりゃそうやろう。そういわなんだら、生命がないわな。

渋谷　なるほど。

橋本　結局、既成宗教の教義の上に立っとんのやさかい、どいつもみな。あとから宮殿楼閣を建てよったようなものや。

渋谷　で、ぼくみたいな人間がですな、もしも管長に弟子入りさせてくれいうたら、どないして教えてくれますねん。

橋本　そりゃ教えたる。厳しゅう教えるで。

渋谷　厳し……。

橋本　そりゃ厳しい。行《ぎょう》させさんといかんもん。

渋谷　行って、水かぶったりしまんのか……。

橋本　弟子に、なりそうなはずないわな。

渋谷　そりゃ、なるかもわかりません。

橋本　そんなら来なはれ。いつから来なはる。

渋谷　いつって……。働いてまっさかいに、休みのときやないと……。
橋本　働きつつでいいやないか。
渋谷　働きつつね……。

〈宗教的信念を〉

渋谷　管長、あの亡くなられた小林一三《いちぞう》先生（実業家）とお心安かったらしいですね。
橋本　ずいぶん長い間の関係やった。
渋谷　そうすると、やっぱり小林一三先生も、管長のお弟子ですか。
橋本　弟子というのではないな。
渋谷　さよですか。
橋本　うん。話を聞いていたというだけで、合理主義者ですよってね。合理主義者に宗教をほんとうにたたき込むということは、なかなかむずかしい。
渋谷　なら、宗教は不合理でっか。
橋本　不合理やないですけれども、宗教というものは不合理性のある合理性のもんや。ああいう非常な合理主義の人にかかるとやね、よほどしっかりした指導しなきゃいかんということになるわけや。ずいぶん苦労したね。
渋谷　さよですか。
橋本　はじめから、坊主というものをバカにしてんのやろ。
渋谷　そうすると、教えていただくとしたら、理屈というものは自分からぬいてしまうわけですか、最初に。
橋本　いや、いっぺん合理的に理屈攻めにしてしもうて、科学的に宗教を分解してしもうて、そうして一応納得さすわけや。それから宗教の本髄というものを説いていくわけや。
渋谷　はあ。

橋本　それを一年に十回。十五年行ったわけやな。

渋谷　よう、聞きはる人も辛抱強い、また話しはるほうも……。もっとも、自分のお好きな宗教でっさかいに……。

橋本　好きなことあるかいな。

渋谷　いやいや、そりゃわかってますけど（笑）。聞きはるほうも、なかなか忍耐強かったわけですなあ。

橋本　そりゃあの人は、最後までやる人やな。こっちもえらいけれど、向こうもえらいと、わしゃ思ったな。

渋谷　妙なこと聞きますのやけど、修行の過程ですな、お坊さんの……。性欲の場合、あるいは食欲の場合、あるいは、あんなことしたい、こんなことしたいということがおまんな。それを抑えていくには、自分自身の力だけで抑えていくんですか。

橋本　そりゃ、修行ちゅうものはなかなかむずしいもんやで。三祇百大劫《さんぎひやくだいこう》という修行があって、そりゃとてもむずしい。が、なんちゅうても自制力がいちばんやな。自戒すること。

渋谷　そうすると、そのむずかしさを一般の民衆にですね……、これはできまへんわね。

橋本　それは在家に対してやるときと、われわれ専門家のやることと別やないといかんわな。たとえば、あんたはあんたの世界で、やっぱり掟《おきて》があろうがな。その掟をほかの人にも律《りつ》するということはできへんやろ。

渋谷　そりゃ、もう……。

橋本　そうでっしゃろう。私ども専門家は、専門家の中にひとつの道がなけりゃいかんわな。今その道と、よその道とゴッチャになってしまっておるからいかんのです。坊主が洋服着ている、羽織り着て出ていく、衣着《ころも》よらんというのと同じことで、……この頃、それで困ってんやがな。衣着て歩くのを嫌がったりしよる。頭でも剃《そ》らんと毛伸ばしよるやろ。そんなら、はじめから坊主やめたらええんやがな。

渋谷　それから管長さん、なかなかお付き合いも多まっしゃろ。そうするとたいていの人間の顔みたら、こんなやつはこんなやろ、という色分けができますな。

橋本　わかるわかる、あんたの顔見たら、のっぺりしていてやな、こっけいそうな人やと思うわね。

渋谷　（苦笑）私もね、管長の顔見てやすな、はじめてですけども、写真とか、漫画とかで見るのと全然違いますわ。写真や絵の顔のほうが怖いですわ。

橋本　さよか。だいたいは優しいええ男やわな。

渋谷　若いとき、ええ男やったろうと思いますわ（笑）。

橋本　そうやろ（笑）。

渋谷　それで、お会いになったなかに、私らあまりお付き合いのないのが政治のほうの方ですけど、政治家のなかでいちばん面白いお方いうのは、どういうお方ですか？

橋本　やっぱり、大野伴睦《おおのばんぼく》さんやろな。

渋谷　そうですか。そうして石橋湛山《いしばしたんざん》さん、いまの首相の……。

橋本　これは坊主の出やさかいね。

渋谷　お坊さんの政治ですな。そのあり方というものは、これは見方が違いまっしゃろ。

橋本　見方が違うって、政治家に宗教がないからいかんので、政治家に宗教心さえあったらこんな問題はもっとスムーズにいきますよ。つまり、大臣の争奪戦のようなものでも、そりゃもっとスムーズにいきます。ところが政治家に宗教心がない。何でも話を聞くと、あっちについたりこっちについたりして、「フラフラ代議士」というようなものがあるという話を聞いているが、そりゃ信念がないいんだから。

渋谷　禅譲《ぜんじょう》というものがない……。

橋本　宗教的な信念さえ政治家にあれば、日本の政治というものは立派にできると私は思いますけれどもね。

渋谷　そうすると、石橋さんなんか、どっちかというと総理大臣としては適任の方ですか。

橋本　適任やとは思うけれども、どこまで宗教心がはっきりするか、まあ日蓮宗の出というだけで、どれほど宗教に対して信念をもってるかということやな。だいたい政治経済記者だったさかいな。

渋谷　これも、合理主義者ですか。

橋本　合理主義者やろうな。

渋谷　では、できれば湛山さんに、さっきの合理の中の不合理、不合理の中の合理性でやってもらえばよいわけですな。

橋本　そういうことですわ。つまり、〝中道《ちゅうどう》〟を歩かしたらええということです。どちらにも偏らんと。

渋谷　では、いっぺん修行させていただきに、改めて寄せていただきます。

橋本　どうぞ。

（ＮＨＫラジオ「朝の訪問」、一九五七年二月六日放送）

◉渋谷天外
一九〇六年京都府生まれ。父は「楽天会」の主宰者初代渋谷天外。一九二九年二代目を襲名。一九四八年曾我廼家十吾等と松竹新喜劇を創立。上方を代表する喜劇俳優、脚本家。紫綬褒章、勲四等旭日小綬章受章。一九八三年逝去。著書に『わが喜劇』がある。

II

現代の処世訓

〈機械文明に対する疑い〉

現代の処世訓についてお話しいたしたいと思います。こういう問題は非常に陳腐なようでありますけれども、実は今日世界人類が実際問題として何のために生きておるのか、何のために仕事をしておるのかという目標を失ってしまって、まったく目的のない、生まれてきたからしようことなしに生活しているという状態であります。そこで、現代とは何であるか、またどうしてこういう目的のない、破壊的な、しかも非合法的な時代が出てきたかということを認識して、われわれわれの進むべき途《みち》を考えてみたいと思います。

まず現代は非常に混乱した時代であることは、日々の生活でおたがいに十分経験しておるわけであります。それではどうしてこうなったのかというように、個々にいろいろ考え方が違うでしょうし、また混乱に導いた理由もいくつかあるのでありますが、その中でもっとも大きなものは世界的な転換であります。決して敗戦が生んだものとのみはいいきれない。世の中では、敗戦が日本の国にとって初めて起こってきた事件であるために、これがわれわれの生活を混乱させておると考えられておりますけれども、決してそうではなしに、この混乱は世界的なひとつの展開であると思うのであります。

十八世紀の末葉から十九世紀いっぱいにわたって、世界の主導権がヨーロッパにありました。それはフランス革命を契機として新精神がヨーロッパに起こったためであって、それが民主政治の起こってくる原因となりました。自由とか、平等とか、あるいは人格の尊厳とかいうことが唱えられ、過去における伝統、ドグマを破壊して、ここに自由主義というものが起こってまいったのであります。これが第三のヒューマニズムといわれるものであります。第一のヒューマニズムはルネッサンスにそって起こったものであり、第二のヒューマニズムは十六、十七世紀に起こった宗教改革にそって育てられた人道主義でありました。その人道主義が第三のヒューマニズムによって、自由平等と人格の尊厳を根底とする自由主義の台頭を促すに至ったものであります。

この第三のヒューマニズム精神が、十九世紀において世界の主導権を握り、またこの考えを基礎にいたしまして十九世紀文明が展開したのであります。そうしてこの思想の基礎を与えたものは、ご承知のごとくカントをはじめ、フィヒテとかニーチェとかいうような哲学者がたくさん出まして、この人格主義、あるいは自由平等という人道主義なるものの裏書をいたしたわけであります。

こういう哲学的な裏づけの結果として、近代文化の特色たる合理主義が宣揚《せんよう》されました。合理主義とは、個人は個人として、社会は社会として、あるいは国は国として、世界人類は世界人類として、一つの人格の完成に目標をおきまして、これを人類全体の目標であるとしたのであります。そういう意味で十九世紀は、非常に人類が明るみをもつようになったのであります。おたがいに明るい希望をもって、合理主義的な倫理主義、あるいは建設主義、すなわち一つの目標に向かって人類全体がすべてを建設していこうという考え方で固まりましたので、倫理道徳が最高の地位を占めて世界人類を指導してまいったわけであります。

しかるに十九世紀の終わり頃からだんだん勢力のあり方が、世界の主導権のあり方に一大変革を起こしてまいるようになったのであります。それの一番基礎になっておるものは、十九世紀の終わり頃にぼつぼつ頭を上げてきた非合理的な考えであります。ただいまわが日本においては、わずかにここ十年間で日本の今日まで経てきた千五百年、あるいは千六百年という歴史を破壊して、民主主義というものが、大きな圧力をもってわれわれに臨んでおります。強制された占領政策がそれであります。

しかしその民主主義なるものも、実を申すと一八一五年のウィーン会議以後において確立した自由主義を、今日二十世紀の中頃以後に押しつけられまして、それが世界の自由主義であると考えておることに、大きな誤りがあるのであります。その民主主義も実は百五十年近くの歴史をもっており、その間に一大転換をしておることを十分認識しなければならないのであります。

はじめのあいだ自由という考えが、人類を幸福にしたように思われたが、次第に自由を求めればかえって不自由になり、平等を求めれば求めるだけ、不平等の世界ができてくるということを経験したのであります。少なくともヨーロッパでは、過去の平等というものに対する大きな懐疑が起こってまいった。なかんずく人格の問題について、おたがいに人格の尊厳を擁護しなければならないと考えておるものが、すべて人格が無視されておる。こういう現実を生んでおります。

これでは、人間の人格に対する疑惑が起こってまいるのは当然なのであります。人格の尊厳ということを求めれば求めるほど、人格の尊厳が阻害されるという現実の矛盾をどうすべきであるか。たとえば、科学の発達が結論において人格を無視しております。今日のわれわれは科学の召使いであり、機械以下の人格であるということに相なっておる。これでは人格主義も何もあったものではない。人格主義はたいへん立派な主義でありますが、今日ほど人格が無視されておる時代はない。このことをおたがいに考えなければなりません。

一九四二年に、人権擁護という問題が表に出てきた。これはいかに世界人類が、人格を無視されておるかということを立証する一つの運動でありまして、爾来《じらい》「世界人権宣言」というようなトテツもないおかしい問題を、世界人類が取り上げなければならなくなったのであります。

今日われわれが「自由である」「平等である」「人格である」と申しておりますが、実際にはせっかく自由を求めれば求めるほど不自由になっておる。平等を求めれば求めるほど不平等になっておる。人格擁護を考えれば考えるほど機械以下の人格に蹴落とされる。こうして人格の尊厳が無視されておる事態が生まれておることは、皆さんもご存知の通りであります。

平和の問題にしてもその通りで、われわれ平和を願望はいたしますけれども、果たしてこの人類世界に平和があり得るでありましょうか。おたがいに個人が我《が》をもっており、国家にも我があり、社会にも我がある。こういう我のあります間は、どうしても世界の平和はあり得ないことは極めて明瞭な事実であります。

実際われわれが求めるのは、平等な世界、自由な世界、あるいは平和の世界でありますが、いざ実践の問題となると、これは不可能な問題となる。こうした一つの疑惑が今や世界人類の上に大きな問題となって展開しておるのであります。それがいろいろな問題となって現われておりまするが、十九世紀の終わりから二十世紀の初めにかけて、基本的な考えとして起こっておるのは、ご承知の通り実存主義であろうと思います。サルトルとかハイデッガーとかいうような人々の考えは、十九世紀の末葉から二十世紀にかけて、ただいま申し上げましたような疑惑を基礎にして起こっております。こういう問題が各種の世界の現象となって現われてまいっておるのであります。

〈国家間反目の真因〉

二十世紀の初め、すなわち一九一四年に第一次世界戦争が起こりましたが、それから間もなくロシアの共産革命が起こって、合法的でない非合法的な運動が展開されてまいったのでありますす。合法的な運動の起こっているあいだは、倫理道徳が一つの可能性をもつのでありますけれども、非合法的な時代に相なってまいりますと、従来の倫理の目的を失いますために、建設的でない、破壊的な時代がここに生まれてくる。すなわち十九世紀の初めに第一次世界戦争が起こり、汎スラブの運動が表に出てまいり、ここに合法的な倫理主義、人格の完成を目的とした世界人類の考えが一転いたしまして、目的のない非合法的な運動に相なるわけであります。このころドイツにおきましても合理主義を離れた非合理主義、後に申しますアプレゲールというようなものが起こってまいりました。

またヨーロッパにおける適正、不適正人口というような人口問題がこれにからみあうようになりました。どこでも適正な人口を持っておる間は世界の平和は維持されますが、人口のバランスが破れ、不適正人口に陥りまするど、どうしてもこれをコントロールしていかなければならない。コントロールするといっても、いかようなる方法でコントロールするか。人類が矛盾を感ぜざるを得ないのであります。たとえば、地球はこれから永久に大きくなることはありませんが、その中に生きている人間は無限大に無制限にふえていく。これなどもまことに大なる矛盾といわざるを得ません。こういう解決されざる問題が、いたるところに転がっているのであります。

十九世紀初めのヨーロッパにおける大きな事柄は、すべてこの矛盾を基礎にして展開しているといえましょう。一方科学の発達もやはり、この矛盾を助長する役目を果たしている観があるのであります。それと同時に、こういう問題を契機に、第一次ヨーロッパ戦争の後、かの共産ロシアが第一次計画、第二次計画を進めております間に、世界の主導権はどんどん大西洋を渡ってアメリカに移っていき、そこから米ソの間の反目競争という新しい事態が生じてまいったのであります。

わが日本の国民感情は、永い間東洋的なものによって、少なくとも千五百年ほどの間は東洋的な倫理道徳、宗教というものによって培われてまいったのでありますが、明治の初めには外国文化に心酔し、これを模倣する運動が盛んになりまして、それがまた実際に日清、日露の戦争に勝利を得せしめた結果、われわれの頭の中に無意識のうちにヨーロッパの思考がわれわれよりもすぐれているという考えが、自然に培われてまいったことに注意しなければなりません。たとえば法律にいたしましても、大宝の律令が基礎になって、千数百年の間われわれの祖先は何らの不自由を感ぜず、不審を感ぜずに来ておりましたものが、フランスや英国の法律が教えられるようになり、今では、何らそれに対して不審を感じないことに相なっております。

また一方では、ダーウィンの進化論、これなどもただ学校で教えられたからそうだろうと漫然と信じておりますだけで、人類学的なあるいは考古学的な立場に立って研究し、どうしてもそうでなければならないと確信をもっておるのではありません。

ヨーロッパにおいてもパーセンテージを取ると、さほどにはダーウィン説を鵜呑《うの》みにしていないようでありますが、われわれは小学校の時分にこの進化論を教えられて無条件にこれを信じている、そうして過去の千数百年来われわれが信じてきたこととの間の矛盾を感ぜずに、そのままわれわれはこの新しいヨーロッパの考えを信じてしまっておる。こういうのが今の日本人の無批判、無反省な状態であろうと思うのであります。

〈疑う心と信ずる心〉

ヨーロッパ人は四千年来、人類はすべて神、造物主《ぞうぶつしゅ》がつくられたものであるという考えが、世界観の基礎になっておりまして、東洋人の考えとは根本的な相違があるのであります。われら東洋人は、ご承知の通り中国でも日本でも、われわれはとくに天の神によって支配されているのではなく、われわれがかくのごとく存在しているのは、おたがいの業《ごう》のつくるところであると、かように教えてまいっております。これがヨーロッパの考えでは、人間は神のつくり上げたものであるから、神と等しいものである、われらは神の子であるという考えに相なりますので、いつでも人間を過信するという傾向をもってまいります。ところが東洋の考えでは、現実の差別というようなことは、結局自業自得であると、かように教えております。したがってヨーロッパのほうでは神のつくったものであるからいつも平等であり、自由でなければならないことに相なりますので、常に現実と理想との間にギャップを生じ、現実に対する不平不満をもつことになります。これが科学の発達を助長させ、また文明の発達にも貢献したと思いますけれども不満はたえない。

その点東洋人は、現実の差別というものは、業のままに起こるので、因縁因果《いんねんいんが》の理法によってかくのごとく展開しておるものであると考えておりますから、現実というものに対しての不平不満が少ない。ただ問題は、明日に対しての希望にある、明日のための努力にあるということで、過去を見て現実を見、現実を見て未来を見るという考えで、現実に対しましてはいつも感謝と喜びを感じて努力をしていくというのがわれわれ東洋人の考え方であります。これをヨーロッパ人の考えは上から下を見た考えであり、東洋人の考えは下から上を見た考えであるといえると思います。東洋人はいつでもたんねんに足元から出発しようといたしておりまするし、ヨーロッパ人はいつでも頭の上から、飛行機の上から物を見て判断しようといたしておる。

このように、現実の問題の扱い方においても、ヨーロッパ人は、神、ゴッドのつくりたもうた現実に対する大きな一つの疑惑を抱いておる。ところが東洋人のほうでは、われわれはかくのごとき現実を受けるのは自業自得であるという立場から、現実に満足し、現実に感謝して日常生活をする。その代わりにいつもこのような矛盾のある現実でない現実をつくり出すために、今われわれは努力しなければならないという考えをもっている。

仏さまが「精進《しょうじん》これ仏教である」とおっしゃるのはそういう意味でありまして、仏教というものは未来に対しても最善の努力主義であると私どもは考えております。それで現実に対していつも喜びと感謝をもって、まだまだ自分の因縁の悪いこと、自分の過去の業績が、実に悪業の集積であるという自覚をもち、かくのごとき現実に満足でき得るということはありがたいことである、けっこうなことである、……こういうふうに考えてまいったのが東洋人の考えであります。したがって、東洋人はいつももの

を信ずるところから出発するのに対し、ヨーロッパ人はあくまでもの

を疑ってかかる、懐疑が出発点となっております。このように、信ずることと疑うこととは正反対のことでありまして、疑う心は科学を助長せしめ、信ずる心は宗教的な問題に入っていくということに相なります。

かように東洋人全体が、仏陀《ぶつだ》の恩徳によって、慈悲によって生きてまいっておるということが、千数百年来の薫習《くんじゅう》された現実であります。しかるに、明治時代に全然反対の立場にあるヨーロッパ主義が入ってきた。このとき人々がみな不審を抱かなければならないはずであるのに、なんら不審を抱かずにヨーロッパ的考え方を鵜呑みにした。ここに大きな日本人全体の罪があると考えるのであります。日本人の宗教とは何であるのか。このことについておたがいに反省してみたいと思います。

〈仏壇は何のためにあるか〉

今皆さんのお宅には仏壇というものがあるでしょう。今からちょうど千三百年前に天武天皇が「家ごとにおいて仏舎を造り、仏像を安置し、経論《きょうろん》を読誦《どくじゅ》すべし」という御詔勅《ごしょうちょく》を出されております。これはその当時では国家の大問題であったと想像されます。

聖徳太子が十九歳から四十九歳まで推古天皇を助けて政治をおとりになっておられましたが、この間は日本の国は非常によく治まっていました。しかし聖徳太子がひとたび薨去《こうきょ》遊ばされると、翌日から蘇我馬子が横暴をふるい、自分の日常生活を天皇にならうようにする、子供はみな親王と称させる、自分の住居は宮城と称するというように横暴をふるった。それでついに中大兄皇子とか鎌足とかいう人が出てきて、蘇我氏を滅亡せしめた。そうして聖徳太子が二十数年間の御治世において仏陀の恩徳を仰ぐことを考えられた、その精神を受けついで、国家を治めることを考えられたのが大化の改新であります。

しかるに大化の政治は大国の中国を模倣したために大きな欠陥を生じて、政治的には大失敗をいたしました。これを日本に相応した政治に再組織されたのが天武天皇でありました。その政治の第一歩が、先に申しました「家ごとに仏舎を造り、仏像を安置し、経論を読誦すべし」という御詔勅が出たことであります。しかしこのことは、一軒の家にとってはなかなかの大問題であったろうと思います。それまでは家の主人は一番偉いものだと考えていた。それが神棚をつくる、仏壇をつくるということに相なったのですから、必然的に思想的な大変革をきたしたことと思います。おそらくそれが効を奏しまして、大宝の律令がつくられることとなった。その大宝令が、明治の憲法に至るまでの日本の大本を決定してきた法律であったということを考えましても、実にこのことは大きな運動であったろうと思うのであります。

そのような事情からわれわれの家庭生活の中に仏壇ができ、仏像を安置することになったわけでありまするが、果たして今日はどうだろうかということを考えてみたい。今日仏教徒という名のついておるご家庭ならば、かならず仏壇があり、仏像があり、経文があるというのが通例でありますが、その理由を歴史的にはっきり認識しておる人が果たしてどれほどあるだろうか。その宗教の信仰を果たして身に体しておるかどうか。おそらく日本人のすべての人が、昔から因習と惰性でやってきているのであって、その仏壇なり仏像なりと個人の生活との間にどんな密接な関係があるかを認めている人はほとんどいない。昔から浄土宗だから今でも浄土宗だ、昔から禅宗だ……ということでありまして、私の家は浄土宗だから浄土宗のドクトリン（教義）に合った人生観、世界観をもって日常生活をやっているという人はどれほどあるかということになると甚《はなは》だ疑いなきを得ません。このように生活に直結していない信仰なれば、実はなくてもよろしいのであります。

よく日本人には宗教があって信仰がないといわれるのは、ここだと思うのであります。宗教というものは、われわれの個人生活を指導する信仰があって初めて宗教をもつといい得るのでありますけれども、信仰なしに宗教だけあるというような状態は、全世界中をさがしても日本以外にそうないと思うのであります。かならず宗教のあるところその人との結びつきがあり、信仰がなければならないというのが筋道であります。しかるに日本の家庭には仏像があり、仏壇があり、宗派があるが、何ら個人生活の人生観、世界観の上にひびくものがない。これは実にわれわれ日本人のもっとも恥ずべき点であります。

〈義理人情が崩れ去った〉

このように日本人というものは非常に宗教に無関心であり、無批判である。これは、仏教の専門家にも罪はあろうと思いますけれども、為政者にもまた大きな罪があろうと思います。というのは今日、日本に存在しておる檀家《だんか》と檀那寺《だんなでら》という組織は、日本人の宗教的な信仰を画一的にしようとしておる。あるいは政治家なり、政治権力なりが民衆を宗教的に犠牲にしている。こうして三百年、四百年という長い間に、民衆を宗教的に去勢し、無批判、無反省な日本人をつくり上げてしまった。このために、明治以後ヨーロッパの考えがどんどん入ってきましても、それに対して大きな疑惑を抱き、批判を加えるということもなく、ただ自然に流れてくるように日本人の生活の中に入ってしまった。真剣にその問題と取り組み、その問題を考えない。これが日本人の大きな欠点なのであります。われわれおたがいの生活を幸福にするところの重大な宗教の問題を、このように放置してきた罪は大なりと申さねばなりません。

この無批判、無反省の欠陥をもっとも残酷な形で暴露したのが、敗戦日本だったのでありま す。政治的な勢力もなく、経済的な勢力もなく、国力が衰えて独立の条件が整わない。そういうところへ、ヨーロッパ諸国の考えなり、アメリカ人の考えなりが、滔々《とうとう》として流れ込んできたのだからたまりません。今日の日本を冷静にお考えになれば、悲惨なる事実はすぐおわかりになりましょう。戦争中もしくは戦争の済むまでは、わが日本の国には実存的な考え方とか、またソビエトの考えておるような非合法的な考え方は毛頭輸入されなかったのであります。然《しか》るに戦後、そうした態勢がくずれた結果、日本人がすぐに取り上げたものは競馬であり、麻雀であり、競輪であり、あるいはパチンコであります。

また一方から申しますれば、今日まで日本人の考え方の源であったところの、時間的な考えを基礎にした因果観、これが東洋人全体の考えでありますが、この時間的な因縁、因果という理法によって押し立てられているのが「義理」とか「人情」であります。こういう社会的な結ばれ方が無視されまして、空間的な考え方、すなわち民主主義的な考え方が入ってきたのでありま す。ゆえに、今まで時間的な考えを基礎にしてまいって日本人は、昭和二十年を契機にして横に空間的な考えを基礎にしなければならなくなってまいったわけであります。したがって、日本人の義理とか人情とかいう考えが一度に理想主義とか理論主義とかに塗りかえられ、今日まで日本人はいつでも実践理性を考えてまいりましたのが、二十年を契機として理論理性を基礎にするようになったのであります。

われわれは古来より、形以上のもの、理屈以上のもの、すなわち義によって理を立てるということが、われわれ日本人の非常な美点とされてきたのであります。理屈はいかにあろうとも、義によってその理の判断を立てていこうと考えるのが日本人の考え方であります。人情の問題でもその通りでありまして、人間というものを判断の基礎に置いて情を進めていこうというのが日本人の考え方なのであります。そういうようにいつでも義というものが基礎になって、その義の基礎の上に理屈を押し立てようとするのであります。

したがって一つの事柄にしても親にいうとき、目上にいうとき、あるいは目下にいうときということで、同じ理屈でも義という一つの判断が先になっておったわけであります。人情でもその通りでありますから、たとえば結婚するというときに向こうの人とこちらの人と、まず人間と人間との釣り合いを考えます。家と家の釣り合いを考え風俗習慣の釣り合いを考えてその後に結婚する、こういうふうに進めていくのが今までの日本人の考え方であります。ところが近年ではそれが逆転いたしまして、自己の感情を中心に考えますから、恋愛至上主義というようなことになり、年にも関係なく、身分にも関係なく、年寄りが若いツバメをつくる、あるいは老いらくの恋をする。ただ好き合ったという理屈さえ通れば、親も子供も何もない。理屈はどこまでいっても正しいとされるのである。義理などということは考えようとはしない。

こういうふうに理を先に立てて判断をしますから、個人主義で、快楽主義で刹那《せつな》主義で現実主義になります。今日映画を見ましてもそうでありますが、あのヒロポンの流行状況を見ましてもそうであります。その他の娯楽、賭博の流行の状況などすべて現実的であり、刹那的であり、快楽的であるということは、皆さまのよくお気づきのことと思います。パチンコのごときはもっとも大衆的であり、もっとも安易であり、だれでも、いつでも、どこでもできますために今日どんどん流行して、日本を亡国に導くもっとも大きなもののように感ずるのでありますが、これらのものはすべて実存主義の現われであることを知らなければなりません。

〈救いのない実存主義〉

今日の状態におきましては、ヨーロッパといわず東洋といわず、実存主義が全世界に流行いたしまして、これが大きな世界の悩みを投げかけております。フランスあたりでは最近になって、どうも実存主義では人類の幸福は得られない、可能性を追う可能主義では、人類の幸福は永久に得られないということを考えるようになりまして、東洋の思想が相当研究されている。しかるに日本では逆に、この実存的な考えが日本全体に横溢《おういつ》いたしておる。過去のものはすべて追放して、新しい非合法な、破壊的な、そうして目的のない人生というものの考え方が日本には横溢しておるのであります。これがつまり日本の国を攪乱《かくらん》しておるとともに、世界中を攪乱しておる。

今かりにおたがいに何か目的がありますれば、その目的に向かって合法的に進んでいこうと考えますけれども、人生に目的を失っておりますれば、何をしていいかということに大きな疑惑を感ずるわけであります。目的のない人生というものは、意欲の自由から行動の自由に走ります。意欲の自由が行動の自由に移りますと、結局可能性を追うという結果になり、理性の判断を失い、知性の判断が失われる。したがって物の是非善悪の判別ということさえ疑わしくなってまいります。おそらく今日の人々の中には人間がなすべきことを、実は忘れておるような人も相当できてきているのじゃないか。一つの基本的な目的があってこそ善悪の標準が決まるのであります。

先ほど私は十九世紀以後の世界は倫理の可能性を失っておると申し上げましたが、倫理道徳というものはご承知のごとく、時と所と人で転換する原理であります。時によって変わり、所によって変わり、人によって変わるというのが、この倫理道徳の基礎であります。しかし、この考えは果たして正しいでありましょうか。

今から千三百年余前に、聖徳太子がこういっておいでになる。甲によいと思うことは乙には悪い、乙によいと思うことは甲には悪い、しからば甲は善人かというのに善人ではない、悪人かというのに悪人ではない、乙は善人かというのに善人でもなければ悪人でもない、それではどうなんだというと、ともに凡夫《ぼんぶ》である、――こうおっしゃっておるのであります。このことは実におたがいに味わうべき言葉だと思うのでありまして、人によって変わっていくようなものであっては、われわれの日常生活を指導する原理にはならない。また所によって変わるようなものは、永遠の生命をもつわれわれの指導原理にはならない。

したがって人によって違い、所によって違い、時によって違うというような原理は世界性をもたない原理であるということを、よく皆さまにもご理解していただきたいのであります。すなわち時と所と人によって変わるような原理（倫理道徳）では、実際問題としてわれわれの指導原理にはならないのであります。

〈生活を幸福にする原理〉

そこでわれわれの生活を指導し、生活を幸福にする原理というものはどこにあるか。どうしても、時によって、所によって、あるいは人によって変化のない、変動のない一つの理論によらなければならない。聖徳太子の「ともに凡夫である」という考え方、あるいは仏さまのことばで申しますならば、七仏通戒《しちぶつつうかい》の偈《げ》に「善いことをして、悪いことをするな（諸悪莫作《しょあくまくさ》、衆善奉行《しゅぜんぶぎょう》）」と、こうおっしゃっておるのであります。

皆さんは、そんなことは教えてもらわなくてもわかったことじゃ、と申されるかもしれません。それなら、物の善し悪しの判断をどこでするかということに相なります。その善し悪しの判断は、仏さまの言葉によりますと「自浄其意《じじようごい》、是諸仏教《ぜしょぶつきょう》」（みずから、その心を清くすることだ、これ真実の仏の教えである）――こうおっしゃっております。そうすると、是非善悪はなんによって決定されるかといえば、みずからの心を清くするかしないか、ということによって決定する。こういう問題になってくるわけであります。

ヨーロッパ人のように人間を過信し、自己を過信した考えではとても及ばない考えなのであります。もし「ともに凡夫である」という考えがありますれば、世界の平和も簡単にでき、家庭生活におきましても、社会生活におきましても実になごやかな人生が生まれてくると思うのであります。それでは、みずからその心を清くする、ということは一体どうすることだろうということが非常に問題になるだろうと思いますが、これを簡単にいえば、おたがいにもっておりまする「我《が》」というものをなくすることである。「無我」の生活であるということに相なると思うのであります。

われわれの日常生活はすべて「我」である。我というものがありますから「欲」というものが、そのお尻についてくる。この我欲がありますから、求めるものが得られないということに対する瞋恚《しんに》（怒り）というものが起こってくる。喧嘩《けんか》というものが始まってくる。取るべからざるものを取らんとしてあせる。自己の精神生活はいつでもこの我と欲から出発してくる。

世の中で怒るということほど、実はつまらないことはないのであります。およそ人に怒るということは怒っている者が怒っているだけで、怒られている者はなんでもないのであります。子供と奥さんとが、おやじが外から帰ってきて子供に一生懸命に怒っておる、奥さんに怒っておる。だから平素、おやじが帰ってきたらまたうるさいぜと、こういって笑っている。ということでありますから、怒った者だけが損しているので、怒られている者はなんでもない。歌でも聞いているようなものであります。それでも、怒らなければ承知せんのが人間であります。

結局、われわれには「我」というものがあって、我を満足させようとするために瞋恚ということが起こってくる。怒って自由になるならばまだよろしいけれども、決して自由にはならない。先ほども申しましたように、矛盾と束縛の多いのが現実であります。ではその矛盾や束縛を感ずるのは、だれが感ずるか。自己の精神生活の中に感ずるのであります。

仏さまが「心清浄《しょうじょう》ならば国土また清浄なり」とおおせられております。われわれが怒るのは、われわれが矛盾、束縛を感ずるからであるけれども、どのくらい怒っても、怒ったからといって矛盾や束縛は解消されない。そこで、それを解消する手段として愚痴《ぐち》を利用しておる。これがわれわれの日常生活であります。

こういうふうにわれわれの日常生活の根本となるのは「我」であって、濁っておる日常生活でありますから、我のない日常生活は、みずからその心を清くしたところの清い日常生活であると仏さまは判断しておいでになるわけであります。そこで仏さまは、われわれが我をもって生活する結果、一方に偏した邪見《じゃけん》が出てくるぞと戒めていられる。いま日本の国民全体が一方に偏した考えをもっておりまして、中道を歩くことができない。これは国民的な邪見が行なわれておるからであります。

そこで、心を清くするということを基礎にしたほんとうの宗教生活をしなければ、邪見は匡《きょう》正《せい》されません。ところが今日の日本人の宗教は、因習と惰性の宗教であって、信仰と個人生活とが直結しておらない。宗教があって信仰がない。これが混乱した現実の真相であります。先ほど触れました仏さまのおことばに「国土清浄ならば心また清浄である、心清浄なれば国土また清浄なり」とあるように、われわれの心が澄みきっておれば、どんなに濁った現実でも清浄に相なるのであります。

結論を申しますならば、今日の時代がいかに無目的の時代であり、非合法的な時代であり、破壊的な時代であるかということは、よくおわかりのことと思います。われわれは宗教的な信念を確立して、合法的な面と非合法的な面とを兼ねさせるような宗教による信仰を打ち立てることが、今日もっとも必要なことであります。それにはわれわれが宗教的な信念を確立する、み仏《ほとけ》のお慈悲をよく認識するということが、今日の時代の処世といたしましてはもっとも重要な中心点であろうと思います。

（宗教懇話会講演、『大法輪』一九五五年七月号）

日本人の心がまえ

〈課せられた規制〉

本日は、今のこのような時代に生きておる、われわれこの日本人の考え方というものについてお話し申し上げたいと思います。

今日のこの時代、今日に至るこれまでの時代の中で、どれほど日本人としての考え方が適切であったかどうか、ということでございます。適切であればもちろん、昔も今も同じ考え方でいけるわけです。ところが戦前と戦後と非常に違い目が起こってきている、そしてわれわれもその心がまえを変えていかなければならんという。それでは変えるのならば、どういうふうに変えるかという問題です。

実はおなじ人間が明治から大正へ、昭和へと、こういうふうに生きておる。その途中で戦争というおかしなものがあって、それがたまたま敗戦した。そして敗戦したことによって、われわれわれは考え方を変えていかなければならないという。しかし、こういう馬鹿げたことは実はないはずでありますのに、それがあるんでございます。ではどういうわけで、そういう必要に迫られてくるのか。

実はそういう必要はなかったのであるが、過去のものに欠陥があって、その欠陥のために過去のものを捨てなければならない結果になってきておるという問題がある。したがって、今われわれの考え方というものはどういう方向に向かい、またそれが果たして日本人に納得できるかどうか、ということをよく考えなければならないところにきておる。こういうことについて、私は今日は、日本人はどう考えなければならんかと、こういう心がまえの問題についてお話を申し上げたいと思うのでございます。

まず大きく「生物」の世界というものがある。その中に「人間」の世界があり、さらにその中に「東洋人」の世界がある。またその中に「日本人」の世界があって、さらに細かく日本人全体の中の「個人」の世界という考え方がある。こういうふうにひとつのケジメがずっと通っておる。これらの世界の中で、ではわれわれはどういう考えで生きておれば心がまえを変えんでもよかったか、ということです。

「人間」というものを標準にした規制——こういうひとつの制約がございます。ところが他に、「東洋人」としての規制、「日本人」としての規制、また「個人」としての規制を受けておる。

こういうふうに、いろいろな規制が人間に課せられておるわけであります。

そのときに、はじめから人間でございますから、つまり人間の規制に生きておればどんな時代がきても、どんなことがあっても変わりなくすんだわけでございます。ところがそのときどきに、東洋人の規制、日本人の規制、あるいは日本人の個人としての規制というものに強く自分が制約される。そして、その規制によって確立した自己の人格というものになってしまっておる。そこで、どうしてもこの規制によってものの考え方が変わってくる。それが問題なんでございます。

〈不動の構想〉

どうもこの世界中の人間は、みなそういうひとつの罠《わな》にかかっているわけでございます。つまり「世界人類」といっておる。世界人類の一員としてわれわれはどういう心持ちで暮らしたらいいか、という。こういう世界人類の一員としていつでも生きていたら何でもないわけでございます。ところが人間というものは、だんだん小さく小さく自分を確立しようとしておる。それが仏さまのことばで申しますれば「我執《がしゅう》・法執《ほっしゅう》」という執着でございます。

国家というえらい法執をもっておる。あるいは我執という執着がある。自己という執着がある。自己という執着は非常に排他的で、自分をどこまでも主張して守っていこうとします。人間はこういう根本的な執着をもっておる。その自分自身の執着とは何かと申しますれば「欲」です。根本は欲でございまして、欲を基本にして法執というものに対しての執着が起こっておるのでございます。

少し眼《まなこ》を広くして世界を見ておりますと、今アメリカはどうして戦争をしておるのだろうか。あるいはソ連はどういう考えで戦争に参加しておるのだろう。中共はどうだろうか。あるいはあのベトナムの戦争において仏教徒が活動しておる状況は果たして妥当であるかどうか。こういう問題を静かに見ておりますと、アメリカはアメリカの「我執・法執」で世界中を自分の意のままに統一しようとしているのがわかります。自己の意のままにしていこうとするために、多額の金を使い、多くの犠牲を出して戦争しているわけでございます。

あれはアメリカの欲でございます。アメリカ人の我執から出てくる法執という欲が戦争をさせておるわけであります。ソ連はソ連で同じく、それに対抗しましてひとつの主義を立てて、その主義に向かって自己だけが満足のいく政策を確立しようとしておるにすぎない。中共しかりフランスしかりで、みんな自分がガキ大将になろうとして戦争をしておるのでございます。決して世界人類のために戦っておるのではない。

世界人類の目標、目的はどこにあるか。われわれはいつでもこの目標に「生きとし生けるもの」のためにというものを理想とする。あるいは人間全体というものをよくわれわれがみて、人間というものから出発して構想を進めていく。こういうことが必要なんでございます。そういう構想をもっておれば、いつまでも不動でございまして、動かない考えになる。

ところがつい、われわれはじきに東洋人であり、日本人であり、自己であると、その規制にとらわれてくる。「オレは日本人である」「オレはどこそこのナニ兵衛《べえ》である」といって確執し、強く執着していく。そうして、すべてのものを自己の意のままにしようとする大きな欲望があるのであります。この欲が根本になって規制しておる。自分自身を規制しておる。そこに間違いというものが起こってくるわけであります。

そして戦前の考えから戦後の考えと転換しておる。この状態を見ておりますと、つまり個人を脱却し日本人を脱却して、世界人類の軌道に乗せなければならんという方向に向かっているわけであります。

しかし、もともとわれわれは人間でございまして、人間の中の東洋人、日本人であり、その中のどこそこのナニ兵衛という個人というものになっておる。そういうふうに絶対個人というものの規制を中心にしてやっておりますと、どうしても正しい考えは起こってこないというところで、日本人を脱し、東洋人を脱して、世界人類全体の構想というものになる。そういうものに基礎をおいて、おたがいの判断を進めていかなければならないという要請に迫られておるのが、今日のわれわれの状態なんでございます。

ですから、戦前から戦後に変わったというよりはむしろ、戦争とかあるいはいろいろな事件が起こってくるたびに、人間個人というものに小さく小さく執着をもたし、規制するようになってきておる。それで挙句《あげく》の果ては、日本精神というものにカチッとカギをかけられてしまっている。これから一歩も出ることができないというふうに、きちっと規制されてきておる。そして、このカギが取れてどうなったかというと、だんだんと拡張して「世界人類の一員としての人間である」というところまで拡大してきておる。つまり、こういうだけのことなんでございまして、戦前と戦後と変わったということではなく、古き人間道、古き人道というものに立ち返っただけにすぎないのであります。

ところが人間というものは、過去に対して非常に執着をもっている。その執着をなかなか捨てきれないというのが、われわれの現状である。だから個人的な規制とか、あるいは日本的な規制に慣らされてきたわれわれは、新しい人道主義があるといわれたって、ただちにはついていきにくいということになる。つまり過去へのこだわりというものが、いつでも身辺を襲っておる。過去というもの、規制というものが、いつまでも自分の精神生活の中に思い出されてきて、それで「昔はこうや」と、こういうふうに言うわけでございます。しかしそれも、もっと古い悠久《ゆうきゅう》の過去を考えれば、おなじものが展開しておるということになるということを忘れてはならないのでございます。

つまり、日本の国というものは、戦争の起こる都度《つど》、——たとえば日清戦争が起こり、日露戦争が起こり、支那事変が起こり、世界戦争が起こると、そのたびに国民の精神というものを非常に強固にするため、——といったら非常によろしい言い方でありますが、邪見にし頑迷にするために圧力を加えて規制をしたわけでございます。頑迷にし、みな邪見になってしまっておる。

たとえば「肇国《ちょうこく》の理想」というようなことをいっておる。「肇」という字は、はじめあって終わりなしということでございます。「金甌無欠《きんおうむけつ》」という、ありうべからざる自然の理法に反した考えを、民族的な考えに押し付けておる。金甌無欠ということは、金の瓶《かめ》というものは永久に腐らない、永久に金の瓶であるという考えで、金甌無欠で傷なし、未来永劫傷なしという考え方でございます。

「肇国」といったら、国は肇《はじめ》というものがあって終わりなしと、こういう考え方でございますが、自然の理法というものは、はじめあれば終わりあるという必然的なものでございます。すると自然に抵抗した考えが肇国精神であり、また金甌無欠であることになる。あるいはわれわれが歌っている「君が代は千代に八千代にさざれ石の巌となりて苔のむすまで」という歌がある。これは民族的な象徴とともに歌われてきておるし、今もなお日本人はそれを平気で歌っておるということですが、「君が代は」ということは、やはり肇国とか金甌とかいうことばの象徴である。

われわれは、そういう考えをもって国民精神を結集するイデオロギーとして利用された。ということはつまり、それらは日本人というものを非常に頑迷に一つの殻《から》の中に入れようとした規制でございます。こういう規制はいつまでも続くかといえばそうはいかない。いかないというのは、自然の理法に沿うておらないからでございます。

〈絶対的必然的な自然〉

私は頼まれて「自然・不自然」という話をラジオでしてくれというので、先日三日間にわたってお話ししたんでございますが、今の人間はみな自然と闘争している、自然に対して手向かっているという考えでございます。必然的なものに抵抗しておる。ところがわれわれは、この必然的なものに対してはどうすることもできないのでございます。水が高きより低きに落ちてくる。どんなに努力しても、その水は溜まったらまた溢れ出て低いところへ流れていくと、こういう必然的なものでございます。

その必然に対して人間は、なんとかこれに抵抗して打ち克とうと努力しているのでございます。言葉を換えていえば、われわれはいつも自然に挑んでおると、こういう格好である。たとえばわれわれには、生まれた以上は死ななければならないという鉄壁というべき理法がある。

この理法を何とかして、自然に背いて生き抜こうと努力しているわれわれの現実でございます。つまり必然的なものに対してわれわれは挑んでいるわけである。生まれたら死ぬと決まってい る。その死というものを非常に恐れて、こいつをなんとか撃退しようと思って一生懸命に人々はなっておる。

その間に立って、必然的な因果《いんが》というもの、それに対して連鎖の縁起《えんぎ》というものがある。この二つの理論が、われわれのこの人生の基本的な動きを象徴している。この必然的なものと連鎖的なものとを組み合わせて、適切にわれわれが生きていくことができ得るということになれば、すなわちこの人間性あるいは生物性、生きとし生けるものの考え方に合致してくるわけなんでございます。

ところがわれわれは、そういうこの必然的なものに対していつも挑んでいるのであります。自然という餓鬼《がき》が出てきて、われわれが生まれ生きたいと思うのに生かさないようにしようとしている。また、どいつも考えていることは、百万長者を目標にしている。ところが百万長者になる人は望んでる人の何分の一かである。こういうことになると、何分の一かは可能性があっても他の人は可能性がない。可能性のない人はどこまでもそいつと闘争を演じていこうとしている――というように、いつでもわれわれは自然の現象というものに敵対行為をとって、なんとかしてこいつをぶち壊そうとしておる。どのくらい壊そうとしても、自然というものはどうすることもできない非常に偉大な力をもっている。

こういう偉大な力に向かって抵抗を感じましても、相手のほうはなんでもないのでございます。こっちが勝手に感じているだけの話で、相手はちっとも感じない。だからむしろ、われわれは自然の理法というものを常に生活の中の体験として生かしていくということでなければならない。つまり、自然にどこまでも敬服して割り切った生活をするということが、人生においてはもっとも必要なことでございます。

その中において縁起、連鎖の法というものがある。それはつまり、われわれの今日から明日へ、明日から明後日へと、未来に創造していく力でございます。今日の生活は必然であっても、明日の生活は今日の縁起の力によって転換できるということです。これはむずかしい理論ですけれども「転換本質《てんかんほんぜつ》」という考え方がございます。「土石《どしゃく》を転じて金銀《こんごん》とする」、あるいは「魚《ぎょ》米《まい》を転じて金銀となす」。つまり石や瓦《かわら》でも金銀になるぞ、魚や米でも金銀になるぞということでございます。

すると、魚や米というものを本質から変えて金銀になす力、というのはすなわち「縁起の力」であると、こういうふうに考えられておる。それでその縁起の力というものは、どこまでも人間的な努力によって——ということはつまり「久修練行《くしゅれんぎょう》」という修行の力によって確立したその心によって、本質《ほんぜつ》を転換していくということでございます。これは何かと申しますと、われわれの智恵の判断によってものを認識するときの基本的な考えでございます。われわれがものを見ておりますと、いつでも差別的な考えしか起こってこない。人間というものは実につまらんものでして、平等であるべきはずのものに差別をつくってみる。これがこの人間の日常生活でございます。いかなるものにでも差別的な考えをもつ。

あるいは物質的な考えを起こしてくる。人の顔を見たら、オレとあいつと比べてどうやろう、というものである。人の着物と自分の着物を比べてみて、あいつのほうがいい着物を着きておる、あれは高かろうというふうになる。このように判断するような先天的な偏見をもっておるわけでございます。

この差別的にものを見るということは、つまりいつでも自己というものを最高に評価して、それから相手というものに第二、第三の差別をつくって、それを見ていこうとしている。それが人間性というものでございます。

こういう考えがわれわれの根本にあり、何を見ても差別的な意識をもつ。そればかりならよろしいけれども、今度は生活態度にこの物質的な価値判断をもってくるという悪い習性をもっている。おんなじ家族でおっても「おれは主人や」といばる。別に主人が偉いとは限らない。女中さんのほうが人間的に見て立派であっても、「あいつは使用人である」という邪見をもっている。とくにこの男どもは、これまで女性をまるで玩弄物のごとく考えてきておる。「女《おなご》みたいなやつは」というふうに、もうはじめから下等なもののように見ておる。そして主人が一番偉いと思っている。

なにも偉いことはひとつもない。主人ほど劣等なやつはいない。なんで劣等かというと、家庭の中においては「我《が》」の強いことにかけて一番が主人でございます。そういう教育をされてきておる。そういうふうな癖がついておる。だから主人は偉いと思っているから、奉《たてま》っているような具合に家庭の構成、組織というものができている。それをいいことにして主人は上から下のほうを向いて、一番偉いような顔をしているというだけのことでして、尊厳性から見れば主人も奥さんとちっともかわらない。

だから主人のほうでよほど自覚せんと、子供やみんなは親父のことを笑っているでしょう。家《うち》のおやじが空《から》元気を出している、というふうにしか見えない。ところが女の人の困ったことは、主人が偉いためについでに偉くなっている人がたくさんいる。ついでにでございます。何も奥さんが偉いわけでもなんでもない。しかし主人がたいへん立派で偉い人である、それにへばりついたために奥さんまで偉くなっているという家庭もある。

こういうことは自分自身の問題として、いつも自覚していかなければならない。自分を常によく知っていく。自己を知るということです。自己を知らないで暮らしておりますと、いつでもこの邪見が起こってくる。自己を知らないもんだから、「おれは主人や」と思っているから、やることとなすことみな正しくないことになる。ですから、いつでも自己を知るということが必要である。それはつまり、「自分は人間である」ということを知ることであります。人間であるということを知らんものだから、この自然に逆らって生活に無理をするということが起こってくる。そこに邪見というものがあるわけでございます。

いつも自然というものを生活の判断の中へ織り込んで、「われわれは自然という非常に強いものの中に生きている人間である。したがって人間生活はいつでも無理な生活である。そこでさらに無理をしようとするから自分の目的は到達しないのである」と、こういうふうに考えてくれば、自分の思うようにやろうといったって、そうはいかないということがわかってくるわけでございます。

たいていの家庭をみていると、主人というものはずいぶんわがまま勝手で我の思うようなことしかやらん。ということは、主人はいつでもこの自然の理法を身につけておらんということです。自然の理法を身につけておれば、人間だということがはっきりしていたら、無理をいうとか我を押し通すということはしないはずなんです。細君も人間ならおれも人間だと。子供も人間なら大人も人間だと。

こうなってくると、みんなこのおたがいに自然というものが自分の生活の中にきちっとはまってくるわけでございます。だから、われわれの生活にいつでも自然の理法というものを身につけて、そうして明日に向かっての創造力を実践していくように努力するということ、そこにこの人間というものの価値があるわけであります。

〈養うべき判断力〉

まず第一に、われわれがこうして生まれているということがどういうわけであるか、ということをいつも考えておいていただきたいのでございます。自分はいま人間に生まれておるが、どういうわけでこの人間に生まれたわけであろうかと。人間に生まれたらどういう構想をもって暮らすべきであろうかと。こういうことが、われわれ常に考えていかなければならんことでございます。

そのときにいちばん必要なことは、つまり必然的なもの、縁起の理法と必然の理法でございます。われわれの生きる世界は、どうしても生まれたものは死ぬというように、自然の理法によって変遷してきておる。その中において、今日より明日、明日より未来へと久修練行する。その修行によってわれわれの判断力が変わってくる。

そこで必要な判断力は何かと申しますれば、まず第一に「成所作智《じょうしょさち》」、次には「平等性智《びょうどうしょうち》」、「妙観察智《みょうかんざつち》」、そして「大円鏡智《だいえんきょうち》」です。この「智」という字は智恵のことでございます。知識のことではございません。

これはいつも申し上げておりますように、知識というものは「ものを知る」ということです。「もの知り」というのは単なる知識もちでございます。ところが智恵というものは体験の上に起こってくるものでございます。実際にやってみて身についたものが智恵でございます。知識というものは事典を読んでいるようなもので、ああいうことも知ってる、こういうことも知っているというものです。世の中に知識人というものはたくさんおります。ちょっとでも余計に本を読んでみたりした人は、つまり知識があるといわれる。しかし、知識みたいなものはどのくらいあっても字引を枕にして寝てるようなものであります。何の用にもならん。

ところが智恵というものになりますと、われわれの日常生活の経験から起こってくるものです。とくに「修慧《しゅえ》」と申しまして、実際やってみて起こってくるものが智恵であります。このほうが非常に尊いものである。しかし知識というものは実につまらないものである。この頃のように印刷が自由にできて、いろいろな本がどっさり出ておる。みんなあれは知識を養うてある道具でございます。そういうものは実は何にもならない。それよりもっと必要なものは体験から出てくる智恵です。つまり、成所作智、平等性智、妙観察智、大円鏡智という、経験からの判断力が大切なのでございます。

「成所作」と申しますると、「所作《しょさ》を成《じょう》ずる」ということでございます。これはどうしてできたのか、人間はどうしてできたんだろうか。みなさんが、自分がこうして生まれてきて大人になって歳をとって、何でこうなったんやろうというようなことを、いつも自分で考えておられるかどうかということでございます。

お前さんは何で生きてきて、何でこういう生活になったかということがわかるかと、こういうと、百人中で百人の人がわからんということになる。そして、お前はここへこうして生まれてきた以上は何をしたらいいか、どう生活しているんや、どういう目的で生きておるのやといわれたら、それまたはっきりせん人がおる。目的なしにウロックということになる。カッチリしたものをもって、目的に向かって努力しておるならばいいけれども、目的もなくウロウロして、いつとなくついでに生きているとなると、それはたいへんな問題になってくる。

もうみんな日暮れて道遠しであると、今さらどないしようたって、なかなかどないすることもできんと、こういう人がおる。しかし、そんなことはありません。今でも、今からでも遅くはない。いつでも遅いということはないということをよく考えて、自己の目的というものをはっきりさせていかなければならない。その目的をはっきりさせるのには「成所作智」という判断力をもっていく。

それから次には「平等性智」という判断力がございます。今の世の中はどうも妙な世の中でございまして、あいつは少し金持ちやというと、なぜか尊敬の的になる。あの人は勲章をもらったから偉いと、こういう判断をしている。名誉と地位と財産というものが判断の基礎になっている。それではいかん。名誉があろうが財産があろうが、地位があろうがそんなことはなんでもない。人間として見たときには平等であるという考えをはっきりもっていなければならない。別に遠慮することもいらない。また高ぶる必要もない。みなおなじものでございます。人間としてみたときには何ら変わりがない。その名誉、地位、財産はアクセサリーやということをよく知っておかなければならない。

何か偉い皇室の儀式でもあるというと、列を連ねて行列しておる。その行列を見ていると、勲章をたくさんつっとる人、つっとらん人がいる。前行く人、後ろ行く人、自ずから位が違うというふうにやっている。ああいうものを見て、あの人は偉いこの人は偉いと考えてはいけない。みなおんなじ人間でございます。勲章がたくさんあったり、金をたくさんもっておったり、名誉をもっておる人は、それだけ余計な邪見をもっておるわけでございます。「オレは偉い」という邪見が起こってくる。だから丸腰で丸裸の人がいちばん純粋でございます。

財産でも持っていると、盗られまいと思ってそれを一生懸命守らなければならんような執着が起こってくる。財産というものは妙なもので、みな欲しがってますけれども持ってみたら何でもないのです。使うだけあったら結構やと、死んでから残ってみてもそいつは喧嘩の種やというようなものである。

だからこの頃はだいぶ世界史の上に変動がきて、民主主義というとてつもないおかしな考えが起こってきておる。そして親の財産、遺産を分配するということになってみたり、あるいは相続税という税金が増えてきてみたり、かつては大金持ちであった人がもう金を貯めてどうこうすることをやめますという。それは子孫に残して喧嘩さすだけやと、こういうことになる。

西郷さんが言ったように、子孫のために「美田《びでん》を残さず」というのはほんとうのことである。残したために喧嘩の種になるということになってくると、目的というものがまったくわからなくなってくる。そういうふうに、このアクセサリーに幻惑されてはいけない。やはり、裸になったおたがいの人間の腹と腹との問題であるという一つのその考えを、はっきりさせていかなきゃならんという時代がきておるのであります。

〈民主主義の欠陥〉

とくに日本人は過去において、つまり徳川三百年という時代があり、それから解放されまして次に起こってきた明治の開化、文明開化という時代、これが何か素晴らしい着物を着替えたように見えますけれども、この中央集権というものが確立してきて、日本をこのように枯渇させているわけでございます。それは理想としては「独裁的な民主政治」を行なっておる。それはありがたいことでありまするし、理想は独裁的な民主主義でなければならなんと私どもは考えておるのでございます。ただし独裁的な民主主義をやるときには、よほど高潔な人間でなければならない。それがたまたま日本では、明治天皇という特殊な人格によって行なわれた。それが日本の国の発達した原因であるとはいえますけれども、そういう独裁者というものはいつまでも続かない。

それと同時に、この民主政治というものがヨーロッパで起こっておる。民主政治が果たして善いか悪いかということが、今日になってみて民主主義の欠陥というものが各所にあらわれて、いろいろ議論の的になってきておる。その状態を見て、いちばん弊害の大きいのが議会政治とか選挙とかいうものでございます。

どこへ行ってみても、議会政治を善いことであるとだれもが考えておらない。これはひとつの「多数決迷信政治」であるということは、みなさんおわかりになっておると思います。多数決の迷信政治のたらい回しであると、こういっておる。だから政治の純粋性というものもなければ、政治がほんとうに人間の政治として行なわれていないということもよくわかる。つまり集団暴力政治でございます。

だから、何が正しいかだれにもわからない。わからないけれども、大勢の愚物《ぐぶつ》が寄り集まって暴力を行なっておるのが今の議会政治であるということになる。そいつを破壊しようと思ってひっかかっておる。何とかして多数決の暴力政治、迷信政治を破壊しようと思って一生懸命にやっておる。一方の人間は一方の人間で、そいつにまた暴力をもって加えていこうというのですから、議会というのはとんでもない暴力と暴力との戦いであるということになる。そうなってみますと、これは文明国というような域を脱してしまって亡者の政治になっている。だから政治というものは暴力化してしまっている。また迷信化してしまっている。こういう政治では正しい政治は行なえないということは、もうはっきりとした事実でございます。そこでどうしても理想としては立派な統率者がおって、そのイデオロギーとして民主政治が行なわれるということがいちばん尊い方法であると思います。

さらに次には「妙観察智」と申します卓越した観察力をもつ智慧が大切です。「卓越した観察力」というものが必要なのでございます。われわれはいつでも言葉を発せば、こういう妙観察智から出てくる智恵でなければならない。智恵から出てくる言葉でなければならない。われわれの判断はいつでも一方に偏した邪見ばかりであるが、こういうふうな邪見であってはならない。妙観察智でなければならない。

そして最後にその結果として「大円鏡智」という、大きなきれいな鏡に映ったような無差別平等な考えが、われわれのこの基本的な構想にならなければならない。よく昔から地獄に行くと閻魔《えんま》の庁があるといわれる。そこへ行くと浄玻璃《じょうはり》の鏡というものがあって、われわれの一生のことがずっと絵巻物のように映ってくるといっておる。それなんでございます。

われわれは何を眺めてもちゃんと成所作智、平等性智、妙観察智という、この判断の上にものがあるのでなければならない。人がくるというと、これは善人か悪人かどういう人間かとすぐにわかるという知識であり智恵である。こういう大円鏡智という智恵がなければならん。この智恵を養うことが、すなわちわれわれにもっとも必要な判断力であると、こういうふうに考えられておるのでございます。

〈競争社会と福祉の矛盾〉

明治以後の日本人というものは、いわゆる軍国主義——というと何かよっぽど変わった考えのように思いますけれども、それは自分がいちばん偉いという基本的な考えが中心になっているものですが、こういう考えでいっぺん天下を取ると、いつまでも天下を取っていたいというふうになってくる。いつでも最高のものになりたい、そうして主人になって宰相《さいしょう》になりたいというところから戦争をはじめておる。

戦争というものは、どこの戦争でもこういう理想があって、いつでも自分が天下を取りたい、そして最高の主人になりたいと、そういうことが腹底にあって画策を講じておる。それはなにも世界戦争にかかわらず、日本も日清・日露戦争をはじめ、支那事変といわず第一次世界戦争、第二次世界戦といわず、こういう考えで戦争してきておる。つまりこういうことですから、大きな誤りを起こしております。根本的な誤りが起こっておる。相手はどうでもいい、ワレさえいつでも偉かったらいいという考えである。

こういうように、「ともによろしい」という世界をつくろうとしていない。ですから、最後の段階になって日本が負けたら武力を取り上げられている。再びこういう「常一主宰《じょういちしゅさい》」という考え方が起こらないように、足をもぎ取り、手をもぎ取って丸裸にさせられたと、こういうことでございます。

相手方の国もムチャで、日本だけそういうふうに手足を取ってしまって、自分のほうは手足を持って知らん顔をしている。そういう格好である。今度はまた、次のやつと手足のもぎ取り合いをしておる。根本精神はこれでございますから、平和など確立するはずがない。お前のところの手足を取るんやったらオレも取るわ、というのなら平和ということの目安もつきます。ところが一方だけ取ってしまってもう一方は取らんとほっときましたら、取られたほうだけはいつでも貧乏クジばかりひいたようなもので、取られんほうに押されてどうすることもできんという状態になる。こういう考えで世界が進んでまいるとすれば、永久に世界の平和というものはあり得ないということになる。

しかし、相手は平和にするために日本の手足をもぎ取ったのとは違う。永久にオレらが常一主宰の根本精神を生かしていこう、よそのやつはみな手足抜いてしまおうということである。手足のないやつばっかりにしといたら、もう何を言うても言うことを聞きよるやろうという格好に仕上げようとしておるのが、今のアメリカなどの考え方である。そうして口には人道主義を唱えておる。平和を唱えておる。しかし平和に合うような現実をつくろうとはしていない。というのも、そういうところに原因があるわけでございます。

このようなときに、日本人はみな丸腰になってしまっておる。丸腰になってどうしたらいいか。新しい日本人には日本人としての、丸腰になったときの考えというものをおたがいに確立していく必要がある。常一主宰というのは体裁だけの話であります。

今この頃の世界を見ておりましても「訪問外交」いうものがある。訪問外交というのは何べんか会って、そのうちに意思の疎通をしていこうというものである。礼儀でもって、作法でもって物事を片付けていこうと、こういう考えをもっておる。

しかしこんなものは、もう束《つか》の間《ま》になくなってしまう。訪問外交というのは訪問しているときだけの話で、そのときだけいいことばを使っているのでございます。腹の中では別の根本的な考えをもっておって、底意《そこい》というものをもっておる。そしてどれくらい会って、どれくらいよいことばを使い、よい儀礼を果たしておっても、その場からいなくなったらしまいである。そして同時に利害が反してくると、何をしよるかわからんということになってくる。ですから、これはたいへんな問題であると思います。

そういう中において、われわれ日本人の今いちばん考えなければならないのは、どういう問題かということでございます。つまり、われわれの倫理道徳という問題である。倫理道徳というものは、この多数の人間とともに生きておる世界におきましては必要欠くべからざるものでございます。集団生活の上に、もし倫理道徳や礼儀作法がなかったら、非常に複雑怪奇な世の中になるに違いない。ただことばの上で、あるいは態度の上でただ儀礼を果たすと、こういうことは多数で集団生活をしている中におきましてはどれほどか意義はございます。しかしどこまで徹底するかという問題があります。

われわれの人間生活というものは取りも直さず競争の世の中である。競争とは人を押しのけるということである。みんなが同じように得をえていこうということではない。一人だけよいことをしようと、どんどん上へ上へと自分を積み上げていこうとしておる。そこにこの競争というものがある。

競争というものは一方でよいことでございますけれども、弊害もある。競争で勝つやつはよろしいけれども、負けたやつをだれが処置するかという問題がある。その競争でどんどん伸びるやつはよろしいけれども、伸びないやつをどういうふうにするかというと、それはもう捨てておくか、ちょうど池田内閣の時代のように「貧乏人は麦を食え」といって片付けてしまうかです。やはりおんなじように暮らしているのだから、貧乏人にもたまには米の飯を食わしてやれというかです。

それが今世界中が考えている福祉国家ということです。これはちょうどママゴトみたいなもです。福祉国家というのはママゴトしとるわけなんです。困った人間、困らした人間を見るのが辛い、貧困を見ていられないから貧しい者にも物をやれと、こういうのが今の福祉国家というものです。

貧乏はかわいそうやから年金をと。世話をするやつがいなくなったから、老人に年金でもやって隠居さして、じゃまにならないようにせいと。こういうのが今の老人年金というものである。そして、もろうたら生活しておると、こういうふうになっておると。それで形だけは老人年金というものをやったと。老人が生活できるようにしてやったと、こう国家は思っておる。

これは勝手な考えです。老人年金なんてものをくれずに昔のままで放っといてくれたら、「長幼序有り」という諺《ことわざ》があるが、老人は大切にせにゃならんというふうになる。そうしてまた、姨捨山《うばすてやま》という話が残っておるが、放っといてくれたら老人だろうとだれもほかしにくるやつは一人もいない。というわけなんですけれども、政策的に老人年金をもろうてもらう、弱い者だけを助けるというふうになっておる。

「競争」というものの裏にくる矛盾です。競争しているものが、これを負担しなければならないという組織をつくってきておる。エライいらんことでございます。いらんことですけれども、そんなことでもしないと落伍者が困ると、こういうふうな無用な考えが起こっておる。そんなもの、はじめっから知らん顔して放っておけば淘汰されて、あるがままにしておけば自然がちゃんと解決してくれる。西洋で福祉国家は結構ですけれども、東洋でそんな福祉国家というようなおかしいことをいっているとチグハグになって、せっかくくれても間に合わんようなものを貰うようなことになってくる。

よほど日本、あるいは東洋人の考えというものを考えていかなければならんと思うのですけれども、そういうふうに日本人は模倣しているだけですから、向こうで福祉国家ならこっちでも福祉国家だと。老人年金をアメリカでやったらこちらでもやると。こういうふうにいらんことをしているわけであります。放っといてさえくれたら、子供は親を大事にする。ところが親を大事にせんように教育しといて、それで親を大事にせよといっているのが今の日本の状態であるということを、みなよく知らなければならない。

〈倫理道徳と永久不変の原理〉

倫理道徳や儀礼が金科玉条《きんかぎょくじょう》のものであると考えたら、大きな誤りであるということを知らなければならないのであります。これはヨーロッパでも、そういうふうに考えかけてきている。合理主義、民主主義の欠陥を補うために倫理道徳があった。倫理道徳というものは一時的なものであって、そのときそのときの社会の変遷によって、どんどん変わりつつあるものであると、こういうことをはっきりヨーロッパ人が気づいてきておる。そこでどうしても宗教心というものによって民衆の信念を確立し出発しなければいかんと考え出してきた。つまり「人間」というものに掘り下げてものを考えなければならない。「神のつくった人間」としてではなく、「人間の人間」として考えなければならんということに気づいてきておる。

だからそういうときに、東洋人ははじめから「人間の人間」として見ておるんだから、人間をどうするかという問題をよく考えなければならない。人間というものは不自然なもので、この不自然なものの前に自然というものがある。その自然の中へ人間を融合させて生活を進めていこうという判断を確立する。そこにわれわれの行くべき道がある。

それは何かというと、宗教心の確立である。自然の理法を基礎にして、連鎖していく自分の力を自然の中へ入れていく。自然にはわれわれ絶対服従しなければならない。これを不自然な自己というものを、自然という絶対のもののなかに融合させて、われわれは生活を進めていくという信念を確立していくということでなければならない。

宗教の理論というものは、永久不滅であり永久不変の原理であります。ここに注意しなければならない。ところが倫理道徳というものは一時的なものである。相対的なものである。それに対して宗教は絶対的なものであるということは自然の原理である。自然は絶対のものであり不変のものである。そういう自然、普遍の原理の上に、われわれの不自然な、いつでも矛盾しか考えないものをひとつにしていくという努力、そこに「縁起」という力がある。そこに明日、明後日のための創造力というものが加わってくる、というひとつの考え方がある。そういう考えでなければ、今後のこの日本人の考えというものは永久的に不滅のものにならない。

今の日本人は場当たりで、環境に左右されて幻惑されておる。今の環境というものは、世界的に見て金と名誉と力だけである。そうすると金や名誉や力にあくせくとして、おれは人間であるという根本を忘れておるということなんです。

こういうことではいけない。人間を忘れて、金も名誉も力も何にもない。人間があってはじめて、金とか名誉とか力とかが生きるか生きないか、という問題である。それをこの頃は逆に、名誉を追って生きる、金を追って生きる、力を求めて生きるというやつばかりで、自分は人間だということはちっとも考えない。考えないもんだから、自分が目標としておるものの逆にくるというといつも、不平が起こる、不満が起こる、不安が起こる。こういうことになってくる。だからイライラ、イライラして暮らしていかなければいかん。

だが、自分は人間である。人間であって、どういうわけで生まれて何してどうなるかと、一本筋《すじ》を通して、そしてその筋を通した上にわれわれの連鎖していく縁起の力を活用していく。その上で、あるいは金、あるいは力、あるいは名誉というアクセサリーを身につけていこうとするかどうかということでなければならない。ところが逆に、金や力や名誉ばかりを追い求め、競り合って暮らしておる。それで肝心な「自分は人間や」ということを忘れてしまっておる。

それではいけない。だから人間としての目標をきっちり一本筋を通しておいて、その筋を通したものの上にわれわれの日々の努力と日々の判断力によっておたがいの生活を求めていくと、こういうことになればほんとうの人間生活というものになる。

われわれは世界人類、人間の一員であるという認識——日本人とか、東洋人とかというようなものでなく、もっと広い、もっと大きな考えで生きなければいけない時代にきておるというようなことをよく知って、われわれの構想を確立していくことが必要な時代がきておると、こういうことをお考えいただきたいと思うのでございます。


（奈良・薬師寺講話、一九六六年五月十八日）

見かけ倒しのアメリカ

〈無駄で成り立つ国〉

見ると聞くとは大違いということがある。私は二ヵ月ばかり、米国に旅してきたが、自分でいろいろ想像していた米国とは、かなり違った姿を見た。やはり、百聞は一見に如《し》かず。多くの旅行者は、米国のいい所ばかり見て、悪い点を見のがしているがために、ずいぶんと間違った考えを与えているのではなかろうかと感じた。もっと大勢の人が行って、真実の姿を見てくる必要がある。

物量を誇る米国だが、紙を無駄使いするには驚いた。便所へ入れば、巻紙のようなトイレットペーパーがついているし、手を洗えば紙タオルが備えてあって、それを何枚も使って手を拭《ふ》いている。ちょっとお茶を一杯飲んでも、紙がついてくる。ナプキンというものである。それも上等な紙を使っている。紙の一人当たり使用量は、日本人の九倍半だという。

なにしろ二ヵ月の旅行だからというので、私はチリ紙をたくさん携えていった。それがついに一枚も使うことなく、そのまま持ち帰ってしまった。ハンカチもたくさん持っていったのだが、ほとんど使わなかった。洗った手を拭くのに、紙タオルからもっと進んで、ボタンを押すと温かい空気が噴出して、手をかざすと自然に乾燥するという仕掛けができているのだ。

われわれにとっては余計だと思われるようなことが発達している。刺戟のない、労力を使わないで済む生活をもっぱら心がけている。どうやって金を使おうか、どうして消費をしようかということに頭を使っている。紙は単なるひとつの例で、とかく無駄の多い国である。資本主義のもっとも悪い面、消費経済がこの国の建前なので、無駄をすることが、経済を維持するために必要なのである。

米国は自動車の多い国だ。ニューヨークなどでは、多すぎて車を停める所がない。町の中へせっかく乗りこんできても、駐車する場所を探すためにうろうろし、結局行き先と離れた所に車を置くことになる。そこから目的の場所までは歩かなくてはならない。こうなると車もやっかいなものだ。

それから、私が気の毒に思うことは、自動車を持っているがために、米国人はみんな運転手になってしまったことだ。私が、用事で出かけようとすると、たいていそれでは迎えにいきましょうといってくれるのだが、さて迎えに来たのを見れば、主人自身が運転台に座っている。

どうも気の毒に見えてしようがなかった。

米国では人口の半分が車を持っているという。月賦《げっぷ》制度が発達しているので、みな月賦で買う。だいたい二年ぐらい使うと売って、新しいのを買う。月賦が終わった時分に売って、また新しい月賦が始まるという具合に、何でも月賦によって回転している。だから、頭の中まで月賦になっている。

金があるように見えても、本当に懐《ふところ》が豊かなのは金持ちだけで、一般の民衆は月賦、月賦で首が回らない。というよりは、財布の中は空っぽでも構わない。余裕をつくる必要がないのだ。働く意志さえあれば、食べるのに困ることはないのだから、金は右から左へ通過するだけで事足りるのである。

物が足りなければ大事にする。蓄えるようにもなる。貯めるということで、生活は複雑になる。たとえば、着物一枚でも貯めるとなると、どういう柄《がら》がいいとか悪いということに関心をもつことになる。貯めないで、それきり使い捨てるのであれば、趣味の心が入る余地がない。米国のように無駄にすることで成り立っている国には、趣味のあろうはずがない。

こうして五日間は馬車馬のように働き、二日間は底ぬけにエンジョイするのだから、精神的な生活はゼロだ。いろいろな人に会ったけれども、その考え方というものはまったくの唯物主義で、すべてを金で割り切り、金万能主義である。

こうした資本主義の消費経済の下で、いったい宗教というものが成り立つかどうか、疑問である。確かに日曜の朝になると、教会に人が集まる。女はとくに厚化粧をし、第一礼服ともいうべき衣裳を着用し、形の変わった帽子をかぶって、その後から平服の夫がサービスしてついてゆく。こういう家庭は、遊びに行かなかった家庭、比較的堅実な、あるいは伝統に忠実な家庭だろう。ニューヨークでいえば、人口の約三割ぐらいが、日曜に教会へ行くそうである。彼らに宗教が必要なのだろうか。教会へ行く人たちの目的が何かということも問題になるのではないか。

〈国連は不必要な存在〉

日本ブームという言葉をよく聞く。どこへ行っても日本ブームというので、私はどれほど日本的な精神が米国で取り上げられ、研究されているのかと思っていたのだが、全然当てが外れてしまった。

何が日本ブームかといえば、それは障子《しょうじ》である。障子を変な所にちょっと吊ってみたり、畳の上べりを細かく切って、テーブルの上にのせてみたり、提灯《ちょうちん》をぶら下げたり、竹のすだれを横に下げてカーテンの代わりに使ってみたり、それから非常に普及しているのはゴムの雪駄《せった》で、これが女子供にまで流行《はや》っている。

ちょっと目先が変わっているし、捨てても惜しくないつもり銭で買えるという、一ドル以下の安物ばかりである。玩具でも、ナイフでもフォークでも、安かろう悪かろうの品ばかり、つまり消費経済の原理に則った物ばかりが売れているのだ。それを日本ブームなどと上っ調子に騒ぐのはおかしい。日本的なものが認められているわけではなく、ただ便宜的に使われているにすぎないのである。

一日、国連の松平（康東）大使に午餐を御馳走になり、国連本部を案内していただいた。実をいうと私は国連が採択している人権擁護委員会の連合会長をしている。それで、人権擁護の問題はどうなっているのかと思って聞いてみたが、国連としては重要に扱っているとはいいながら、民主主義に徹した国が多いので、日本が取り立てて喧しくいうほど、問題にする必要がないようである。本や資料をいくつか貰ってきたにすぎなかった。

安全保障理事会の議場にも行ってみたし、話も聞いてみた。米国は小国の数を頼りにしているから、小国の理事に気兼ねをしているが、ソ連は頭から拒否権をもってくるから、毅然としている。

理事会では、順番に議長になって、いろいろ議論はするが、結局米国とソ連の顔色を窺いながらせざるを得ぬ。いくら弱い者がしゃべっても、強いやつに「それはこうや」といわれれば、それっきりだ。強い者勝ちならば、なにも国連などが存在する必要はない。

日本も理事国のひとつだが、松平さんが何か提案しても、ソ連が拒否すれば「はあ、さよか」というより仕様がない。結局、米国側に加担している現状である。それでも、松平さん自身は、ひとつの宗教的な信念をもって、理事を務めているように見えるし、自身でもそういっていた。

日本はどちらかに偏ったら滅びる。日本が米国の後をつけていったらどうなるか。米国とは本来基盤が違うのである。日本は物のない国であるし、米国は物を捨てなければ経済が成り立たない国だ。そんな国に近づいていけば、日本は破綻してしまう。

また共産主義に寄っていけばどうなるか。ソ連はシベリアという大きな土地を持っており、物資は何ら不足がない。不足がないものを平等に分けるところに、共産主義が成り立っている。共産主義も形の変わった資本主義の現われである。資本主義も共産主義も、ともに民主主義の落とし子だ。それがだんだんと両極端に発育したにすぎない。

もしも平等分配をしたら、日本人は足らん足らんで神経衰弱になって、みんな栄養失調になって死んでしまう。どちらに従っても、日本は潰れる。日本はどうしても中道を歩かなければならぬ。

今の日本で私がいちばん望むものは、最高の指導者だ。適当な政治家を得れば、日本もいい国だろう。中道を歩むためには、指導者がしっかりしていないといけない。

現在の日本の政治家は、気の毒だが行政官にすぎない。行政官が政治をしているから、ソツはないだろうが、本当の政治はできない。そこに悩みがある。たとえば朝海（浩一郎）駐米大使の午餐会に招かれたときに大使が話された。藤山（愛一郎）外相がアメリカに行くといっている。しかし、アイゼンハワーもダレスも、「何しに来るのだ。いま時局が忙しいから、もっと落ち着いてから来てくれるように伝えてくれ」といっている。日本政府では、どうしても行くという。私たちは外相が来ることにはあまり賛成ではないのだが、というようなことを洩らしていた。その後国際情勢が変わったりしたので、外相も渡米したのかもしれないが、朝海大使は当時そういう意見だった。

〈唯物的な平和論〉

平和についていえば、米国でも戦争を好むわけではないので、弱小国に経済援助をして、経済的水準を上げることによって平和を招来できるという考え方である。どの人に会っても、経済水準を上げてやれば必ず平和になると考えている。われわれは、精神的な融和によらなければ真の平和はあり得ないと考えるのだが、こういう議論はあちらにはとんと通じない。

米国はその信念を現在まで実行してきて、結局失敗している。いま世界には三つの帝国主義がある。米国風、ソ連風、英国風の三種類だが、誰やらがそれを批評していた。米国のは、一匹の牛に餌を食わして、乳を搾ることを忘れた帝国主義だ。英国は乳を搾ることばかりやって、物を与えることを知らない帝国主義、ソ連は角《つの》を矯《た》めて牛を殺すという帝国主義だ、と。うまいことをいうと感心した。

つまり、物を与えてやりながら、それを有効に利用できずに、いつも憎まれ、反逆されているのが米国だ。私もこの点について、米国の人とかなり議論をした。

米国は今ごろになって日本と平等な互恵条約を考えるようだから駄目なのだ。貴方たちは日本に対して物質的な援助をして、平和を得ようという。与えるとは、ただで呉《く》れることだ。貴方たちからただで何を貰ったか。われわれが知る範囲で貰ったものはひとつもない。

米国は現在日本に小麦を売っている。その小麦は米国内の時価以上の値段で売っているではないか。のみならず、現に米国では小麦が穫れ過ぎて、余ったものを野原に積み上げてある。それを高く売りつけておきながら、ただでやったような口をきくのはおかしい。

移民問題にしても、米国が本当の民主主義であり、本当に人権を世界的に擁護していこうというのならば、日本のように小さな国に一億もいて気の毒だと思い、日本人をどんどん移民させればいいではないか。そして、不毛の土地を開拓させればいいではないか、それが米国としても百年の大計ではないのか。

このようなことをいって詰め寄ると、「国策はさようでない」というだけで逃げてしまうのである。

人工衛星というものが上がって、ソ連と米国で競争をしているようだが、米国民はあまり関心をもっていないようだ。ソ連の第一号が上がったときも、慌てたのはワシントンの上層部だけのことだ。

人工衛星の出現で、世界観も当然変わらなければならないだろう。しかし、月には行けるということがわかっても、現実に月に行き着くのはどれだけ先になるのかわからない。世界観にしても、まだ変わるというところまではいかない。

人工衛星打ち上げによって、私も感ずるところはあった。だが、考えてみると、これは理論物理学の現実的な一つの証明にすぎないので、これが実際にどこまで人間生活に影響を与えるかということになると、何もない。人間の精神をちょいと刺戟しただけの話で、空をトンボが飛んでいるのと変わりがない。トンボが飛んでいることが、われわれの精神に何の関係があるだろうか。

しかし、今ごろ米国では真面目になって防空演習をしているし、また軍備を拡張している。シアトルに行ったとき、道すがら蜿蜒《えんえん》として大量のジェット機を製造している。内部の精密な部分が露出されている。戦争中の日本は、とにかく何でも隠したものだが、米国では誇示するがごとくに開けひろげている。

〈平和は最後まで理想〉

力ではなく精神の面で国際問題を解決しようという団体がないことはない。私は、米国を中心にして「ワン・ワールド・システム」（単一世界制）という運動が猛烈に行なわれていると聞いたので、訊ねてみたのだが、「昔そんなことを言っていた人がいますな」という程度である。この運動も今は地に落ちてしまったのだろう。エスペラントが流行らなくなったのと同じだ。

何をいったところで、どう叫んだところで、無力だというあきらめの境地に至ったのだろうか。ともかくも戦争は必ず起こるであろう。平和とは、人間の理想の中で最後まで残るものである。人間から対立がなくなることはあるまい。自分一個の中でも、霊と肉というような対立があるのだから、大きな機構になればいがみ合うのは当然のことだ。

ヨーロッパ人は、世の中がだんだん進んでいくと考えている。東洋人は世の中はだんだん悪くなると考える。末世、末法の思想がある。日本人はよく、「昔はよかった」という。その反面、「今は昔より進んでいる」ともいう。こういう矛盾を平気で犯している。

この考え方によると、文明は進むが、文化は衰えてくる。つまり、文化すなわちわれわれの良心的な生活面はだんだんと低下してくるが、物質文明はどんどん向上している。こういう考え方を、米国人は決してしない。割り切ってしまっている。日本人はこの矛盾を調和できずにいるのだ。

日本は両極端の間に位置している。絶えず両極端から秋波《しゅうは》を送られているが、どちらかというと右へ右へと倒れつつある。右でも左でもない中道の生活を堅持することが、われわれにとっていちばん必要なことだが、それは結局精神運動に俟《ま》つより他はない。

共産主義は訓練を必要とする体制だ。事実、共産党が民衆を訓練する方法は上手なものだ。資本主義は訓練が要らない。人間のエゴとか感情を認めて自由にさせておけばいいのだ。だから、いつもばらばらで、共産主義の後手に回ってしまう。感情至上主義で、感情のままに放り出しておけば、人間はひとりでに資本主義的になっていくのだ。

共産主義的な訓練方法を採用して、資本主義を健全な形で育成しようというのが、MRA（道徳再武装）の運動だ。これは米国を中心として、日本にも支部があるが、金持ちばかりが集まっていて、頼りにならない運動だ。

十九世紀以来、世界的に実証主義が生活の中に浸透してきた、実存的な考え方が、世界を攪乱している。日本では戦後になって、壁がはずされて、民主主義とともに、この風潮が蔓延した。人格至上が人間至上になり、理性と良心の至上が感情至上になった。感情至上というのがいちばん恐ろしい。深夜喫茶の問題とかグレン隊の横行もこの現われだ。感情、意欲の自由を行動に訴えて、成就すれば即ち真理なりという考えで、瞬間的な喜びをのみ求めるのである。

こういう考え方をどうすれば一掃できるか。それは宗教の力に頼らなければ、どうにもならぬのではないか。

米国で講演したときに私は、「十九世紀は実に偉大な時代である。偉大な時代であるだけに非常に合理主義になって、すべて人間を基準にしたところに、大きな欠点があった」といった。人間を基準にしたことによって、科学の発達を促進したが、一方それ故《ゆえ》に、絶対的なものが把握できない。いろいろな矛盾に悩まされるようになるので、世の中もこのままで進んでいったら、大変なことになるのではないか。

その文明がもっとも発達している米国という国は、東を見れば世界一の建物がある。西を見れば世界一長い橋がある。大きいものがやたらにある。

高いとか大きいとかいうものは、見てもただ大きいとか高いとか思うだけで、何も心に訴えるものがない。米国が誇りとするのはそういうものなのだから、われわれが見るべきものは一つもない。こんな国の真似をしていたら、日本も永いことはない。金持ちの真似を貧乏人がするようなもので、早晩破滅がくることは必定と感じた。

（『文藝春秋』一九五八年十月号）

人間の業が人類を滅ぼす

〈仏典に嘘はない〉

人類が絶滅するということは、古いインドの仏典に出ていることである。人間が住んでいるこの世界・宇宙は、今日までに既に何回か滅びては生じてきた、非常に長い時間を経て宇宙全体が滅び、そしてまた新しい世界・宇宙が創造されているということが、経典あるいは論蔵《ろんぞう》の中にたくさん書かれている。成《じょう》・住《じゅう》・壊《え》・空《くう》の「四劫《しこう》」という仏教の世界観がそれで、生物が輪廻《りんね》するように、宇宙自体もまたこの成住壊空、成住壊空を繰り返しているというのである。

現代は住劫《じゅうこう》の時代である。しかも人間の平均寿命がだんだん減っていくのとは逆に、人口がどんどん増えていく減劫《げんこう》の時代である。いまの人たちは人間の平均寿命はだんだん増えていくように考えているが、実はそうではなく、百年に一歳ずつ減っているのだ。私の計算ではただ今の平均寿命は三十七歳、人類が滅びるのは平均寿命十歳のときとされているから、それは二千七百年後ということになる。

　人寿十歳のころになると人口が非常に増え、人類はたがいに食糧を求めて争い、殺戮《さつりく》しあい、それに天災のような自然界からの人類への迫害というものがやってきて、ついに人類は業《ごう》の浅い一部の者を除いて、ほとんど自滅するに至ると、そう仏典に書かれているのである。

　世間にはこうした仏典の古い記事を荒唐無稽だという人もいるが、仏典に嘘はない。このごろアメリカやソ連の宇宙船がドッキングし、飛行士が空中を歩いた、といったような事件が新聞や放送で報道されており、そいつをまた感心している人もいるようだが、あんなことは昔からはっきりわかっていたことで、インドの古い経典である『楼炭経《るたんきょう》』等のお経には、鬱単越《うったんおつ》というところに住む人間は歩くのに少しも労力がかからない、足をおろせば自分で力を用いずとも下から持ち上げてくれる、食糧も自由自在にえられ、子供なんか別に産もうと思わんでも一人は産まれる。産まれた子供は別に何も与えないでも指先を濡らすだけで乳が出て、放っておけば一人前になるといったように、地上とは全然ちがう住みよいところだ、と書いてある。空中を歩くということが今の時代の、ついこの間まではわからなかったが、前世紀の記録のできた時代にはそれが実行されていたのである。だからそういうことを不思議なことのように考えている今の地球上の人間というものは、よほどこれから考え方を改めなければいけないと思う。

〈人間は殺生が好き?〉

このごろ人口問題がとやかくいわれているが、平均寿命の低下に反比例して人口が年々増えている滅劫の時代が現代であるから当然のことで、いわば人類自滅の前兆である。

ところで、こうした宇宙の大変化というもの、そしてそれに伴う人類の滅亡というものを左右しているのは人間の業《ごう》にほかならない。われわれ人間の業が結集して人類全体の壊滅を計画し、今まさにそれを実行しているのだ。

地球上に棲息する動物の絶対量というものは一定しているとされる。だから今、人間が増えつつあるということは、他に人間のために犠牲になって減りつつある動物がいるということを意味している。人間はもちろん、あらゆる動物は業によって生まれてくる。それが同じ動物であっても人間になって生まれたり、牛になって生まれたり、馬になって生まれたりするのは、それぞれの業が異《ちが》うからであるが、人間のために犠牲になった魚とか牛とか豚とかいう動物が次には人間に生まれてきて、人間がますます増えてくるわけである。これは実に恐ろしいことだ。

人類は今、弱肉強食とかいって人智をみがき、地上では飽き足らずに空中を目がけて空中生活をしようとしたり、あるいは水中を目がけて水中生活をしようとしているが、このまま他の犠牲をおしすすめていったらどうなるか……その業の報いにより必ずこれがつづかぬ時代がきて、人間に代わる絶対支配権をもつものが出現し、人間は食料になるか、使役の牛馬のごとくになって自滅するに決まっている。

もう一つ、人類の未来に暗い影を投げかけている問題に堕胎《だたい》というのがある。聞くところによると日本は世界的に堕胎技術の優秀な国だそうで、実に困ったことである。人間というやつは勝手なもので、お腹のなかの児を殺しても罪にならんとしている。それが娑婆《しゃば》へ出てきた人を殺せば法律で罰せられる。こんな不合理が平然とまかり通っているのである。お腹のなかであろうと娑婆であろうと、人間であることに変わりはない。堕胎は明らかに殺人だ。それに対して制裁を受けることもなく、懺悔《ざんげ》する精神もなく、お墓をこしらえて祀《まつ》りもしなければ追善供養もしないで平然としている……こういうことが果たして許されるだろうか。いつか必ず業《ごう》不尽《ふじん》の咎《とが》というものを受けるに決まっている。

〈右も左も反逆者〉

人間が増えると困るということがわかっていながら、相変わらず男女が交合して子供をこしらえている。そうして自分でこしらえておいて自分でも困り、他人をも困らせている。これが人間なるがゆえの業というものだ。こうして見ると、人間くらいつまらんやつはない。どの角度から見ても、いちばん罪の深いのは人間である。それを人類全体が自覚しなければいけない。

宗教的に大いに人間各自が自覚しなければいけないのだ。

その自覚をまずしなければいけないのが僧侶である。仏さんはそうした自覚のもとに、自ら身をもって戒律というものを示された。以来、仏弟子である僧侶たるものは波羅提木叉《はらだいもくしや》という戒律を守り、とくに肉食妻帯をしなかった。昔の坊さんは在家の人が子を産んでも、自分は子は産まない、ましてや堕胎なんて思いもよらないこととされていた。わが国でも明治維新まではそれが守られてきた。ところが明治に入って「肉食妻帯勝手たるべし」という法律が出てから、みな勝手になって、仏さんの戒律を守らずに人間のつくった法律というものを尊重し、ほとんどの僧侶が肉食妻帯しだして無茶苦茶になってしまった。肉食しなければ妻帯の要もないわけだが、肉食し、妻帯し、子を産み、さらに堕胎までも自他ともに奨励しているのが近ごろの坊さんだ。これはなんとかしなければ仏さんに相済《あいす》まんと思う。

どのくらい善いことをいうてみても、戒律を守らないでいうておったら、それは蟬《せみ》の抜け殻《がら》だということだ。そんなもののいうことは聞いておれん。それが親鸞《しんらん》のように初めから僧団をぬけ出し、堂々と態度を決めてやっているのはまだいい。こういうのを僧侶といわずに優婆塞《うばそく》という。つまり在家である。ところが優婆塞でありながら僧侶の仲間入りをしようとしているその末裔《まつえい》の連中がよくない。そういうのが何も彼《か》も狂わせてしまった。

仏さんは「戒《かい》はこれ安穏《あんのん》第一の法」と説いておられる。たしかに安穏第一である。自分の子孫がないから、子孫のためになんて考える要はないし、名誉も地位も求める要はない。見栄もなければ虚栄もない。ただ一介《いっかい》の伝道者として生きていくべきだという態度が決まり、日常生活が緊張の生活となるのみである。

人類の指導者としての僧侶に対して、仏さんという人は決してむつかしいことはおっしゃっていないのだ。ましてや在家に対しては無理なことは何一つおっしゃっていない。在家に対して仏さんがおっしゃったことは、生きものを殺すな、他人のものを盗むな、邪《よこ》しまな性交をするな、嘘をつくな、酒をのむな、といったようなごく当たり前のことである。人間の生命をえぐりとってどうしろ、なんてことは一つもおっしゃっていない。せめてこれだけでも各自が保てば、きっと平和な住みよい世界ができるだろう。しかしここまで乱れてしまっては、どいつもこいつも、出家も在家もみな反逆者だから、世界はだんだん悪くなるばかりだ。

〈せめて自然のままに〉

仏さんの説かれた教えというものは一朝一夕に出てきたものではない。さまざまな人、いろいろの場合に遭遇された上で、あらゆる人が、商売人にも兵隊にも、そして戦争の好きな国王にも共通して理解でき、実践できることを示されているのである。これは仏さんが高遠なお考えをもっておられると同時に、インドの長い歴史というのも影響している。インドの歴史は、いまわかっているのが五千年、そのちょうど真ん中ぐらいに仏さまが出ておられる。その長い歴史の、仏さん以前二千五百年のいろいろな人文の知識・科学的な考えというものが仏さんへ来て、それを仏さんが卓越した考えをもって頭の中でコントロールし、われわれ人類に普遍的な教えをほどこしておられるのである。

私は毎年インドへ行く。そしていつも感心することは、インドには喧嘩がなく、欲がない、そしてすべてに満足して暮らすということに徹底している国だ、ということである。インド旅行してきた日本人は口をそろえて「インドは貧乏な国で、人間に迫力がない」という。しかし私にいわせれば、それは逆だ。貧乏で最低生活している人でも、不満をいって生活しているわけではない。みなよろこんで生活しているのだ。どの顔もみな柔和である。日本人のように、ちょっと触っただけでもイライラするような国民性はないのである。

今年の一月、私はガンジー首相に会い、向かい合って長時間話し合った。外では飢饉や洪水にあった人たちの陳情団が来ておる。首相は自らそういう人たちに朝から会って、それから私に会ってくれたわけだが、その長い会談の間、首相の顔がこわばることは一度もなく、常に柔和な顔をしておられた。護衛の者がいるわけでもなく、安心しきって話しておられた。首相だからといって威張るというようなところは一つもない。その間、外の陳情団には政府の要人が応対しておったが、それも双方が喧嘩腰になるようなことは一度もなかった。

これが日本だとそうはいかない。日本人には虚飾・虚栄があるから、どうしても生活に矛盾があり、精神に矛盾をおこして、インド人のように柔らかなところがなくなる。子供のころから「人を見たら敵と思え」なんて教えこまれているのが日本人だ。だから議会なんかでも何ともみっともない、あほなことをしておる。半人前みたいな人間ばかり寄って、大声をはり上げて「田中、出てこい！」と、いかにも英雄になったつもりでいきりよるやつもいる。出てこいといわれ、ちっとも出ないで頑張っている田中首相もどうかしている。

聖徳太子がうまいことをおっしゃっている。「人皆党《たむろ》あり、また達《さとれ》る者少なし。……乍《たちま》ち隣《りん》里《り》に違《たが》ふ」と。国会でのありさまは、達る者がいないで、みな隣里に違う、つまり人倫の道に違うようなことをやっているのだ。

インド人が古い歴史と永遠の未来を頭の中に入れて生活しているのに対して、日本人はせいぜい五十年か六十年を見て生活しているのである。その違いが喧嘩をしない国民と、喧嘩の好きな国民の差を生じているのだ。このままいつまでも主観的に精神を尖《とが》らせ、ぶつかりあっていたら、人類全体が滅びる以前に、あるいはもう百年もたないで日本は滅びてしまうかもしれない。……せめて、風が東からくれば西、西からくれば東というふうに、自然を快くうけて快く流す精神を早急に養いたいものである。

（『大法輪』一九七三年八月号）

あやうい日本の幻影

対談・中西悟堂《なかにしごどう》（詩人・野鳥研究家）

〈深大寺釈迦像の異説〉

中西　今日はこれという話題《テーマ》を別に持たずに自由放談で……。
橋本　そのほうがよろしゅまっしゃろな。
中西　私はもと（小僧時代）調布の深大寺《じんだいじ》におったわけです。
橋本　そうですか、お薬師さんの。あの辺、ずいぶん開けたようですな。
中西　俗化しました。
橋本　そば屋が一軒あったけどな。
中西　いま、そば屋が三十軒近くあります。
橋本　えらいこってすなあ。
中西　そしてまわりはことごとく車です。深大寺は水のいいところでした。深沙大王《じんじゃだいおう》がまつってあった。ところがこの水がそろそろ涸《か》れ始めましたし、境内の欅《けやき》の頭も少し赤くなり始めました。繁昌は繁昌でしょうがね。
橋本　昔はええとこでしたけどなあ。
――元三大師《がんざんだいし》堂は古いままでしょうね。
中西　あれは古いままです。庫裡《くり》と元三大師堂の間に、もとは本堂がなかった。それがね、火事で焼けて。りっぱな伽藍《がらん》がととのったけれども、昔の静寂がなくなった。
――あの釈尊像はありがたいですね。
橋本　あれは関東では唯一のもんですな。
中西　それについて伺いたいと思っていたのですが、あれは釈迦牟尼仏《しゃかむにぶつ》でございましょうか。
橋本　いや、お薬師さんです。

中西　いま、あれはお薬師さんだという説がかなりあるわけですね。
橋本　私ども、昔からお薬師さんというてます。像のぐあい、印相《いんそう》のぐあいからいうてお薬師さんですわな、あれは。
中西　それをいまは、与願施無畏《よがんせむい》の印をしておいでになるから、これは釈迦牟尼仏だといってござる。あれは薬つぼを左手に持ってらっしゃらんわけでしょう。お薬師さんなら薬つぼを持っているはずだというんですな。
橋本　そんなことありませんな。
中西　薬つぼを持つようになったのは、弘法大師があちらから帰られて造像の技術をもたらしてから後じゃないですか。
橋本　薬つぼは新しゅうございますがな。
中西　法隆寺金堂の飛鳥期のお薬師さんも、薬師寺金堂の白鳳期のお薬師さんも、薬つぼを持ってござらっしゃらなかった。
橋本　蟹満寺《かにまんじ》のお薬師さん、高野山のお薬師さん、叡山《えいざん》のお薬師さん、みなさんそんなものありません。
中西　薬つぼを持つようになったのは後のことで……。
橋本　平安朝以後のことですな。お寺でお釈迦さんいうてますか。
中西　国宝の釈迦仏といっておるんです。
——あれは帝室技芸員など調査にいったとき、物置のようなところで発見した仏さまで……。
中西　ちょうどわしのおったときです。もったいない話だけれども、元三大師堂の須弥壇《しゅみだん》の中にほうり込んであったわけだ。それで私たちがはたきをかけたりして大騒ぎでした。早速古物商が買いにきて、当時たしか七百円といったかな（笑）。五十年前ですよ。それで驚いて博物館で見てもらったら、これは二体しかない白鳳仏の一つだというわけで急に有名になった。昔、本堂の火災のとき、救うために池にほうり込んだ。それで片っ方の手の指が折れておりますね。

——しかしいいお像ですね。

橋本　美しい、いい仏さんですわ。

中西　一つは、当時関東には薬師信仰が隆盛であったということもありますな。

橋本　私が昔調べましたところによりまするとと、日本にまつっておるお薬師さんの像が九万八千ございました。こまかく調べているんです。私のほうの末寺が日本全国に六百五十ほどあった。ところが明治の廃仏毀釈《はいぶつきしやく》で、お寺自体に坊さんがおらんようになってしまって他の宗派に行っちまったわけです。おそらく深大寺あたりそうやろ思うんですが、私のほうの寺でございます。

中西　もとは法相宗《ほつそうしゆう》。それならお薬師さんというところでしょうね。たしか深大寺の開創が天《てん》平勝宝《ぴようしようほう》ごろ（天平五年）であったと思うのです。

橋本　そうです。

中西　昔は甲州街道を同行何人《どうぎようなんにん》という笠をかぶって、金剛杖をついて、「六根清浄《ろつこんしようじよう》」を唱えながら富士山まで行ったものでしょう。それがいまは新宿から調布まで家がずっと連なったんだから、深大寺も影響は免れんわけですよね。

深大寺でこれですから、薬師寺さんのまわりなんかはどうですか。だんだんいろんなものが迫ってきませんか。

橋本　あの辺りは何とかいう防禦策の指定地になっておりますんで、わりあいによろしいけれども、電車がつきましたもんですから、それにつれて開発の手が伸びてきているんですな。だいいちあの辺の道路は天平の都市計画の道路ですから非常に狭いんですな。そこへ近代のトレーラーバスが通るもんですから……。道がみな近代的な道になってますから管理は全くございません。ほんまになさけない世になりました。

〈西ノ京の昔から〉

中西　私のやっております野鳥の会という会の奈良の支部が春日《かすが》さんにあるんです。それで春日神社までよく参りますが、あの裏山なんぞ車を入れてだんだん荒れ始めているのをみんな非常に嘆いている。だけれども、あれはいっぺん許したらおしまいでね、あとはなかなかとめられんでしょう。

橋本　結局電車の会社が荒らしていくわけですな。奥山のドライブウェイを開きましてね。

中西　あれは奥の深い山ですがね。

橋本　原始林でございますからな。

中西　平地の上にちょっと軽く乗った原生林というのは、日本には一ヵ所もなくなった。伊勢神宮の森がわずかに原生林ですがね。あとはどっかでこしらえておればなんだけれども、原生林はない。

橋本　春日さんも、われわれの子供の時分から見ますと非常な違いでござりますなあ。

中西　こういうふうにあっちもこっちもどんどん変わってくるが、ちっと変わり方がひど過ぎます。

橋本　スピード時代ですよ（笑）。

——長老さんは奈良の街をお通りになるときには目をつぶってお通りになると聞きましたが……。

橋本　私が奈良を守る会の会長をしているもんですよってな。昔は春日さんのところへ猿、雉《きじ》その他各種の野鳥が寄ってきたもんですわ。このごろは猿くらいがひょっとしたらボッボツ来ますやろけど、雉なんてもんはおらへんようになりましたわな。

――西ノ京と申しますが、昔はやはりにぎやかだったんでございますか。

橋本　昔の奈良の都というのは、南北一里、東西二十八町という長方形の都です。その中に十五万人の人が住んでいた。それで狭いので東のほうへ拡張されたのが奈良市、南のほうへ拡張されたのがいまの郡山市です。ですから郡山市と奈良市とあって、このまん中にあった。いまは北のほうをどんどん開発しておるところですが、もう昔の姿がなくなりますなあ。

――宗派にいたしましても、倶舎《くしゃ》、成実《じょうじつ》、三論《さんろん》なんていうのはほとんどなくなって、法相《ほっそう》と華《け》厳《ごん》宗……。

橋本　律《りつ》、真言律《しんごんりつ》がございます。

――きょうはひとつ律のお話を……。

中西　律もけっこうだけど、どうもこのごろ日本人が何か違ったような気がする。西洋が入ってからだいぶ違ってきたですね。

――仏教の律が衰えたということにもなりませんか。

橋本　それなら何かがあって衰えているということやけど、ありませんのやで困ったもんですわ。

〈破壊の文化〉

中西　明治になってから今日まで、とにかく全部西洋思想に圧倒されたような形で、われわれの日常習慣にもどんどんヨーロッパ風が入ってきた。これはそもそも日本の風土に合いませんわね。せっかくの日本の四季という季節感がそろそろなくなってきておる。これは生活の中にあまりに西洋が入り過ぎて、意識の流れの中にそいつが強く入ってきて、そのほうがあたりまえになってきているんだな。そこいらが大間違いじゃないかと思うんだが、どうですか。

橋本　板垣退助の「板垣死すとも自由は死せず」の自由というやつが、ここにおいて日本人の伝統のすべてを破壊したわけやな。もちろんフランス革命の結果、こういうふうな板垣退助みたいなものが起こってきたりしたのでしょうけれども、まずむちゃくちゃちゅうところですな。したがって坊主の戒律なんてものは、太政官布告による明治五年の「勝手たるべし」というやつが一から十まで廃止してしまうわけですな。

中西　だいたい明治の廃仏毀釈が何とも乱暴なものでね。ああいうむちゃなことがあって、あれ以来日本の一切がっさいの生活の中にそれが入ってしまった。国の制度というものも、議会から何からみんな向こうのやつでしょう。

橋本　法律がそうですわな。

中西　私はその百年の間に日本人の意識というものが、とうにどこかへいってしまったと思うんです。第二次世界大戦前まではそれがまだいくらかよかった。残っておった。とにかく戦前までは続いておった。それが戦後になり、一億総飢餓になって、これじゃならんというので経済復興をやる。その経済復興の上に乗っかったやつが戦前の西洋崇拝の意識じゃないですか。西洋がええと思っているから、追いつけ追い越せというわけでむちゃくちゃをやった。いくらスピード時代といっても、何も急ぐ必要はないんだな。それを何でもいいからとにかく西洋を追い越せというのでむちゃくちゃやるから、まわりを顧みているひまがないんです。どんどんまわりをぶちこわしても、とにかく金さえこしらえればいいということで、いま何もかもなくなってしまった。これはひとつ薬師寺さん、お医者さんの立場から、どうしたらこれが治るかという、いい処方箋《しょほうせん》をいただきたい。

橋本　これはもう国民全体の自覚にまつ以外にない。これだけ高度の物質的な発達が出てきて、みんな心を置き忘れていますがな。そこに原因があるわけなんです。一にも二にも物質、物質で、物質文明ばかりが伸びる。国自体も高度な発展ばかりいうてほんとうのバランスがとれん発達をした結果、こういうことになったわけですな。

明治維新はえらい変革でしたけど、これはまだ国民の中に心というものがあったもんですから、西郷騒動なりいろいろなことが起こりましたけれども、なかなか国民が許さなかった。そこへ明治天皇さまがお出ましになって、教育勅《ちょく》語《ご》ができ、欽定《きんてい》憲法ができて、一応おちついたわけですな。そうして明治天皇の人格による政治が行なわれた。明治天皇のご崩御のときの事情、それからまたその後の御陵の拡張——あの伏見《ふしみ》桃山《ももやま》の御陵は鬱蒼《うっそう》たる山でした。その山の木が一本もなくなるまで人がお参りしているわけです。いまはそんなことをするやつも何もありませんわね。ということは、国民全体が〝明治天皇さま〟という骨身にしみるほど、明治天皇を尊敬しておったということですな。それがなくなられたために、いっぺんに転換したわけです。そして次の陛下がお弱い、摂政《せっしょう》をおつくりになるというようなことになってしもうて、国民がみんな旗幟《きし》を失うたということですな。そこへいまおっしゃるようにヨーロッパの文化というものがどんどん入ってくる。背伸びして暮らすということになって、ほんとに一も二もなくヨーロッパ化する。そして第二次世界戦争が起こる。これに負けて、アメリカナイズされる。こういうことになって、いまでは日本人全部、肝っ玉までアメリカに引き抜かれたようなかっこうになった。ニクソンが呼びよるちゅうと、大臣方が三人も五人も勢ぞろいで行きよるちゅうようなあほなことが起こってきておる。あんなやつに呼ばれたいうて、何で行かんならんのか。それに勢ぞろいして行って（笑）、船遊びの御馳走《ごちそう》よばれて遊んどる。あほなこってすわ。

中西　黒船の襲来、これは日本人にとって非常にショッキングなことで、あわてたわけです。それからあの維新があった。ところが今度は戦争に負けたでしょう。明治維新の前と今度の敗戦とは、国民の驚きといいますか、非常に事情が似ていますよ。そのときに政府がとった方針というものも非常に似てますわ。明治維新のときには、とにかく西洋の文物を入れんとかなわんというわけです。ところが今度戦争に負けて、とにかく科学技術一点ばりになって、非常な速度で工業国に切りかえた。あのときも、今度戦争に負けたあとも、物、物という考え方ですね。農本立国が工業国に変わる。それがいろんなわるさをする。だんだん百姓さんがいなくなる。それが西洋の方式です。畑をつくるにも、とにかく農薬まいて、除草剤まいておきさえすれば自然に植物は成るというような横着な考え方で、土を物にしてしまっている。土に対する感謝の気持ちもないし、土としんみり語るというか、夜中にも起きて土をかまっていこうというようなお百姓の気持ちがなくなったわけです。しかしもともと土は物質じゃないんですわ。それを物質化して、扱い方も物としてやってきた。ですから戦争で外国に攻められるときには、まずびっくりして精神がなくなるわけです。そしてとにかく物で勝とう、物で勝とうとする。

橋本　これは農地政策の失敗ですが、かつて日本民族は、孝徳天皇の農地政策、大化改新、班《はん》田収授《でんしゅうじゅ》で大失敗をしていますね。大坂へ都をこしらえた、国民がついてこない。そこで天智天皇が近江に都をつくる。それでも国民はなおついてこない。このくらいの大失敗を演じていま す。

〈多数決政治は迷信〉

橋本　結局これをおさめたのは天武天皇です。天武天皇が吉野で出家しているのを呼んできて、瀬田のあそこで譲位して、弘文《こうぶん》天皇を千葉のほうへ流しもんにして、飛鳥浄御《あすかきよみ》原宮《はらぐう》ができた。そこで天武天皇のやった一番初めの仕事が「家毎《ごと》に仏舎《ぶっしゃ》を作り、乃《すなわ》ち仏像及び経を置き、以《もっ》て礼拝供養《らいはいくよう》せよ」というご詔勅《しょうちょく》を出されたことです。これは『日本書紀』に出ているが、たいへんな事業です。日本の国の千三百年という歴史が安泰に続いたという原因はここにあるわけです。それは私たいへんな事業やと思います。このご詔勅は、日本の精神史の上では特筆大書すべき事件やと思います。そこで国論が統一して、『古事記』ができる、『日本書紀』ができる、そして文武天皇が大宝の律令をつくった、こういうふうになって、それで国が初めておさまった。こういうかっこうですから、現在を救うものは、形は変わるでしょうけれども、信念の高揚、信仰心の高揚よりほかにないと私は思っておるわけですがね。それをやる人間がみな破戒のやつばっかりで、やるやつがおらんということになっているわけです。これをどうするかという問題でいろいろ考えておるわけでございまするが、国民全体心を入れ替えてやらなきゃしょうがないですね。荒療治せんといかん。

いま議会では多数決迷信政治を日本の正しい政治のごとく考えて、徒党を組んで議会政治をやっとるわけですな。ああいう多数決の政治が迷信の政治やちゅうことはみなさんわかってるでしょう。私かつて池田（勇人、首相）さんに議会の中で会うて、「あんた、今日どの道からやってきたか」と聞いたことがある。「どうしてそんなことを聞くのや。そら君まっすぐ入ってくるよ」「まっすぐ入ってくるんやったら、あの道の右側に尾崎記念館ちゅうのがありますやろ。あの前をあんたどないして通ってきたのや。あの尾崎（行雄）という人は一人一党で、一人でも正しいものは正しいという政治的態度をとった人や。あんたがいま議会でやっている多数決政治をわれわれは迷信政治というておるんや。あそこ通ってくるときに、いったい何と思って通ってきたのか」と池田さんに話したら、「君、おかしなことというな」といいよったことがあるんですよ。

また一方からいうと、聖徳太子が「人皆党《たむろ》あり、亦達る者《またさとれ》少なし。……乍ち《たちま》隣里《りんり》に違《たが》ふ」というのは「乍ち隣里に違ふ」というのが聖徳太子のお考えですが、こういうことを知りよらんのやろと思いますな。『十七条憲法』でいうてござる。党派ちゅうようなもんは三人寄ったらできます。その党派というのは『十七条憲法』は道徳法やというようなことをいいますけれども、あれはりっぱな憲法です。

〈聖徳太子と周恩来〉

橋本　周恩来《しゅうおんらい》がその精神でおるんですわ。

周恩来当人は、若い時分に日本へ来たとき私が一週間連れ歩いたことがあるんです。たまたま法隆寺に行きましたとき、法隆寺の聖霊院《しょうりょういん》の四十五歳の太子像の前でペタッと畳に土下座して、板の間へすわりよった。それで私、おかしいことしよるなと思っておりましたが、道々いろいろ話をしたら、「世界の政治家で最高の人は聖徳太子ですよ」こういいよった。「どうしてや」いうたら、「あんたらあの十七条憲法読んだらわかるやろう。あれがほんとうの政治ですよ」こういいよったですよ。私は案内しているもんやからじょうずいうとるなと思って聞いていたんですが、その後向こうへ帰りましてから、六曲一双に墨痕淋漓《ぼっこんりんり》としたりっぱな字で自分が書いて聖徳太子に献納しておるんですわ。

「聖徳太子の政治というのは独裁者がおって民主政治です。政治というものは、独裁的民主政治にはならんのですよ」とそのときいいよった。いま周恩来のやっとること、毛沢東《もうたくとう》のやっとることを見ていると、あれはどうしても独裁的民主政治ですわ。つまり人格者が一人おって、それが独裁者で間違いをしないということですな。あるいはまた、聖徳太子は『十七条憲法』に「衆《もろもろ》と与《とも》に宜《よろ》しく論《あげつら》ふべし」と書いてござる。これは民主政治ということですわな。それの中心となるのが推古天皇、聖徳太子が摂政で政治をとる、こういうかっこうや。私が思うところ、これが毛沢東と周恩来の関係です。文革以来、たいていのやつはケチがついてますやろ。劉少奇《りゅうしょうき》でもケチつけられてやめとる。ところが周恩来は初めから自分の位置というもんはちっとも変えんとやっていますわ。えらいもんですな。

中西　昔から哲人政治とか賢人政治とかいうことがいわれますね。今日、いわゆる多数決の民主政治というものは絶望視されているけれども、そういうえらい、りっぱなやつが出て、やってくれにゃ困るんですね。

橋本　その点、明治天皇は卓越した政治家でござりますわ。そしてその方の下で民主政治というものを行なってきたわけですな。ですからよくおさまって、よい政治がとれた。現在やっているやつはヨーロッパ風の民主政治で、多数決だけでいくやつですから、それは具合よくいかんのがあたりまえですね。

中西　とにかく物質過剰の世相になって、それから若いものがまるで仏教から離れてしまった。これを何とか戻していかにゃ、いまの国民が将来を背負って立つことになったら、たいへんなことになるだろうと思うんです。

橋本　たいへんなことになるというより、つぶれてしまいますよ。

〈ものまねの習性〉

中西　いっぺんこわした自然というものは、もう復元できんということをいいますね。だけど人間のほうは復元できんじゃ困るわけですからね。自然もそうだが……。

橋本　まあ、でけんなあ。

中西　いっぺんこわした人間の意識は、なかなか戻らんということじゃ困ると思うんですけどね。大正時代にダーウィニズムというものがひろがった。『種の起原』はたしか明治より前ですわね。それからマルクスの『資本論』はちょうど大政奉還のころじゃないかな。それが相次いで入ってひろがって、ついこの間はサルトルまで入ってきた。これらはみんな日本の古来の考え方と違うわけですわね。ああいうものが入ってくる。それから日常の衣食住、これがまるでだめだな。そして人さまの前へ出るのには洋服を着ないと失礼みたいになる。私は洋服というものはそもそも日本の風土に合わんと思うんですね。こういう湿度の多い国で、皮膚呼吸もできんようにネクタイだ、ボタンだ、バンドだ、なんだかんだでからだじゅう締めつける。食事もそうだと思うんですよ。肉食をする。住居にしても、だんだん西洋化して、サッシがいいとかなんとかいって、外界と全く遮断するようなものがはやってきた。だから便利は便利として、便利と引きかえに失うものが多過ぎると思う。日常の生活から何とか直していかなければいけないんじゃないかと思いますね。

橋本　一八一五年のウィーン会議の結果、その考え方というものが世界じゅうに広まった。日本あたりも外国心酔ですからそれが入ってきた。その間に、フランスやドイツがすでに困りよったカミュとかハイデッガーという連中の考えがヨーロッパを一応攪乱《かくらん》しよったわけです。そのあげく、実存的な考えが起こってきて、上へ下へと大混乱が起きて、民主主義のシステムまで破壊しよったわけです。私がアメリカに行ったときに、アメリカの上院の議長をしておる人に会って話を聞いた。戦争後やったもんですから、「おまえ何しにアメリカへ来た」というんで、「日本が今度民主主義になるんで、民主主義というものはいかなるものであるかということを世界の人に聞こうと思うてやってきた」といったら、笑いよったんです。「あほなこといいないな、民主主義なんちゅうもんは崩壊して久しく年を経ておる。いままさに来たるべき民主主義のイデオロギーを確立せんとして、暗中模索しておる時代である」といいよった。それはそのとおりで、フランスへ行ってもそういうことをいいよったんですわ。ド・ゴールの配下のマルロー（文化相）というのがおんなじことをいいよった。「ああいうサルトルとかハイデッガーとかの一派のやつに攪乱された結果、実存主義というものが起こってきた。それによって根底から破壊された。だからこれをどういうふうにして新しい民主主義の基礎を確立しようかというのが現在の時代である。そのためにいまわれわれがやらんとすることは人づくりだ」こういいよったんですわ。つまり人間の開発ということをマルローがいうたんですな。

〈人間改造の問題〉

橋本　その人づくりということを日本でも池田さんがいいかけた。それは池田さんが向こうで聞いて帰っていうたわけやな。

中西　池田さんのいう人づくりは、いわゆる今日の経済人間、経済社会の選手をつくろうというんで、そのための人づくりじゃないですか。

橋本　違います。そんなこと知らんのですわ。何も知らん人づくり、聞いて帰った人づくりです。そのときは十月に帰ってきて、十一月に閣議で人づくりをいうたわけです。私は新聞を見て、ほう、えらいことといいだしたなと思っていたんです。十二月になると、私平城京の問題で五へん池田さんに会いましたが、私は人づくり論について先生の考えを聞くつもりで行ったわけです。ところが池田さん「おれわからん」というんですな。「知らんのや。聞いてきたんや。あんたはどう思う」こういういいかたでしたな。それから私は二時間ほど、フランスの考えておる人づくり論について、マルローと一緒に向こうでおったもんですから、それを話した。池田さんはそれをすっかり書いて、次の閣議にそれが出ていた。正直な人ですわ、池田さんちゅう人は。そういうことです。先生は「おれは知らんのや」といいよる。「総理大臣がいいかけたことを知らんいうて、はなはだけしからんやないか」というと、「そういったかて、知らんもんはしゃあないやないか。それよりあんたはどう思う。可能性があるか」というから、「可能性はある。アンドレ・マルローのやろうとしていることはこういうことです」ということで話したんです。結局フランスでいうとることは、実存主義というものによって、組織された民主主義のシステムは全然破壊された。人間の開発をやらなきゃならんというひとつの宗教運動ですわ。そいつを池田さんに話したら、「なるほどよくわかった」ということでありましたが、自分の力ではできんもんですから、これを文部大臣に委譲したわけです。そうしたところが文部大臣は、今度は中央教育審議会というやつをつくってそいつに委譲したわけです。そのときに京都大学の高坂正顕《こうさかまさあき》君（哲学者）、あの人は戦後追放されていたんですが、それがよみがえってきて、文部省の御用を承って中央教育審議会の会長になりよった。そうこういうているうちに、学制改革の問題が起こった。だから中央教育審議会も事なさずのうちに教育制度の改革の問題が中心になり、また高坂君ではいかんちゅうので森戸《もりと》辰男《たつお》（社会思想家）さんが会長をやることになって、人づくりみたいなもんは、みな忘れてしもうた。その当時の国民の耳の底には残っておりますが、しかし残っているだけですっと消えてしもうたんですな。ですからこれはよほど力を用いて、もういっぺんこの問題を練り返して人づくりするよりしかたがないですな。

ところがですね、ずっと状況を見ていると、日本人の常として何か事が起こるとそれにみんなパーッと火のようになって、ほかのことは忘れてしまいよるんですな。ちょうど飛行機の事件が起こってきて、みんな飛行機、飛行機、飛行機というているうちに、七月十五日になってニクソン訪中が出てきて、八月十五日になるとドル防衛ちゅうやつが出てきたので、みんなそっちのほうへ、猫もしゃくしもいってしまいよったんで、せっかく頭出しかけた人間改造の問題というようなもんがすっかりとめられて、全く放任主義になっているから、いまの男か女《おなご》かわかんような「ヤング組織」ちゅうもんがでけてきて、なさけないやつばっかり出ておるでしょう。

〈ばかくさい政治〉

中西　日本の精神が崩壊すると同時に、いま日本の国土が破壊されつつあるでしょう。これはどういうことになっていくんだか、たいへんなことだと思うけれども、とにかくそろそろ東洋のよさというものを再認識するような教育をせんといかんな。戦後もとにかく何でも西洋、西洋で、機械文明を追っかけるような教育をやってきたでしょう。

橋本　それより、みっともないのは猫もしゃくしも毛沢東、周恩来礼讃にいきたがっておるわけや。あれを見てたらあんた、ばかくそうなってきてねえ。実業家が行きよる。政治家が行きよる。政治家も社会党が行きよる、公明党が行きよる、今度は自民党が行きたがって、お呼びがあったら何でも行きまっせといわんばかり、犬か猫みたいなやつばっかり寄っとる。こんななさけない国民ではどうにもなりませんで。沖縄ばっかりやかましくいうて、台湾を蹴飛ばしているけど、あんた、蔣介石《しょうかいせき》のおかげで日本が二つ割れになるのを助けられているんやから、事のいかんにかかわらず蔣介石に対する敬意ちゅうようなもんがもっとなければならん。日本も朝鮮とおんなじようにどっかで二つに割られてむちゃくちゃになってごらん、たいへんなことになりますわ。

中西　私はヨーロッパの文明は制覇の文明だと思うんですね。産業を盛んにするということの中にも制覇の精神があると思うんです。日本も西洋に負けないように、一生懸命に産業、産業ということでやっていくと、その中に西洋の制覇の精神があるということですね。私は、なぜ中国に親しむというのならば、もっと前に中国と親しんでおかなかったかと思うんですね。中国やインドともっと親しんでおいて、東洋の大きな精神団結というようなものをもっていたら、アメリカやソ連の大国主義に押されなかったと思う。それをいまになって中国がどうこうと、一生懸命に中国まいりせんならん。それもアメリカに教わって中国まいりをするようなことでしょう。結局私は、西洋の精神というものは有色人種に対する圧迫だと思うんです。政治の上からいっても、精神の上からいっても、なぜもっと早く中国やインドと親しむ政策をとらなかったかという気がするんですがね。

橋本　東洋の思想と西洋の思想とを判別できないのがいまの日本人です。民主主義というようなことでも、ヨーロッパの思想であればこそ民主主義というものができるのであって、東洋思想なら、民主主義みたいなものがどこにできますかいな。それを無条件に、向こうがええ、向こうがええと、こうやった。日本の政治でもあらゆるものがそうです。だからけものの政治を押しつけられて、けものとおんなじようにせい、といわれているのと一緒ですな。

中西　これじゃ一般道徳も地におちるのがあたりまえだけれども、うっちゃっとけませんわね。男か女かわからんようなのが跋扈《ばっこ》して、将来の日本を背負うことになったらたいへんだ。

〈教育はこわい〉

橋本　いまから十何年前に映画に映倫《えいりん》ちゅうもんができたときに、私も関係したんですが、青年向きとか少年向きとかいうもんをこしらえなければならん必要に迫られてやかましくいうたわけです。ところがいまどうやというと、民放もさることながら、NHKのやっとるのはどうです、あんた。あれは倫理規定も何にもないわけですわ。ああいう男か女《おなご》かわからんようなやつが、とてつもない風をして舞台で何十人か舞い歩きよる。あとからあとから歌うて、夜寝るまで歌うて、寝てからもまだ歌うておる（笑）。

中西　戦後アメリカの政策として、映画でも雑誌でもみな検閲をしたでしょう。そして愚民政策というものをしいて、ばかなものばかりはやらした。それに日本人のばかがけっこう乗っかっていたわけです。それしかできなかった時代があって、独立してからもなおそいつの延長をやっておる。

こういう話があるんですよ。これは茨城県ですが、長塚節《ながつかたかし》の碑があった。そうしたら、「長塚節《ぶし》」なんて歌は知らんというわけだ（笑）。そして今度は東京に出て歌手になって成功したやつがあったら、その歌手の碑を建てて、長塚節の碑をとってしまったというんですね。それから、別の村から歌手が出るのは英雄が出たんだというわけで、村長がのぼりを立てて村境までその歌手を送ったという話がある。そういうばかを平気で演じるんだね。日本人というのは、ええということになればみんなそっちのほうへ向いて、正しい批判も何ももたずに流されてゆく。そして付和雷同というか、すぐに飛びつく。

橋本　朝から晩まで歌うて、あの長髪のヤングが踊っとるでしょう。中学校や高等学校の子供がそれを見てすぐに右へならえしよるわけだ。そいつを規制する方法も何ももたないのが半官半民というNHKですわ。むしろ奨励しておるようなもんで、そいつを規制するだけの力も何にもない。文部省が制度を改革して機構を変えたら教育がようなると思うていよるのと一緒ですわ。いま高等学校の生徒に何かむつかしいこというて聞かしたら、強制や、圧力やといいよるんですから、教育にも何にもなりませんがな。それを平気で制度の改革とかなんとかやっているでしょう。きのうも同志社の先生の話を聞いておったら、先生が門をくぐるのに、学生のほうにあんたは中へ入れる、あんたは入れないいうて選別してもらわな中へ入っていけんといいよる。先生が生徒の顔色を見て教育していますというとるんですわ。こんなあほらしいことありますかいな。だいたい教員組合ちゅうもんが権利もちよって、校長が何かやろうと思っても、教員組合が横向きよったら校長は何もでけん。

中西　日教組ができて困るというそうですね。

橋本　これは教育のガンですよ。だから少々教育機構というようなものを変えたって何にもならん。結局先生の再教育を厳重にやり直さなしゃあないな。

中西　文部省の方針で昔の国語がなくなったでしょう。わずかに二十五年にして昔の国語を知っているものがなくなって、昔流に書けばそれは間違っているんだといわれる。たった二十年か二十五年で国民の頭が変わるんだから、教育の力というのはおそろしいと思うんですよ。文部省がこうしなければいかんというふうに教えれば、四半世紀で人間の頭が変わる。教育というのは一番こわいもんだと思うんですね。その教育の現場が日教組では困るんだ。これはいっぺんぶっこわしてやり直さんといかんというわけですね。

橋本　それは不可能やな。そういう状態のときにはまったく無色透明な宗教家がしっかりせないかんのですけれども、そいつがまた羽織りを着とる、洋服着とる、自転車に乗っとる、何か事があったら自転車に衣を積んで走りよる。こんな坊主が相手やさかいに、とても力がないわいな。

中西　坊主から直していかんといけませんかな。

橋本　そらそうや。それですから、『大法輪』あたりにしょっちゅうけしかけてやってもろてるわけですけどね、まだまだ手ぬるい話で、もっとピシャッとやってもらわないかん。わしらずいぶんピシャッというほうやけど、いけませんな。

中西　なくなった亀井勝一郎が週刊誌のはやることを非常に嘆いておったが、「おれに週刊誌の編集をやらせれば、週刊誌を逆用してもっと日本をよくするんだが……」といっておりましたね。テレビのように普及するものをうまく使うということですね。

橋本　文部省がそいつにもっと着眼してやれば

ええと思うんですがな。

中西　とにかく現行の日教組といまのテレビじゃ、どんどん悪いほうに教育されてしまう。

橋本　それを放任しているんだからね。

〈英雄待望論〉

中西　そして一方では物質思想でしょう。だから日本人が全部動物になってしまう。

橋本　そう、動物です。

中西　何とかアニマルというが、まさにアニマルですね。このごろはエコノミックだけでなくて、セックスを加えてセコノミック・アニマルということばまで出ているわけなんですよ。

橋本　つまり暴力と博奕《ばくち》の公認と麻薬とセックスですかな。こいつが大手《おおで》を振って横行しておる時代です。

中西　いま英雄待望論というのがちょいちょいありますけれども、民主主義の時代にはなかなか英雄は出ない。出ないけれども、英雄待望論というのは、崩れるところまで崩れたらほんとうにえらいやつが出てくるだろう。乱れるだけ乱れて、どうにもしようがないところまで悪くなったら、これじゃたまらんという人が出てくるだろう。そういう意味の待望論でしょう。

橋本　最近アメリカの事情をいろいろ聞きますけれども、日本に一つも二つも輪がかかったような状態でたいへんらしんです。私ニューヨークのリバーサイドで、タカジアスターゼの別荘の五階に二ヵ月ほど住まいまして、見ていますと、さかりのついた、つまり交尾期の犬みたいなもんやな（笑）。

中西　そういうのがまねの好きな日本人にもだんだん入ってくるということでしょう。いま、日本は繁栄だ、繁栄だといっていて、ひところは未来学というのがはやりましたね。「二十一世紀は日本の世紀」とかなんとかいわれて、ハーマン・カーンというアメリカの未来学者におだてられた。『西暦二〇〇〇年』でしたか、そういう本が出ましたね。この本を見ると、この一世紀の三分の二で日本はハイ・スピードで変わった。しかしこれからのあとの三分の一は過去の十年が一年で変わる。幾何級数的に変わっていく。関東は関東で、いまの相模川から東京湾を通って利根川、それから入間川へ出て相模川とグルッと回る運河による水の環ができる。それから東京から大阪まで、これは陸のメガロポリスだ。それから関西には琵琶湖を南北に抜く運河によって、瀬戸内海へぬける大きな水の環ができる。中部地方は中部地方で伊勢湾のあの深い水を利用して大きな港湾ができるし、知多半島は日本基幹産業の中心地となって日本を支える原動力となるだろう。東北地方は下北半島のマサカリの柄が大規模工業地帯として開発されるし、日本海に臨んだ何百キロの大陸だなは地中資源の宝庫だ。そして中国の紅衛兵《こうえいへい》の次の世代と日本の全学連の次の世代とが交流して脱イデオロギーの平和社会が来る。そういう夢が書いてありますわね。

橋本　その未来学と深海探検学、宇宙学、この三つが六五年ぐらいからぼつぼつ頭を上げてきよった。そのとき『観弥勒菩薩上生兜率天経《かんみろくぼさつじょうしょうとそつてんきょう》』をほうり出して、「おまえらあほなことをいうな。未来いうてもおまえらのいうているのは千年や二千年の話や。弥勒菩薩を見てみい、こういうことをいうておられる。だからそんなあほなことやめとけ」こういったことがありますが、一時、未来学ちゅうもんにずいぶん関心をもったやつがおりますわな。

中西　西洋の学問にしても、おそらくマルクスの学問にしても、とても個人じゃかたがつかんから、集団として未来の社会を見るというような要素がどっかにあるんじゃないですか。しかし私が考えるのに、個人の生死の問題がきまっておらんということでしょう。どうせわれわれは死ぬにきまっているんで——だから死の解釈というものが西洋と日本ではよほど違いましょうな。

橋本　これはありがたいことで、昔のやつもみんな死んだ。いまのやつも死による。これから生まれてきよるやつもみんな死による。死によることはエクスクラメーションマーク、何もわからん。これはけっこうなことですね。これを研究しようとしているのが緒方知三郎先生です。これは自然死の研究ちゅうのをやっておられて、妙な著述を書いていやはりますな。生きられるだけ生きると人間の生命は幾らぐらいまで生きられるかという研究らしいんですが、これはなかなかむつかしいことで、わかったらたいへんなことや。しかしそれがわからんでけっこうなんでござりますが、このごろの人間ちゅうのは勝手なやつばっかり寄っているもんだから、このごろ生命が伸びた。こういうておるわけですな。このごろはみんな長命になった。その証拠に老人がふえた。こういうあほなことをお医者さんがいうとるわけですが、そんなことないんです。人間は誕生分娩期における死亡率が一番高いんです。こいつを計算に入れずに、勝手のええところで計算しよるもんやから、平均寿命が何ぼとかいうておるんでね。

中西　その点は、ＧＮＰの計算と同じことですね。自動車が発達して事故がふえる。けがをして入院するでしょう。その入院のために払った金がみんなＧＮＰに入っていくわけだ。あの計算とおんなじだ。

〈人類は滅亡する〉

橋本　もう一つ私がやかましくいうてることは公害論です。公害ちゅうのは自然に来てるもんですわ。蓄積して起こってきたこっちゃ。そいつを人間の力で何とかしよう思《おも》て、えらい予算組んでやっとる。しかしこれは何ぼやってもだめやということをお経の中にちゃんと書いてござるんですわ。公害というもんを初めて人間が知ったのは紀元前一、二世紀のころなんですよ。そのころ公害問題がすでに出てきて、これは永久によくはならんということを『婆沙論《ばしゃろん》』や『智度論《ちどろん》』などに迦多衍尼子《かたえんにし》や龍樹《りゅうじゅ》が書いている。人間の力ではどうにもならんもんだと書いてあるわけです。そいつが二千年の後になって初めて発覚してきよったんですな。いま水の汚染とかいうてやっとるけど、目先だけのことは、たとえば水の中のごみを拾うてどっかへ持っていくぐらいのことはできますやろ。しかし根本的なことは……。

中西　これは人間の欲望というものを肯定していく限りは直らんね。だから人間の欲望のもとをもう少し調整せんことにはいかんということでしょう。

橋本　そいつは調整不可能や。だから直らんちゅうことですよ。

中西　直らんということじゃ困るんですよ。何とかせにゃあ……。

橋本　直らんでよろしいのやろ。そこで最後は寂滅為楽《じゃくめついらく》（笑）。

――たいへんな結論になりましたね。

中西　このままでいくと日本は滅びますわ。どうしようもない。それから西洋も当然滅びる。

橋本　キリスト教にも最後の審判でしたか、あいうのがあるんでしょう。

中西　終末思想ですわな。

橋本　終末は必ずきます。

中西　西洋の宗教でも、ゾロアスターが出たときにすでに終末思想というものが濃厚に出てありますね。そこまでいかんと救われん。

――中西先生、さっき英雄待望論だったのですけれども、長老さんのお説など拝聴していると、教育界はだめ、民衆はだめでしょう。しかも宗教界までだめだということになると、結局敗滅する。そこで、英雄はどこから出てきましょうか。

中西　これはいまの文明の中からは出てこんね。いまの文明に汚染されない、いわゆる地平線のかなたから出てくるんじゃないかな。黒人の中から出てくるかもしれんし、中国から出てくるかもしれんし、どっから出てくるかはわからん。私は次の英雄は東洋から出したいね。うまく出てくれればいいと思うんですがね。

――長老さんのほうでは、いかがですか。

橋本　まあ出ませんな。永久に出ませんわ。

中西　仏滅後千何百年末世というが、あれはいつごろからですか。

橋本　末世はもうすでに鎌倉時代に来てしまっている。

中西　いまここでまたもういっぺん末世が出てきているような感じですね。

橋本　それは末世に向かってますわ。

中西　だけど、どうにもならんということじゃ困るわけですよ。少し長持ちさせにゃいかん。

――これも薬師寺さんのように復元といいますか、それをさせなくちゃいけないでしょうね。

中西　経済的にはいま大きなショックが来てデノミになったほうがいいと思いますね。経済の観念が百分の一に変われば、それだけでも欲望のエスカレートを押さえる。百円が一円になって、何銭何厘という単位がまた出てきて、お手伝いさんというのが昔の女中さんに返って、もう少しつつましい考えを日常生活の中において持ってくるようにならないといかん。その意味で経済の大きなショックというのは私は日本人のためにはいいことだと思う。だけれども、もっと大事なのは精神の問題でしょうね。

橋本　それはそうです。精神の問題が中心ですな。

——長老さんの日本を大いに覚醒させる覚醒剤ということになりますと、それは何でございましょうか。

中西　それはないとおっしゃる。

橋本　いまの日本人ではできる問題じゃないですね。

中西　それはむしろ何とかかんとかいってごまかさないで、だめだ、寂滅だという結論のほうがいいかもしれんな。

橋本　私が十年先の日本というものを見通したら、あやうい日本の幻影が見えるような気がしますな。

中西　ほんとにそのとおりですよ。これじゃ滅びに向かっていくよりない。

——けれども寂滅為楽というじゃないですか。

中西　為楽になればいいんですがね。今日西洋の哲学者の中に西洋否定の説がだいぶ出てきています。ああいうことからだんだん西洋が目をさましてくれて、つまり東洋に目を向けてくれれば、よほどいいんじゃないかと思います。

橋本　それはそのとおりです。東洋というものの根本思想を世界中のやつが自覚したら、それは戻りますわ。ですけどいまのヨーロッパ万能で進んでいったら――あれが神の世界やいうとるんですよって、これはええ世界やちゅう理論でしょう、ええことはひとつものうても。そういう理論が基礎になってるんやから、このままでどんどん向こうへ進んでいったら、そら滅びるよりしかたがないちゅうことですな。

――どうもたいへん長時間ありがとうございました。寂滅が結論になるとは、驚きましたね。

中西　いや、頭をなでていいかげんな結論を出すより、そのほうがいいんですよ。

（『大法輪』一九七二年三月号、初出時「人類は必ず滅亡する」）

◉中西悟堂
一八九五年石川県生まれ。十六歳のときに東京・深大寺にて僧籍に入る。一九二二年第一詩集『東京市』出版。一九三四年日本野鳥の会を創立。鳥獣保護法の制定に貢献。野鳥研究の権威。文化功労者。一九八四年逝去。『定本野鳥記』全十六巻（読売文学賞）等著書多数。

III

現世と救済

〈人間の実相〉

今日の人間世界ほど虚化《こけ》な世界はないと確信します。

毎日世界の出来事が新聞やラジオで報《しら》されますが、よく考えてみますとこれほど矛盾した世の中はないでしょう。

われわれは世界が永遠に平和であってほしいと願っています。これは誰しも願っていることでしょう。また世界の各国が平和のために大同小異努力しているように新聞、ラジオで教えられます。それでいて一方では人類を全滅させる武器がそのような人々、そのような国々とは無関係のように、人間の手で造られています。その造っている人自身から申しますと、百歳でも二百歳までも生き延びたいと希《ねが》っている人なのです。否《いな》、人間すべてがそう思っていながら、人間が自分の寿命を縮めるようなことばかりして、人殺しの具を考えた人に賞品まで進呈するのですから、人間の愚かさを嘲笑するほかはありません。

　また、物質科学と並行してわれわれの現代思想界における寵児のようにされている自由、資本主義と民主、平等分配主義の双生児はカントの合理主義を母胎として同じお腹から生まれてきましたが、いまでは、向き合い、睨み合っています。どちらも人間が考えた考えなのですから、完璧なものではないのです。しかし双方ともこれに執着して相互《あいたが》いに歪み合い、その間にある世界の各国はいずれかの色に染められようとし、また染まっていこうとしています。それが同じように国内を二つに分けて相互いに隣り同士に住んでいながら隣り同士で考えが違う、言うことが異なるということで、むつかしい顔をし合うのがわれわれの世界です。

　これが邪見《じやけん》、偏見の世界なのです。考えが違うのはやむを得ないにしましても、違うからといって相手方の人間を傷つけてそれがなおる、気がすむと思うのは、人間が、われわれが因縁《いんねん》因果《いんが》の悟りを知らないからなのです。そんな思想の相異であるのに原子爆弾で相手をおどし、強がりを見せるというような理論の通らないことをし合っているいるのがわれわれの世界なのです。

　このように人間の力があくまでも強く、人間の力で何でもできるのだ、というのが今日の文明の定義のようになっていますが、その文明の力があり余って人間の力で人間を殺してゆくのです。それでもやはり、人間は生まれながらにして生物の中で人間の力が最高至上であると考えている。これこそ笑止千万な話ではないでしょうか。ここに自己矛盾があり、逆説的な矛盾があるのです。

私はいま、もっと自己のことについてさらに掘り下げてみますならば、ヨーロッパの国々においてはルネッサンス以来、「自我」の目ざめということを非常に力説してまいりました。これが思想に、教育に、果ては宗教に大きな影響を与えました。それの代表人物といえばルソー、ペスタロッチ、デュルタイ、マルチン・ルター、カルビンでありましょう。その思潮は時とともに渦高くなり、ますます激してまいりました。その余波はついに日本へ明治維新以後に入ってまいりました。さらにこの終戦以来、倍旧のすごみをもって怒濤は押し寄せました。

そもそも東洋本来の思想でありますす仏教は小我《しょうが》を無くし、大我《たいが》に生きよと教えています。ですから日本においては各家で、親と子でおたがいに「我《が》」の無い生活が要請されています。さすればヨーロッパはどうかと申しますと、自我の強調、個性の尊重を教えているから、おたがいの「我」と「我」とがにらみあっているのです。そして世界の趨勢《すうせい》として科学万能主義になってまいりました。と申しますことは論証主義でないということです。つまり実証主義なのです。ですからいくら理論的に、また言葉の上において真実があっても、実際行動の上においてできないものは真実でない、という考え方になりますのは当然というべきでしょう。

もっと目を現実の社会に向けて見ましょう。毎日の新聞に載る事件で戦慄するような事件がります。これらの底に流れるものは「やってみないとわからない」、この気持ちなのです。このために生命を失っても仕方がない。これが今日のわれわれを取りまく考え方ではないでしょうか。これはまさに人間の力を過信し、人間の力が至上であると考え、自我をあるがままの姿で認め、そのために自分の身を滅ぼす。このような矛盾、逆説的な矛盾に生きているのです。

これで果たしてわれわれは幸福なのでしょうか。東洋本来の仏教の教えであるものを捨て去って、現にゆき悩んでいる考え方に追従していって幸福なのでしょうか。やってみなければわからない、とふたたび繰り返し、やってよいのでしょうか。

ヨーロッパはキェルケゴールやヤスパース、ハイデッガーという人たちをはじめ、全般の思想の動きがいまこれから述べようとしますます仏《ほとけ》の教え、仏教に向けられているのです。自我の尊重を唱えたヨーロッパが百八十度方向転換して、無我《むが》を説く仏教によって自分の悩みを解きほぐそうとしているのです。

それでは仏教とは何なのでしょうか。これをいま、皆さまが仏法を説く僧侶に聞かれる前に、「長恨歌《ちょうごんか》」で有名な漢詩人、白楽天《はくらくてん》に代わって聞いてもらいましょう。

昔、唐の詩人白楽天が杭州《こうしゅう》の刺吏《しり》となって来たとき、鳥窠《ちょうか》の道林禅師《どうりんぜんじ》に尋ねました。

「いかなるか是《こ》れ仏法の大意」(いったい仏法とはどんな教えか?)

とたずねたのです。そのとき、道林禅師は答えました。

すなわち「悪いことは作《な》さず、善いことを行なうのだ」と答えたのです。考えればまことに平凡な言葉です。で、白楽天はこう言いました。

「なんだ、それが仏法か。そんなことなら三歳の童児も知ってるよ」

しかし、禅師はすぐこれに反駁しました。

「三歳の童児も知っているかもしれないが、八十の老翁《ろうおう》もこれを実行することがむつかしいではないか！」と。こう言われてみると白楽天は、心に思いあたるところがありました。

白楽天は「おれの負けだ」といってその場を引きさがったのですが、まことにその通りです。

この「諸悪莫作、衆善奉行」の句は世に「七仏通戒《しちぶつつうかい》の偈《げ》」といわれるもので、釈迦《しゃか》如来《にょらい》が説かれただけではなく、それ以前の過去《かこ》七仏《しちぶつ》がひとしく説かれた教えであります。ゆえにこれこそ道林禅師ならずとも、仏教の本旨でありまして、味わえば味わうほど深い意味があるのです。

――実に仏教はなんの奇もないといえば、本当になんの奇もないもので、このような簡明な句の中に仏教の精神があるのです。

ただ仏教ではこの体得《たいとく》、体現《たいげん》を尊重します。この実践がなければ駄目なのです。あたかもそのように、「他人《ひと》さまのために働くことがそのまま自分の徳をつむことである」ということでも、みな充分わかっていながら、さてできるかと申しますと、否、なかなかそうはまいりません。頭では理解できても、さて体で実行していくということになりますと体が思うようにならない。そのうちに今度は頭のほうが体に連れていかれ、誘われて「あんなことはつまらないことだ」というように、あっさりとやめてしまうような結果になることがわれわれには往々《おうおう》に起こりがちであります。このようにはじめ頭でわかっていても、体では実際にわからない、すなわち体で実行しないとき、仏教のほうでは、少なくともわかっている分野には入らないのです。お経の中に「体解《たいげ》」という言葉があります。これなのです。み仏の教えはみなこのようにやさしい教えでありますが、体解することはまことにむつかしいことばかりなのです。

それでは何ゆえ体解することがむつかしいのでしょうか。それはまず何ごとによらず、いったん決意したときにはそれに対してまっしぐらに邁進することです。それにはわき目はしないこと。よそに気をそらさないことです。自分を、自己をそれになげうつこと。自我を捨ててそれに没入してしまうことなのです。

目蓮尊者《もくれんそんじゃ》が五体投地《ごたいとうち》の礼拝《らいはい》をする間に、まったくわれを忘れて一生懸命に投地礼拝をし、大地に強く額を押し当てたものですから、額から血が流れました。それでもまだ気づかず続けられました。そばにいた人々はもう礼拝を一時やめてはどうですか、と止めるのですが、よそ吹く風のようにいっこう聞き入れられません。尊者はついにそこに倒れてしまわれました。流れた血の海からは赤い蓮華が咲き出て、血なまぐさい匂いどころか、それはとても美しい良い匂

いが馥郁《ふくいく》として蓮華の花そのまま匂いを放ちました。その場に居合わせた人々は誰一人として
その匂いをかいで悟りを得ないものはなかったとお経に説かれてあります。

このように自分を捨てて物事にぶち当たってこそ事は成就するのです。「身を捨ててこそ、浮かぶ瀬もあれ」という諺《ことわざ》の通り、私たちは常に自我を捨ててすべてに向かっていかなければなりません。

われわれのためにみ仏は深い教えをたくさんお経の中にお説きになっておられますが、行なうにはまず自分を捨てるということが先決問題です。自我を無くするということ、すなわち「無我」ということです。

いま仏教の教うるところの根本は「無我」の教えです。無我とは、正しく自我を無くすることです。否、仏教の教うるところによれば、自我は無くするのではありません。自我の相は本来ないものだというのです。釈迦はおのが身の幾多《いくた》の苦しみから解脱《げだつ》せんと修行せられました。難行苦行六年の後、菩提樹の下に坐して初めて悟られたそのことは、実にいままで釈迦の身を幾重にも責めさいなんでいたあの自我が実在しないということでした。寸時もわが身から離れぬ自我が幻であったと知った釈迦は、一見明星《いっけんみようじよう》の証悟《しようご》によって真に自我から解放されたのです。釈迦の心は、澄み渡った空のごとくに廓然《かくねん》と開けたのです。いまこそ釈迦は何の悩みもなく正しき道に進むことができたのです。かくして釈迦の無我の宗教は出現したのです。

釈迦の悟った真理は「無我」ということでした。無我こそ本当の相です。自我とは、われわれの迷いにほかならないのです。迷いによってわれわれは自我の相を、また自我の影をところどころに見出します。わが身は「五蘊仮和合《ごうんけわごう》」の身といわれ、肉体的な諸要素（色《しき》）と、心的諸要素（受《じゅ》、想《そう》、行《ぎょう》、識《しき》）との合したもので、このほかには何ひとつわが身の内にないのです。しかるに迷いのゆえに、これらの上に種々の自我の幻想を描いていたのです。

さて、この迷いから実有《じつう》となった自我の観念は、あらゆるものを自我の色に染め、種々の悩みをつくっていきます。われわれはこの自我観念のゆえに、「私が」と始終考えます。「私のもの」を常に求めます。自己中心に物事を見、考えずにはいられないのです。そこに欲が起こります。自尊心が芽生えます。「自分のものにした」という喜びもある代わりに、「自分のものにならない」「自分のものを失った」という苦しみ、悲しみ、腹立ちが起こります。「自分のものを失いはしまいか」という憂いや怖れがあります。このようにして自我を主張するところに、いわゆる「煩悩《ぼんのう》」が起こってくるのです。すなわち煩悩とは、自我のはたらきなのです。

仏教ではこの煩悩を六煩悩とか、十煩悩とかに数えますが、そのうち六煩悩とは「貪《とん》・瞋《しん》・痴《ち》・慢《まん》・疑《ぎ》・悪見《あっけん》」をいいます。

このうち「貪」とはむさぼることです。欲しいと思う心です。物質欲、名誉欲、愛欲等およそ欲と名のつくものは、皆この「貪」の煩悩に属するのです。「瞋」とは瞋《いか》る心です。次に

「痴」とは闇《くら》い心です。痴のことをばまた無明《むみょう》とも申しますが、真実の理も無我の相も知らない人々の心はなんといっても明徹な心であるといわれないでしょう。さらに「慢」とは、いうまでもなくおのれを恃《たの》み、高ぶる心です。次に「疑」とは疑う心です。最後に「悪見」とは種々の間違った見方、考え方をいうので、これを身見《しんけん》、辺見《へんけん》、邪見《じゃけん》、見取見《けんしゅけん》、戒禁取見《かいこんじゅけん》の五に分かち、先の貪・瞋・痴・慢・疑の五と合して十煩悩ともいうのですが、これらいちいちの解釈はこれを略し、ただこれらの五見がみな誤った見解、思想であることを述べておきます。

これらの煩悩は実に深く人々を毒します。しかもわれわれはこれらの害毒に現に煩わされていることを自覚しなければなりません。これひとえに自我に執着し、自我を愛するがゆえに生ずるのです。

試みに、われわれの生活をここで静かに検討してみましょう。苦しみも楽しみもみな自我のためではありませんか。われわれは自我の満足のために、あらぬ欲望を起こして、浮身《うきみ》をやつしているではありませんか。われわれは自我の歓心を買わんがために、眼《げん》、耳《に》、鼻《び》、舌《ぜつ》、身《しん》の楽しみ、いわゆる五欲の享楽に狂奔しているではありませんか。考えれば、自我は実に根強くわれわれにはびこっています。

先に述べた六煩悩あるいは十煩悩を「根本煩悩」といい、仏教ではこれからなお幾多の煩悩が派生することを説いていますが、実に自我はこれらの煩悩を駆使して、ますます増大しているのです。――この自我を断って、無我に生きるということはなかなか困難です。たしかインドの哲学者の言でしたか、「汝《なんじ》は汝の妻子眷属《けんぞく》を愛す。されど実は汝は汝の妻子眷属を愛するに非《あら》ずして、正しく汝の自我を愛するなり」という意味の語があったと思いますが、まことに傾聴すべき言葉だと思います。自我観念はこれほど根強いのです。

思いをめぐらせば、地球の上、人類の上にすべての平和を願っているとき、無我に生きる精神はますます要望せられています。しかればすなわち、自我観念の放棄の要望もまた切なるものがあるのです。古来の聖賢《せいけん》も「少欲知足《しょうよくちた》」と称え、「無欲恬淡《むよくてんたん》」と教えて、自我観念からの解脱を明らかにしてまいりました。思うに自我観念からの解脱《げだつ》は、深き宗教的自覚なくしては、おそらく不可能ではないでしょうか。われわれはこの宗教的自覚をもって、われわれ自らを凝視してみなくてはなりません。

そこに表われるものは、われが自我観念によって煩悩に悩乱されている相《すがた》です。煩悩のことを「客塵煩悩《かくじん》」とも申しますが、煩悩こそ自我の主に呼ばれた客なのです。また煩悩のことを「惑《わく》」とも申しますが、煩悩こそ実に迷惑千万な客で、われわれを惑わし、種々の「業《ごう》」をつくらし、その業によって苦しみの果報《かほう》をわれわれが受けねばならないのです。惑業苦《わくごうく》の連繋こそわれわれの実相《すがた》です。実にあさましい人間の実相ではありませんか。このあさましさを観《かん》ずることによって、われわれは自我観念を脱却し得ると思います。

〈生死の苦海〉

私は前項に、自我観念により、煩悩によって、人間のあさましさを眺めてまいりました。しかしわれわれの人生をなおも考察すれば、われわれはさらに驚くべき相を見出すのです。それはわれわれが煩悩によって、生死《しょうじ》の苦《く》海《かい》に輪廻《りんね》しているということです。お経にはこれを次のような譬喩《ひゆ》をもって説いております。

「旅人がはてしなく広い野原をさ迷っていると、太陽もかくすほどの大きな象が火のような口から牙をむき出して嵐のようにその旅人をおそいました。旅人は恐れおののいて一目散《いちもくさん》に逃げ回りましたが、逃げるところはもちろんのこと、隠れるところさえありません。いまにも食いかからんとしたその刹那《せつな》、見つけた！　それは空《から》井戸でした。そこへ入ろうとしましたが、すぐ飛び込むわけにはいきません。おろおろしていると、そこに都合よく藤の蔓《つる》が井戸にたれていました。ああこれ幸いと蔓をつたい、やっとの思いで象の牙からのがれることができました。それでも上から牙をむき出して唸《うな》り立てています。それが恐ろしいので、蔓をするすると降りていきました。何気なくそっと下を見ると驚くなかれ、毒蛇がひと呑みとばかり長い舌をペロペロとして待ちぶせている。また大あわて、中ごろまでつたい上がってやれやれ。ところが体が疲れてきたので何とか休む方法はないかと思って井戸の縁《ふち》に足をふんばり、体を楽にしようとして足を出そうとした。とたん、四隅にあるのは草だと思っていたのがみな猛毒を持った蛇とトカゲです。ああ恐ろしやと足を引きしりぞけ、ただこの蔓一本だけが私の命の綱だとあきらめて一生懸命ぶら下がっていると、この綱を二匹の黒と白のネズミが出てきてかじり出した。さあたいへん！　いつかはこの命の綱も切れるときがくる。下には毒蛇が頭を上にもたげて待っている。上には象が牙をむいていまもほえている。気も遠くなるばかりの恐ろしさに、心をもんであせっているところへちょうど口にポタリポタリ、それはとても甘い甘露《かんろ》が落ちてきた。そんな心配も忘れて思わず舌なめずりをした。またポタリ、五滴落ちてくるうちにすっかり旅人はいま迫っている恐ろしさも、自分の苦悶も忘れてその甘露の甘いのに気を奪われてしまいました。その蔓についている蜂の巣から一滴も多くの蜜を落とそうと蔓をゆする旅人でした」（『仏説譬喩経』）

この譬喩譚《ひゆたん》はどういう教えかと申しますと、旅人はこの世の中をさ迷っている私たち凡夫《ぼんぷ》のことです。狂った象はいつも私たちの背中に迫っている無常をさし、空井戸は生も死も入っている壺《つぼ》、すなわちこの世です。下に待ちぶせる毒蛇は無常の影である死が口を開けて待っているのです。四隅にいる四疋《ひき》の毒蛇は四大《しだい》といいまして私たちの体をつくっているもの、すなわち地水火風《ちすいかふう》をさすのです。その四つが整っている間は健康なのです。二疋の黒白のねずみは時間の過ぎてゆく状態を夜と昼を黒と白で表わし、それがいつかは命の綱を切ってしまうのです。むさぼる五滴の蜂蜜とは人間本来の欲望（眼、耳、鼻、舌、身の五つで、貪《むさぼ》る欲望）にたとえてあるのです。

　われわれは実際、無常の運命にもてあそばれています。今日はわかっても、明日はわからないわれわれです。われわれの行途《ゆくて》には必ずいつかは死があるでしょう。われわれは、生活途上において避けがたい幾多の肉体上の苦しみを重ねてまいります。病気、苦痛、その他いろいろな苦しみに悩むのです。われわれの生命は、昼夜をわかたず刻々に減らされていきます。ただその中でわれわれは寸時の偸安享楽《とうあんきょうらく》を貪っているにすぎないのです。この無常、死、生活の苦しみ、これは何人にとっても否定されぬものです。その中に欲楽《よくらく》を求め、煩悩に乱されているわれわれではありませんか。心が顛倒《てんどう》して、危機のさなかにありながら、蜜を貪る人のごとく、ただ煩悩に盲《めし》いたわれわれは、無常、死、避けがたい苦しみを通して真のわれわれの相を見ることを忘れ、現在の生活に執着《しゅうじゃく》しているのです。この真のわれわれの相は「生死の苦海」に沈《ちん》淪《りん》している姿ではないでしょうか。

　昔、奈良に解脱上人《げだつしょうにん》という学徳ともにすぐれた名僧がおられました。解脱上人は鎌倉時代の仏教復古運動の先駆者であって、じつに熱烈に釈迦の遺法《ゆいほう》を慕った人です。釈迦念仏は上人の勧説によって始められたと伝えられます。この上人の著述に『愚迷発心集《ぐめいほっしんしゅう》』という一巻の短編がありますが、一読して上人の痛切な発心の相《すがた》がわれわれの脳裏に深く刻まれます。この書を読むと、われわれの人生に対する自覚の足りなさがひしひしと責められ、こうはしていられないという気持ちが心の奥でむずむずしてくるのです。

　この本の中に、

「是《これ》を以《もつ》て生死沈淪《しょうじちんりん》の為《ため》には徒《いたずら》に身命《しんめい》を捨《すつ》るといへども、出離解脱《しゅつりげだつ》の為に何《いず》れの時か身命を捨たる、只偏《ただひとえ》に暫時《ざんじ》の命根を惜《おしま》んが為に、専《もっぱ》ら長劫《ちょうごう》の苦種を植ゆる所也（中略）誰か狂する所有《あ》る、而《しか》も火宅《かたく》の炎に咽《むせぶ》と云ども、浄刹《じょうせつ》の身を顧ず、流転《るてん》の業《ごう》を萌《きざす》と云ども出離《しゅつり》の因を修すること無し。怖《おそる》べき生死都《すべて》怖ず、欣《ねがう》べき菩提《ぼだい》全く欣《ねがわ》ず、愚にして執する所は虚妄《こもう》暫時の名利《みょうり》、堅《かた》く著する所は電光朝露《でんこうちょうろ》の身命なり」

とありますが、まことにわれわれは生死に沈淪して一生を終わりますが、「出離解脱の為に何れの時か身命を捨て」たでしょうか。「火宅の炎」に咽びつつも名誉利益を追求して、いささかも大理想に生きていないではありませんか。

　この生死の苦海に沈淪しているということは、静かに考えれば、だれにも思い当たるところがあるはずです。人々はこれをたんなる厭世観だと考えてはなりません。何人も人生行路において、必ずいくどか人生の淋しさを感ぜぬものはないでしょう。この淋しさが解決されぬかぎり、人は真に雄々しく立ち上がることができないのです。『維摩経《ゆいまぎょう》』に維摩居士《こじ》が力強く人々に教えています。

「諸々《もろもろ》の仁者《ひとびと》よ、是の身は無常《むじょう》にして、強き事無く、力無く、堅き事なし。速《すみや》かに朽つる法《もの》にして、信《たの》む可《べ》からざるなり。……諸々の仁者よ、此は患厭《いと》ふべし。当《まさ》に仏身《ぶっしん》を願ふべし」と。

実にその通りです。わが身をたのむ以上、人々はいかにしても生死の苦海に沈淪せねばならぬのです。われわれはこの苦海を超越するためには、ただ仏身を求むることあるのみです。われわれはこの維摩居士の言葉に、粛然と襟を正さねばならぬと思います。そして、人生をいよいよ厳粛にながめていかねばなりません。いよいよこれに徹していかねばなりません。

この人生には四苦八苦《しくはっく》といわれる苦しみがあります。いかに人生に執着する人でも、折にふれてこの苦しみを味わうのです。四苦とは生《しょう》、老《ろう》、病《びょう》、死《し》の四つをいいます。八苦とはこの四苦に、愛別離苦《あいべつりく》、怨憎会苦《おんぞうえく》、求不得苦《ぐふとっく》、五陰盛苦《ごおんじょうく》の四を加えて八つをいいます。

「生老病死」の四苦は、人生の行路に横たわる苦しみです。好むと好まざるとにかかわらず、われわれはこの四苦につきまとわれているのです。「生」とは正しく生まれることです。生まれることは、たしかに喜びであるかもしれません。しかしまた深き宗教的自覚に立てば、これは苦しみでもあるのです。「老」とは刻々に老いゆく姿です。われわれは、われわれの生命の壊れゆく相を自覚しなければなりません。「病」と「死」の苦しみはだれも体験するところです。われわれはこの四苦を、深き人生への内観によって味わうことができるのです。これは生命そのものに内在する苦しみとして領受されるのです。

次に「愛別離苦」とは、親愛するものと別離してゆかねばならぬ苦しみです。愛する妻子を失い、慕う父母を失い、親しき朋《とも》と別れる。これらの深刻なる苦しみを、われわれはしばしば体験せねばならないのです。

これに反し「怨憎会苦」とは、怨《うら》み憎むものと遇《あ》う苦しみです。憎い人間、嫌な人とはわれわれは二度と会いたくありません。しかし運命のいたずらは、われわれにそんな人としばしば席を同じうせしめるのです。われわれが特に共同生活をし、共同の仕事をしている時などには、あの人とこそことをともにしていこうと考えている親しい人と離れ、嫌だと思う人とことをともにしてゆかねばならぬ場合が往々あります。これこそ人生のありさまだと、われわれはこれを忍ばねばなりません。

次に「求不得苦」ですが、これは求めても得られない苦しみです。なんとわれわれには欲しいものが多くあることでしょう。しかしそれらのものは、思うように得られません。富、栄達、名誉、地位、利権、愛、いろいろな物質、ただもうわれわれには欲しいものばかりです。しかしそれらを得られずして悩む人、腹立つ人、怨む人がまた数多くあるのです。思うにまかせぬ苦しみは、まことに世のならわしなのです。

最後に「五陰盛苦」とは、色《しき》、受《じゅ》、想《そう》、行《ぎょう》、識《しき》の五蘊《うん》（＝五陰《おん》）の心身が盛んに活動することによって生ずる苦しみです。われらの心身は、常に刺戟を求めて活動しております。この刺戟を求めてやまぬ心身の本能に、われわれはいかばかりかきたてられることでしょう。われわれはじっとしていられないのです。何ものかを求めます。しかし求め得た心身は、またそれによって喜楽《きらく》を受くることもある代わりに、十中八九まで憂苦《ゆうく》を体験するのです。かくのごとくわれわれが心身に体験するものも苦しみなのです。

その他、仏教には「三苦《さんく》」ということも説かれています。いわゆる、苦苦《くく》、壊苦《えく》、行苦《ぎょうく》です。「苦苦」とは、苦しい環境から生まれてくる苦しみです。寒さ熱さ、ひもじさ、のどの渇き等、困苦欠乏《こんくけつぼう》の中より生ずる苦しみです。「壊苦」とは、楽しい環境が壊れるときに生じてくる苦しみです。「歓楽窮《きわ》まって哀愁催す」という言葉がありますが、現世における楽しみは必ず永続しないのです。歓楽が尽きるときがあります。人々は歓楽が壊れたとき、異常な苦しみをおぼえずにはいられないのです。また、「行苦」とは万物流転《ばんぶつるてん》することによって生ずる苦しみです。「諸行無常《しょぎょうむじょう》」という語がありますが、一切は無常の風に吹かれているのです。ここにわれわれは流転する儚《はかな》さに苦しみを味わわねばならないのです。今日の日はふたたび来ないのです。昨日のものが、すでに今日失われてゆく世の中です。われわれはそぞろに哀愁をおぼえずにはおられません。

まことに現世には種々の苦しみがあります。その他人生には種々の災厄が起こります。『仁《にん》王経《のうきょう》』や『薬師経』等には七難《しちなん》を説いてありますが、要するに火の難、水の難、風の難、その他の天変地異、あるいは疾病、盗賊等の種々の難であります。さらにまた『薬師経』などには、

「九横《くおう》」といって九種の横死が説かれております。これらの苦しみ、災厄にわれわれは実際しばしば遭遇するのです。しからばこれらこそ、何としても人生の実相でなければなりません。仏教の説くところは苦の人生観です。これはいささかも歪められた人生観ではありません。

われわれの生活する相は、前にも述べたように、正しく生死の苦海に沈淪している姿です。そしてこれは、われわれの真の姿です。楽しい人生、愉快な人生、朗らかな人生と、楽天的な気持ちで人生の春を謳歌する人もありましょう。しかしそれらの人々の人生観が、まぎらわしの、薄っぺらな人生観でなければ幸いです。かくいえばとて、私は楽天的な人生観の所有者を、決して非難しているのではありません。ただ私は何によらず、確乎《かっこ》たる人生観は、必ず人生の根本にまで突っ込んで考えねば、すなわち現世の実相にまで触れてゆかなければできないことを主張したいのです。

そしてこの実相に触れる人は、必ずそこに大きな苦しみを内包していることを認めるでしょう。人々はこの実相に、目を覆うてはならないのです。それ自体がもつ人生の不可思議を知り、苦難の人生に立つわれわれであることを自覚せねばなりません。この自覚の上に展開された楽天的人生観は、実にすぐれたものです。

仏教の人生観は苦の人生観に始まって、苦の人生観に終わるのではありません。苦の人生観に始まって、真の楽天地を求め、ここに安住するのが仏教です。仏教はこれを見事に解決しました。真の楽天地は人生を捨てたところにあるのではありません。ただ心の持ち方ひとつにあるのです。苦の人生観に徹したとき、迷いの夢破れて、卒然として真の楽天地が眼前に展開するのです。

このゆえにわれわれは――現世《げんぜ》の苦しみをあえぐわれわれは、あくまで素直にこの苦しみを認めてゆきましょう。ただこの苦しみを通して、われわれが生死の苦海に沈淪していることを徹見《てっけん》しなければなりません。そのなかにはまた物狂しいわれわれの自我の実相がしみじみ感ぜられるはずです。かくのごとき生死の苦海をながめ得たものは、必ずや「あさましさ」をおぼえるに相違ありません。この「あさましさ」をおぼえる心が肝要なのです。これが尊い宗教的自覚です。厭離心《おんりしん》です。やがてこれは菩提心《ぼだいしん》という熱烈なる求道心《ぐどうしん》となるのです。この厭離心の萌《きざ》すところ、われわれは仏、菩薩の加護をいただき得るのです。観音さまの救済も、この心でいただき得るのです。

現世の苦難に苦しむ人々は、生死の苦海に沈淪する自分を見て、熱烈に救いを求めています。これらの人々には、救いが必要です。慈悲の権化《ごんげ》たる観音さまは、この苦しみをいかでか見捨てられましょう。ここに観音の現世の救済があるのです。

〈解脱〉

生死の苦海のあさましさを自覚し、厭離心を起こす人は、仏《ぶつ》、菩薩の教えにより、加護により苦海を脱することができます。これを仏教で「解脱《げだつ》」というのです。この解脱を得たものは、悟りを開いた仏、菩薩となれるのです。仏教では常にこの解脱を目標としています。修行も精《しょう》進《じん》も、念仏も真言《しんごん》もお題目も、みな解脱の縁です。人々が慈悲の観音さまの救いにあずかるのも、また正しく解脱を得ることにあるのです。観音さまは慈悲のみ手に、人々の苦しみを救いつつ、生死の苦海から人々を引き上げ、解脱させようとしていられます。われわれはすべからくこの観音さまの慈悲の本誓《ほんぜい》をうかがい知らねばなりません。このゆえに観音の慈悲はありがたいのです。

いまこれを言い換えれば、われわれが深く生死の苦海に沈淪していることを自覚せずして、目前のわれわれの苦しみをのみ脱せんがために、観音の救いをいただくとすれば、われわれはまだ観音の慈悲の本誓を知らないものだといえるでしょう。なるほど、観音のあたたかき慈悲は、いかなるわれわれの目前の苦しみをも見のがしてはいられません。しかしそのつどわれわれに与え給う深き慈悲には、われわれを苦海から解脱せしめようとするかたじけない悲願が光っていることを忘れてはならないのです。これを見失って、ただありがたやと観音の救いをいただく人は、往々《おうおう》はかない功利的観音信仰に入ってしまうでしょう。必ずわれわれは観音のありがたいみ救いによって、生死の苦海から解脱できる大歓喜《だいかんぎ》に入ってゆかねばならないのです。

いったい、救いとは生死の苦海に沈淪するものに必要なのです。私は今まで述べようとして述べ得なかったのですが、われわれはここに観音さまのかかる慈悲の救いがわれわれ人間にのみ垂れ給うているのでないことを知らねばなりません。世界を眺むれば、人間の外になお救わるべきものがあります。生死の苦海に沈淪するものには、地獄、餓鬼《がき》、畜生《ちくしょう》、修羅《しゅら》、人間、天人《てんにん》があるといわれています。これをいわゆる「六道《ろくどう》」とか「六趣《ろくしゅ》」とか申しますが、果報《かほう》こそ違え、みな苦しみを背負っているのです。なるほど、地獄や餓鬼の苦しみに比すれば人間界は楽しみです。また人間界から天人の世界を眺むれば、いちだんと楽しみに見えます。しかし天人といえども生死の苦海を解脱していないのです。

観音さまは、この六道のものどもをみな救ってくださいます。あくまで大慈《だいじ》大悲《だいひ》の観世音は、これらのそれぞれ果報を異にした衆生を救わんがために、はしなくも六観音として世に出現せられるのです。曰《いわ》く、聖《しょう》観音、如意《にょい》輪《りん》観音、千手千眼《せんじゅせんげん》観音、十一面観音、准胝《じゅんてい》観音、馬頭《ばとう》観音です。観音さまは六道のものを救わんがために、種々の方便をもって種々に身をやつされて現われ給うのです。以下、私は少しく観音さまのかかる救済について述べてゆきたいと思います。

まずはじめに六観音が、六道の衆生を救い給う関係を示せば次の通りです。

一、千手千眼観音（地獄道）

二、聖観音（餓鬼道）

三、馬頭観音（畜生道）
四、十一面観音（修羅道）
五、准胝観音（人道）
六、如意輪観音（天道）

これらの六観音は、先にも述べたごとく、衆生済度のために種々に身を変じておられるだけで、本体からいえば一つといえるのです。すなわち名は六であるけれども、本体は同じだといえるのです。

ではこれら六観音の本体は如何《いかん》というに、正しく六観音中の聖観音であります。これをまた正観音とも書きますが、正しく観音中の正体なることを意味しているのでしょう。この聖観音に対して他の五観音においては、観音さまが必要に応じて種々に慈悲、救い等の働きを表わされる姿がうかがわれます。

すなわち千手千眼観音は、観音がやむことなき大悲心から千手千眼を現《げん》ぜられ、衆生を自由自在に救い給う姿です。馬頭観音は無量寿の忿怒《ふんぬ》身《しん》といわれ、頭に馬を頂き給う観音です。すなわちこの馬は四州を統宰《とうさい》するといわれる転輪聖王《てんりんじょうおう》の宝馬が、四方を馳駆《ちく》して何物をも威伏《いぶく》するごとく、人々の無明《むみょう》をことごとく摧破《さいは》する容相《すがた》を象徴しております。この観音はまた馬頭明王とか、馬頭大士とか称えられておりますが、実に無明をことごとく威伏する観音の限りなき慈悲の力を表わしているのです。

また十一面観音は、衆生の十一の種々の無明を断尽《だんじん》して仏の悟りを開かそうとせられる観音の深き慈悲の姿です。いまこの観音の頭上に頂かれる十一面は、各々異なった面相をしておられます。すなわち前の三面は、慈悲の菩薩の相をせられ、右辺の三面は瞋怒《しんぬ》の相をせられ、左辺の三面は、微笑《みしよう》の中に白牙を露出され、後の一面は呵々《かか》と笑い給う、いわゆる暴笑《ぼうしよう》相を示され、頂上の一面は仏の面相をしておられます。これらの面相は、それぞれ重要な意味を持っているので、観音が慈悲の功徳を成就せられた相、観音が度《ど》し難い衆生の悪心を摧破し給う猛利《もうり》な相、あるいは観音が慈悲のみ心の中に衆生の善心を賞《め》で給う相、観音が慈悲の事業を自在になし給う相、さては観音の本体たる仏の相などを表わしております。これは要するに、慈悲の相がこの十一面によって遺憾なく表われていると思います。

また准胝観音は、准胝仏母《ぶつも》とも七倶胝《しちくてい》仏母ともいわれ、観音の変化身《へんげしん》の一つであって、大慈大悲の諸菩薩は一にこの観音の心を母として生まれてくるといわれています。実にこの観音は広大無辺な徳をそなえておられる菩薩です。

最後に如意輪観音は、意のままに衆生に法を説き、自在に衆生を救い、無限に衆生に利益《りやく》を垂れ給う相を表わしておられます。

かくのごとくこれらの観音は、種々の猛利なる慈悲の力と、無限の利益と広大なる功徳をそ

れぞれ表わしておられるのです。いま、天台大師《てんだいだいし》の『摩訶止観《まかしかん》』の中に、六観音を説いて、

一、大悲観音
二、大慈観音
三、獅子無畏《ししむい》観音
四、大光普照《だいこうふしょう》観音
五、天人丈夫《てんにんじょうふ》観音
六、大梵深遠《だいぼんじんのん》観音

と称しておられます。この六観音はそのまま先の六観音にあてはまるのです。天台大師は大悲等の六観音を説明して、それぞれの六道の衆生を救わんがために、慈悲の本誓《ほんぜい》より種々の作《はた》用《らき》を発揮せられることを詳らかにしておられます。

思うに、六道の衆生は皆その機根《きこん》を異にしています。地獄の衆生のごときは極苦にあえぎ、餓鬼道のごときは飢餓に悩み、畜生道のごときは無知・無恥にして、また苦しみにおののいています。また修羅道のごときは猜疑《さいぎ》と嫉妬《しっと》とに自らさいなまれて、瞋《いか》心《り》を発《おこ》し、争闘《そうとう》をこれことしています。あるいは人道は邪見憍慢《じゃけんきょうまん》多くして、貪瞋癡《とんじんち》の三毒《さんどく》に穢《けが》され、天人また五衰《ごすい》の悲しみを味わねばなりません。これらの衆生を救うためには、種々の方便手段を必要とするのです。

そこで観音はその慈悲の作用を種々に変え、六道の衆生を救うためにそれぞれ六道に適した救済手段をとられます。地獄の救済は無量の責苦からまず救ってやることです。かくのごとく餓鬼道の救済はその飢餓から救ってやることであり、畜生の救済は怖畏《ふい》を除いてやることであり、修羅道の救済は物の実相を普《あまね》く見せてやることであり、人道の救済は憍慢を伏し、仏心を開いてやることであり、天道の救済は天の楽しみ以上の真の楽しみを教えてやることです。「対機説法《たいきせっぽう》、応病与薬《おうびょうよやく》」という話がありますが、救済は決して一様ではありません。これをもって六道の衆生の救済は、各々別なるがゆえに観音は種々の姿に身をやつして出現せられるのです。実に観音さまは、その深くたたえた慈悲を自由自在に駆使せられるのです。

なおこのほか、如意輪観音をもって六道を救い給う観音となす説もあります。如意とは如意宝珠《ほうじゅ》のことであり、あたかも「打ち出の小槌《こづち》」のごとく、意のままに種々の欲しいものを出す宝珠であります。輪とは法輪《ほうりん》です。「法輪を転ず」という語がありますが、これはみ法《のり》の輪を転がす、すなわち説法することを指しております。すなわち法輪とは説法のことです。この観音は、手に如意宝珠を捧げておられますが、これすなわちこの観音が自由自在の事業をせられることを象徴しているのです。

ゆえに如意輪観音とは、意のままに説法し、意のままに衆生の求めに応じて、衆生を救済せられる観音なのです。普通この観音は六臂《ぴ》ですが、右の第一の手を頬《ほお》に当てておられます。これは思惟《しい》しておられる姿で、いつも衆生をあわれみ給い、衆生済度《さいど》をお考えになっている姿です。また第二の手には、如意宝珠を捧げておられますが、これは先に述べたごとく常に衆生の願を満足せられることを示しているのです。次に第三の手には、念珠《ねんじゅ》を持っていられますが、これは衆生の苦しみを救わんがためであります。また左の第一の手は、光明山《こうみょうざん》の上に置いておられますが、これは揺《ゆ》るぎもしない強靭な本誓を表明しているのです。次に第二の手は蓮華《れんげ》を持《じ》していられますが、これは一切のものを浄《きよ》められることを象徴しているのです。蓮華は泥中から生じて、しかもいささかの汚れももっていません。かくのごとく観音が一切の醜穢《しゅうえ》を浄められることを表わしているのです。また第三の手には輪《りん》を持っていられますが、これすなわち法輪であり、尊い無上の法を説き給うことを表わしているのです。

実に如意輪観音は、かかる広大なる六臂の作用をもって、六道の衆生を救済し給うのでありますが、如意輪観音の六臂はそのまま六道を救う六つみ手であることを知らねばなりません。

以上をもって、だいたい六観音を説明したのでありますが、このほかになお不空羂索《ふくうけんさく》観音があり、われわれは時々この像に接することがあります。この観音は、手に羂索を持っておられるのが特徴でありますが、この羂索をもって、あらゆる人々を繋《つな》ぎ、引き寄せ、一人としても漏らし給うところがない（不空）慈悲の相を表わしているのです。

皆さまは、かかる六観音あるいは不空羂索観音を加えた七観音において、じゅうぶん観音の慈悲を知らねばなりません。これによって見ますと、観音の慈悲はまったく衆生済度に徹底したものです。観音さまのご利益は実にありがたいのです。いったい利益には、世間の利益と、出世間《しゅっせけん》の利益とがあります。世間の利益とは人々のいま現に求めている利益です。欲しいと思うものを受け、あらゆる苦しみから脱することです。出世間の利益とは、世間から解脱する真の利益です。世間の利益は、いかほど広大であろうとも、単なる享楽にすぎません。生死の苦海から解脱できるものではありません。これは人々の迷夢を醒ます宗教的自覚を伴っていません。宗教的自覚による深き歓喜は、ただ出世間の利益あるのみです。

ところがここに最も考えねばならぬことは、世間の利益を放棄してもっぱら出世間の利益を授けんとすることは、なかなか困難なのです。なぜなれば、衆生はただ目前の利益を求めるに急にして、出世間の利益のごとき尊いものを求めるには、あまりに卑近すぎるからです。およそ仏も菩薩も、衆生済度に意を砕かれるのは、実にこの点です。これをもって諸仏菩薩は深き慈悲をその中に秘めつつ涙ぐましい方便智の修得にかかられたのです。

人々の欲するところをさしおいて出世間の利益を与えることは、しょせん失敗に終わります。この点において、観音さまはこの人情の機微を、寸分の誤りもなくとらえていられるのです。観音さまは、何人《なんぴと》の心をも了知《りょうち》し、遺憾なく世間の利益を与え、しかる後におもむろに出世間の利益を垂れ給うのです。観音を信ずるものは、この二種の利益を深く思い感ずるところがなければなりません。

〈観世音菩薩の無畏施〉

世の中には、物質的にも、精神的にも、ずいぶん恵まれない人が多くあります。いったいこうした人々を救う道は、その人に恵まれないものを恵んでやること以外にはないといえるでしょう。人にものを恵む――これがすなわち布施《ふせ》です。この布施の功徳《くどく》はなはだ高大なもので、菩薩の六波羅蜜行《ろくはらみつぎょう》の随一として、数えられています。菩薩は常にこの恵みの行を励んで、衆生救済の誓いを刻々に固められていくのです。

一般に布施をば「財施《ざいせ》」「法施《ほうせ》」の二種、あるいは「財施」「法施」「無畏施《むいせ》」の三種に分かちます。ここで三種の布施について解説すれば、「財施」とは物質の布施であり、貧しいものに、恵まれないものに、おのれが所有する物質、場合によってはおのが身をもってまでも布施することです。次に「法施」とは精神的な布施であり、法を布施することであります。わからないことを人に教えてやるのも、まちがった人を正しい道に導くのも、とにかく精神的な糧を与えてやるのはすべて法施です。さて最後に「無畏施」ですが、これは無畏の施し、すなわち人々を怖畏から救ってやることです。人々は現世《げんぜ》の生活の中において、不安な生活をおくっています。この生活の不安を除去してやるのが無畏施なのです。

以上のように布施には種々ありますが、これからもう少し詳しく布施について述べてみようと思います。第一の「財施」ですが、これは世の中においてじゅうぶん緊要なことです。考えてみれば人々はたくさん金銭、財産に恵まれない人があります。人々はずいぶん金のために苦しみます。パンのために苦しみます。それゆえに財施はこれらの人々に何よりも必要なのです。飢えたものには、まず第一にパンが与えられねばなりません。しかし実際これらの飢えたものを救わんとすれば、無限に財の持ち合わせがなければなりません。われわれは実際限りなく財施をなすことができないのです。

これに対して無限になし得るものは「法施」です。『維摩経』の中に長者子善徳《ちょうじゃしぜんとく》の物語が出されていますが、この長者子善徳は衆生救済のために一週間の間、大施会《だいせえ》を行なったのです。長者子善徳はこの大施会において、一切の沙門《しゃもん》、婆羅門《ばらもん》その他貧窮《ひんぐう》、下賤、孤独、乞食《こつじき》等にいたるまでも供養し財宝を与え、大きな功徳を積んでいたのです。ちょうど大施会の最後の日に、ひょっこり現われてきたのが、皮肉屋の維摩居士でした。維摩居士はさっそく長者子善徳に言いました。

「長者子よ、あなたは結構な大施会をしていなさる。しかし大施会というのは、あなたのやっているようなものをいうのじゃないよ。こんなことをやめて法施の会《え》を開きなさい。法施こそ大施だ、こんな財施の会が何になる」

青天の霹靂《へきれき》のような維摩の言に驚いた長者子善徳は、おそるおそる尋ねました。

「何を法施の会というのですか？」

「うむ、それじゃて――」

維摩居士は、ここぞとばかり、雄弁に法施の会について述べ立てました。要するに法施は尽くるところがないからです。さらに法施の会は功徳甚大であるからです。かく考えてみれば、法施も財施以上に必要です。すべからく財施、法施、両々相俟《あいま》たねばなりません。

ところがこの二者のほかに、なお必要なのが「無畏施」なのです。世の中の人々は、常にいろいろな心配ごとをもっています。この不安・心配をのがれずしては、とうてい楽しい生活をなすことはできないでしょう。さきの財施、法施においては、それぞれ身心の糧が与えられ、これによっていよいよ身心は健やかに肥《ふと》ってゆきます。しかし人々の魂そのものの持つ不安は、無畏施によってのみ救われるのです。換言すれば、魂の安堵《あんど》を与えるものがすなわち無畏施なのです。菩薩は世を利せんがためにこれらの布施が行なわれます。お経の中には、ずいぶん多くの菩薩の布施の物語が出ており、その中のいくつかは人口に膾炙《かいしゃ》されたものです。あるいは薩埵《さった》王子の投身餓虎《とうしんがこ》の物語や、布施太子《スターナ》の涙ぐましい布施の物語など有名なものです。

さて観音さまもまた、大いに布施を行ない給います。特に観音さまは、無畏施をなし給うのです。古来観音さまを「施無畏《せむい》の聖者《しょうじゃ》」と呼んでおりますが、この言こそ正しく観音さまの本誓を明らかにしたものです。『観音経』の中に「是《こ》の観世音菩薩はよく無畏を施し給う」とありますが、けだし無畏を人々に施し給う点では観音さまほどの菩薩はありません。

先にも述べたように、われわれは生死の苦海に沈淪し、幾多の怖畏におののいています。われわれは今までにも幾多の苦難に遭遇してまいりました。今後もまたいつ苦難に出会《しゅっかい》するかもしれないと常に怖畏しています。われわれは一寸先が闇です。いつ死ぬかもしれません。いつどんな災難に出遭うかもしれません。未来のことは全然未知数なのです。ここにわれわれの根本的な不安・怖畏があるのです。われわれの心は実に弱いのです。幾多の欠点をもっています。このゆえに絶えまなく怖畏におののいているのです。観音さまはこのわれわれの心の弱さを悉《しっ》知《ち》し給い、魂の中にうごめく不安の影を取り除いてくださるのです。実際怖畏ほどわれわれにとって深刻な悩みはありません。施無畏の聖者が、この住みにくい現世において、痛切に渇仰《かつごう》せられるのは、実に当然なのです。

以上、布施を通して、観音の救済を述べてきたのですが、布施とは正しく慈悲の心の表われにすぎないのです。いま菩薩が布施の行《ぎょう》をおこなわれるにあたっては、幾多の苦労を重ねられるのです。菩薩の布施は何らの代償をも求められぬ清らかなものです。『倶舎論《くしゃろん》』に八種の布施が説かれていますが、これらの中には災厄をおそれてなす布施、後に返報を求める布施、天に生まれんとしてなす布施、美名をこいねがってなす布施などがあります。これらはすべて何らかの代償を求むる布施であって、真の清らかな布施とはいわれぬのです。

また布施の行の究極は、平等ということを心がけねばなりません。先に述べた『維摩経』の長者子善徳の話の続きですが、維摩居士から法施の意義を聞いた長者子善徳は、歓喜《かんぎ》のあまりはなはだ高価な瓔珞《ようらく》を維摩居士に捧げたのです。維摩居士はそれを受け取りません。長者子善徳は重ねて申しました。「居士、どうか私の意のあるところを汲《く》んでこの瓔珞を受領してください」。維摩居士はここにおいてその瓔珞をもらいました。だが早速その瓔珞を二分して、半分は難勝如来《なんしょうにょらい》という仏さまに恭しく奉り、半分は大施会に来会していた乞食に「さあ、やろう」と投げ与えたのです。何の惜しげもなく物を与える相がうかがわれますが、これが布施の極意なのです。しかも仏さまと同時に乞食に布施する――これによって平等の布施の心を教えています。思うに、維摩居士はたまたま瓔珞をもって、布施するときの心構えを長者子善徳に教えたのです。

観音さまの施無畏の相もまた、まったくかくのごとく清らかなものです。ただ無限の大慈大悲をもってわれわれに無畏を施してくださるのです。われわれが怖畏から救われ解脱するのをひたすら喜んでいてくださいます。観音さまは誰一人差別なくあくまで平等に、救いを求めるものの前に現じて無畏施を垂れ給うのです。ここにおいてわれわれは、観音さまの救いを深く領受することができるのです。

〈真の布施〉

　また布施は無所得の正観《しょうかん》に住《じゅう》する施しでなければ、真の布施とはいい得ないことをお経の中に書いておられます。すなわち有《う》所得《しょとく》、無《む》所得《しょとく》という二つがありますが、われわれ人間どもはいつも有所得であり、すべてのものに対して打算的であります。打算的といっても、それによって何物かを得ようとしないのであれば、まだしものことでありますが、今の人々はいつも最小の犠牲で最大のものを求めているのですから、自分の犠牲以上のものを得ることを願望しつつ、施しをなすのでしょう。そうしますと有所得でお返しを求めての日常生活であります。だから実際施した、善いことをした、と自分では思っていても、かえって自己の内心には罪業を積んでいることにしかならないのです。

　よく昔から「情《なさけ》は人の為《ため》ならず」という言葉がありますが、情をかけたことが必ず人の利益になるわけでなく、自己または自己の環境にめぐってくるという考え方で、このように施すことは自分にとって何らの利益も得ない施しであります。

　無所得というのは正観といって、最も正しい内観から出たもので、打算を離れて施しを行なうことをいうのですが、施したことが後で何かの結果をもたらすか、どうかというような問題ではないのです。すなわち自我、自分という考えなしに施しをするということなのです。「我」の無い「無我」の施しであります。だから無所得の正観の施しが「真の布施」であるとお経の中に説かれてあります。

これについてよい例があります。釈尊の弟子・舎利弗《しゃりほつ》尊者が乞眼婆羅門《こつげんばらもん》に逢われたとき、婆羅門は「誠に恐縮ですが、あなたの目玉は誠にきれいですから、ひとつ頂戴いたしたい」と願いました。そこでかねがね仏さまの教えを聴いておられる尊者でありますから、ふたつ返事に目玉を施されました。そのとき、婆羅門は目玉を施されて喜び眺めていたのですが、「誠に水晶のようにきれいでございます。願わくはいまひとつ施していただきたい」とふたたび願ったのです。そのとき尊者はせっかく希望されるのだからと思われ、布施すべきであると決心して願われるままに喜んで施されたのでした。婆羅門は大いに喜んで掌の上に置いてつくづく眺めていました。そのうちに血が滴ってきたものですから、臭く汚いことに気づき、汁のつく掌の上の目玉を、やにわに土の上に投げ捨ててしまいました。それでおけばよかったのですが、尊者の目前で土足をもって踏みにじったのです。それを知った尊者はもう堪え切れません。色をなし、大いに怒り、釈尊のみ前に行き、今日のあったことを一部始終訴えられて、大いに瞋恚《しんに》の煩悩をもって憤怒したのでした。

そのとき、にんまり笑みをたたえ給うたみ仏は「善哉々々《ぜんざいぜんざい》」とおっしゃられました。「願望されて惜しみなく布施したことは誠に立派である。施してしまえば、尊者のものでない。婆羅門のものであるぞよ。婆羅門がそれをいかにしようと婆羅門の自由である。せっかく惜しみなく施してそれを怒るとは何ごとか」と。

　これがすなわち有所得の施しであります。与えて後に何ものかを求めているのであります。真の施しはそれがいかようにされようとも、施したものである以上何ものをも求めることなく、喜んで施すというのでなければならないのです。

　ここに真の施しというものがあるのですが、いまごろの人はたいてい、人に物を与えるとか、人に便宜を与え、人の世話をしてお礼がない、挨拶がない、といって愚痴をこぼし、あの人は礼儀作法をわきまえない人であるとか、恩を仇《あだ》で返すとか、いろいろと批評する人があります。こんな時代に、とても真の施しというものを求めることすら無理な注文なのでしょうか。誠に悲しむべきことであります。


（『菩薩』薬師寺、一九五七年四月）

平素こそ大事

〈苦しみから逃れる術〉

今日の世相を見ておりますと、まさしく地獄と変わりがないような現実でございます。昔から地獄のことはいろいろ記録されております。そうして地獄には八熱《はちねつ》地獄、八寒《はっかん》地獄、その他いろいろな地獄のあることが書かれておるのでございます。

しかし地獄の姿というものは、あたかも今のわれわれの日常生活を書かれたものであろうというように感じるのであります。つまり二千五百年も前から人間生活の様相というもの、つまり人間というもの、人間の心はいったいどんなものかということを、きわめて卑近な例をもって表わし、またその現実を表現しておられるわけでございます。

そこで地獄の記録には、地獄というものはかくのごときものであるということを、いろいろの面から書かれております。その中におきましてまず一番強く描写されておりますものは、われわれ人間の「我《が》」というものでございます。

みなさん我がございます。この我というものを露骨に表現しましたら、みな地獄なんでございます。これは文章の上に表われてまいりますとたいしたようには見えませんけれども、その地獄というものが絵の上に描かれておるのが昔からたくさんございます。ちょうど今から千年ほど前にできたもので『地獄草紙《じごくぞうし》』という本がございます。これに地獄の様相が描かれておる。それに『餓鬼草紙《がきぞうし》』というものもございます。こういう『地獄草紙』『餓鬼草紙』というものを通じて地獄のさまが知れる。

また、大和の当麻寺《たいまでら》に「当麻曼荼羅《たいままんだら》」というものがある。これを織り上げた藤原豊成卿《とよなりきよう》の娘の中将姫《ちゆうじようひめ》のことが書かれたものをみますと、継母の手にかかっていろいろ苛《いじ》められておられる。その姿があたかも地獄のごときものとある。あるときは焼け火箸《ひばし》を肉身の中に差し込まれ、ある時は物を食わさない、ある時は鞭で打ち倒す。――こういうふうに中将姫はいろいろ悲惨な現実を味わうておられる。それはつまり継母が中将姫を苛めたわけでございます。そこで中将姫は日々極苦《ごつく》と申しまして、休息なしの苦しみを受けられたわけです。その地獄というのは無《む》間《けん》地獄と書いてございますが、無間というのは「間《ま》がない」ということです。四六時中休むことなしに地獄の苦しみを受ける、ということであります。

恵心僧都《えしんそうず》は人間の生活、世間の社会生活というものを見ておると、あたかも無間地獄のようであるというふうに批評をしておられる。そうしてどうしたら、こういう寝ても醒《さ》めても苦しめられる無間地獄から逃れられるだろうかということを『往生要集《おうじようようしゆう》』に細かく書いておられます。そうして今の人間は、みなこの無間地獄の生活を強いられておるがごときものであるというふうに批評しておられます。

中将姫は、その継母から四六時中苛め通されたわけでございます。そこで姫は、どうしたらこの無間地獄の苦しみから逃れられるだろうかと深く自分の心で考えられて、その道を得るために、あの当麻曼荼羅という曼荼羅ができたわけです。あれはご承知のとおり藕糸《ぐうし》と申しまして蓮《はす》の糸で出来てございます。蓮の茎を折って引っぱりますと、絹糸のような細い糸が出てまいります。それを紡いで織られたのがあの中将姫の当麻曼荼羅でございます。これは十六種十六段に分かれておりまして、われわれの日常生活を地獄にたとえて、こういう日常生活はあたかも地獄のごとしというふうにお説きになって描かれております。

その他、いろいろな経典に地獄の様相が描かれております。「身口意《しんくい》」の三業《さんごう》に受ける苦しみ、形の上からくる苦しみがある。また形ばかりでなく心の底まで苦しめられるものもある。形の上の苦しみならば、ものを食べさせない、飲まさない、あるいは殴る、蹴る、焼け火箸を刺されるというような肉体的な苦痛がありますが、心の苦しみもあって、この精神的な苦しみを与えられることがわれわれにとりましては一番の苦痛の中の苦痛でございます。

人間の苦しみの中では、形の上に現われてくる外の苦しみより、心の中へ針を刺されるような内の苦しみのほうがより苦痛だということを、中将姫は継母より受けた苦しみによって深く感じたあげく、あの曼荼羅を自分でお作りになった。そして雲雀山《ひばりやま》で修行をされて、ついに信仰生活に入られたのであります。信仰生活に入ってしまいますと、どんな苦しみでも少しも苦痛でなくなったというふうに書いておられます。つまり自覚ができたわけであります。

人間はみな苦しみの世の中に徘徊《はいかい》して、常に逼迫《ひっぱく》されているものである。だからこういう逼迫を、無間という間なしの苦しみを受けておる。これからどうしたら逃れることができるだろうかと日々考えられた末、ああいう当麻曼荼羅というものができた。真ん中に阿弥陀さまのお姿を表わし、その前の宝池に蓮華の花が咲いて、真ん中に台《うてな》があって音楽を奏し、楽しい生活をさそうというふうになっている。周囲の池には蓮の花が咲いて馥郁《ふくいく》として匂うている。こういう理想を描いて、日常生活の苦しみを十六段に分けて描いておられるわけでございます。

また後に平清盛が厳島《いつくしま》を作っている。あの厳島神社というものは海の中へ本殿を置いて、そうしてその前にいろいろの設備をして楽しむようになってございます。この厳島神社と申しますもの、これは結局当麻曼荼羅の写しみたいなものでございます。厳島神社は祭神の市杵島《いちきしま》姫命《ひめのみこと》等の御殿を造って、そうして清盛はそこで海を眺めたり、また御殿でいろいろの芸能、舞楽等を観て楽しむ。こういう清盛の理想でございますが、これはやはり中将姫が極楽の姿を真ん中に表現して、周囲に十六段の姿を描いて、そうしてこの地獄の世界から理想的な楽しい極楽の世界へ生まれますようにという中将姫の曼荼羅ができているのと同じことでございます。

〈人生観の確立を〉

こういうものを眺めていて今の世を見ますと、あたかも地獄のごとき世の中でございます。世相は実に混乱していて朝に夕べを期しがたい。何とか今日はこうしようと思っても、向こうがそういうふうにやってきてくれない。見るもの聞くものすべて、意思に反するような事件ばかりが次から次へ起こってくる。まったく世相は混乱状態でございます。

こういうのを指導しなければならない人が、みな指導性を失うて指導するだけの人がなくなっている。それで人々はみんな求めておりましても、求めておるものを与えられない。したがって求めるものがないので、みんなこういう時代にはどうしたらいいのだろうと考えてはおりますけれども、どんなに考えてみましても理想というものが実現する現実でないということになっているわけです。

思わぬことが、次から次へ現実の問題として起こってくる。こうしたいと思っても、なかなかそれは許されない。それで人間どもの考えていることがみんな逆になってくる。あたかも地獄のような現実でございます。この地獄のような現実に過ごしておりながら、それを自覚せずに一層その地獄の中へ一足二足と堕しておる。そうして堕した足は泥の中へ入っていく。入ったら、それは沈んでしまうということになっているのが現実の世の中でございます。

そういう世の中に暮らしつつなお、それに拍車をかけて日常生活をしている。そういう生活を見て中将姫は、人間の生活というものはかくのごときものであるという十六観、十六通りの人間生活の矛盾を描いておられる。そうして理想はこれだというのが、当麻曼荼羅の真ん中の姿なのであります。

清盛のように傍若無人の生活をし、そうして戦争から戦争へと身を励まして最後に自分はどうしたら助かるだろうと考えて、その結果としてできておりまするものが厳島の神社であります。厳島へ参りますと、今なお非常にきれいな理想の世界のように伺えます。清盛もおそらくああいう理想をもって、現実の矛盾を清算しようとしたものだと思います。しかしなかなかそうはいきませんので、清盛の最期というものは非常な苦痛を感じつつ他界している。そうして平家は亡ぼされておるのでございますが、中将姫は自分の心の中にいろいろな地獄を描き、いろいろの現実の地獄をみて、これはもう叶《かな》わない、何とかして人々のためによい現実を得させなければならないというので、ああいう当麻曼荼羅を描いておられる。

その後、日本では平安朝ごろから鎌倉時代にかけまして地獄・極楽の絵がたくさん描かれております。みんな体験した者が描いておる。たとえば義経が描いておる。十羅刹《じゅうらせつ》の絵とか、あるいは極楽の絵とか地獄の絵というものが鎌倉時代から室町時代にかけて、昔天下を取ったような人々が絵描きに命じて描かせたり、あるいは自分で描いておるわけです。それらはいずれも自分のやっていることをよく反省しつつ、これではいかん、こういうことをやっておると自分の身が将来どうなるか気にかかるというので、そういうものができておると思うのでございます。

　いっとき天下を取ったような将軍たちがみんな自分で、理想の世界あるいは現実と理想というものとを並べて、そうしてどちらがいいかというようなことを教えるために、いろいろの文献なり彫刻なり絵画ができております。そういうものを眺めまして、今のわれわれの世界はあたかも地獄のような世界であると思うのでございます。毎日の生活の中で矛盾というものを感じつつ、よんどころなく生活しておるというのが、われわれの現実です。しようがないから暮らしている。ほかにすることがないから、それをしている。それをやらんと生活ができない。無理だと知りつつ、歪んだことだと知りつつも、それをやっていかなければならない。こういうのが今の世界中の人々の状態でございます。

　そういうことを団体で禁止しようとしておる人がいる。あるいは個人でそれを規制しようとしている人がいる。しかしどんなにそれを規制いたしましても、人間の生活は決して安堵・安心したものにはならないのでございます。おたがいにどうしても最後は死ななければならない。

何といっても、終《しま》いには死ななければならんという一番大きな矛盾が目の前に控えているわけです。

　こういう大きな矛盾に対してわれわれはどういうふうにこれに対処するか。現実の生活の多忙にごまかされて「現前立少物《げんぜんりつしょうもつ》」――つまらない現前の生活だけに振り回されて、そうしてほんとうの自己というものを自覚し知るという暇さえない、ということになっておるのでございます。つまり、おたがいに地獄のような暮らしをしている。それをいつまでも悟らずにガタガタ、ガタガタしつつその日暮らしをしている。そうしていよいよとなりますと、びっくりする、恐れる。しかし、ちょっと遅いんでございます。

　仏さんは「平常業成《へいぜいごうじょう》」ということをやかましくおっしゃっておる。平素が肝心だ、日常生活が肝心だということをいろいろおっしゃっておりますが、平素のことというのはすっかりご破算で、なるようになるわ、時が来たらどうにか自活ができるだろう、こういうふうに考えて暮らしている人ばかりでございます。平素から準備行為をちゃんとして、いざというときに間に合うような現実を常につくっておくということを考えなければならない。ところがこういうことを考えていない。今の世界の大部分の人がそうでございます。

　ですから仏さんは、末世の衆生というものは、みんな事に迷い現実の世界に迷うていて、ほんとうの生死の問題、ほんとうの人生観をはっきりと確立しておるものはいないというふうに二千五百年も前におっしゃっている。末世の衆生はすべて現実を忘れてしまう。そうしてその日その日の生活にごまかされて過ごしている。だから現在の人間どもはみんなゆく先を心配して、相当の年になってまいりましたら自分は死ぬ時はどうなるやろう、なるべく楽に死にたいものだと考える。

しかしそんなことを申しましても、精神的な余裕のある人はよろしいけれども、精神的な余裕のない輩《やから》ばかりでございまして、平素から準備行為をしておくというような気の利いたものはいない。みんなその準備なしに向こうへ行く。そこで人生観の問題、世界観の問題を仏さんは非常に強くお説きになった上で、こうしなければいかん、ああしなければいかん、というふうに説明をしておられるのでありますけれども、今の人は世界観もはっきりしなければ人生観もはっきりしないで現実だけで生きておりまするから、未来に対する現実からのつながりというものをちょっとも考えておらない。つまり人生観ができておらない。世界観がはっきりしていない。こういうことになっているのが現実でございます。

世の中を見まして、あの人は立派な人である、偉い人であるというような人はたくさんおります。たくさんおりますけれども、ほんとうに世界観、人生観をはっきりと自分でわきまえている人がどのくらいおるかということを考えますと、多分いないのではないか。

そこへいくと中将姫とか清盛とかいう人は、とにかく一つの人生観をちゃんともって、最後に自分のこういうユートピア、理想郷というものを練って、今のいろいろな波乱はその理想の世界で清算しようと考えて、ああいう曼荼羅というものや厳島というようなものが計画されたんだろうと想像するのでございます。のみならず、清盛の書かれたものにもそういうふうなことが表われております。その当時の『平家物語』などを見てみますと、やはり一つの時代人の理想と申しますか、そういうことがはっきりしております。ですから、おそらく一方では権勢を事とし、戦争をやりつつ自分の最期というものをよく認識して、そうしてその認識に対して対処してきたに違いないと思います。

現代の人間はそうじゃない。ただがむしゃらにやるだけのことを力まかせにやっていますが、あとをどうしようかというようなことを考えている人は、ほとんどないように思います。自分のことばかり精いっぱいやって他人を考えない、社会を考えない。何も考えずに自分だけの我欲のために生活をしている。こういうことでございます。

ですから、そういうことでないように、おたがいに日常生活の上に自分の人生観というものをはっきりさせ、世界観をはっきりさせて、今も肝心だが未来も肝心であるということをよく自覚をしてやっていただきたいと、こういうふうに考えるのでございます。

(蓼科・聖光寺講話、一九七三年九月十八日)

地獄はある——人間は絶えず十界を変転している

〈輪廻転生して地獄に堕ちる〉

地獄があるかないか、ということについて述べてみたいと思います。

仏説によれば、種々の経論《きようろん》に説かれています通り、地獄や極楽があることは明白であります。一般に地獄は、三悪道《さんあくどう》の一つ、六道《ろくどう》の一つ、あるいは十界《じつかい》の一つとされています。三悪道とは「地獄・餓鬼《がき》・畜生《ちくしよう》」の三つの世界、六道とは三悪道に「阿修羅《あしゆら》・人間・天上」の三界を加えた六つの世界、十界とは六道に「声聞《しようもん》・縁覚《えんがく》・菩薩《ぼさつ》・仏《ぶつ》」の四界を加えた十の世界をいいます。

われわれは申すまでもなく人間界、つまり十界の中央に位しているわけですが、地獄はその最も下位にある世界で、それこそ筆舌に尽くせない苦しみを受けるところとされています。

たとえば八大地獄といわれる八つの地獄があると説かれています。鉄棒や刀で肉を裂かれる等活《とうかつ》地獄、熱い鉄の縄で縛られる黒縄《こくじよう》地獄、熱い嘴《くちばし》をもった鷲が住み、葉が刀でできた林に入って苦を受ける衆合《しゅごう》地獄、熱い湯の煮えたぎる釜や火の燃えさかる鉄の部屋の中に入れられる叫喚《きょうかん》地獄、そのほか大叫喚・焦熱《しょうねつ》・大焦熱地獄、そして間断なしに極苦の苦しみを受けるという無間《むけん》地獄……以上の八つの地獄を八大地獄とか八熱地獄といいますが、こういった人間の最も嫌う苦しみがあるところ、それが地獄であります。

仏さまは常に「あらゆる悪をなすなかれ、あらゆる善をつとむべし」（諸悪莫作、衆善奉行）とお教えになり、いわゆる勧善懲悪《かんぜんちょうあく》を教えの基本としておられますが、これは善を実践すると善いほうへ向うていき、悪を実践すると必ず悪いほうに向うていくということをお教えになっているのです。右の八大地獄を例にとれば、殺生《せっしょう》をした者は等活地獄へ堕ち、殺生・偸盗《ちゅうとう》・邪《じゃ》淫《いん》の者は衆合地獄へ堕ち、そして五逆罪《ごぎゃくざい》（殺生・偸盗・邪淫・飲酒《おんじゅ》・妄語《もうご》）のほかに大乗《だいじょう》（仏法）を誹謗《ひぼう》した者は無間地獄へ堕ちる、といった具合です。

われわれ人間はみな肉体をもっていますが、この肉体をもって行なうさまざまなことは、すべて「我《が》」というものから出発しています。我は肉体と密接な関係をもっています。肉体をもっているから我がおこり、我があるから自分のために、自分の利益になるようにといったことがおこる。人間の日常生活はこの我の展開といってもいいでしょう。

この我に「我痴《がち》・我見《がけん》・我慢《がまん》・我愛《があい》」の四つがあるとされます。「我痴」とは物の理屈のわからないこと、「我見」とは自分本位の「我《わが》もの、我もの」という考え、「我慢」とは自分のことは善いが他人のことは悪いというふうに、他人と自己を並べて自我をたくましくしていくこと、「我愛」とは自分の身体を愛することで、これを「四惑《しわく》」とか「四煩悩《しぼんのう》」といっています。煩悩は昔から、十煩悩とか百八煩悩、また八万四千の煩悩といわれているように非常にたくさん数えられていますが、この四煩悩は特に「四根本煩悩」といってあらゆる煩悩の根本とされており、これがわれわれ人間に巣喰っていて身体や心を苦しめ悩まし、煩わせ汚している根本の原因となっているわけです。

そこで、こういう煩悩が一つずつなくなっていく生活をしている人は、先に述べた十界の上のほう、つまり天のほうへ生まれていきますが、逆に現実に五逆罪のような罪悪を行ない、我痴・我見・我慢・我愛の生活をしていく人は十界の下のほう、つまり地獄のほうへ生まれていくとされています。

人間が人間に非《あら》ざる行為を実践していけば必ず悪いところに生まれるし、衆人の求める通りの生活、自分だけでない、自我のない生活、つまり常識的に考えて善いことをしていけば必ず善いところに生まれます。それを「善因善果・悪因悪果」とか「因果応報」といいます。人間をはじめ、欲界すなわち六道《ろくどう》に生活する者はその行ないにより生まれ変わる、つまり輪廻転生しますが、そのなかで人間にとって最も苦しく嫌うべきところが地獄となるわけであります。

〈現実のなかに地獄がある〉

以上のような過去・現在・未来の三世にわたたって輪廻転生し、悪いことをした者は地獄へ堕ちるといった見方、それを仮にタテの見方とするならば、仏教にはもう一つ、ヨコの見方というものがあります。つまり現実の人間の世界のなかに地獄もあれば極楽もあるという見方です。われわれのしていることが三悪道、すなわち地獄・餓鬼・畜生に堕ちていくようなことばかりしておれば、あるいは地獄、あるいは餓鬼、あるいは畜生の生活をしなければならないし、また反対に仏・菩薩の行ないをしておれば、仏・菩薩の果報を現実に受けるというもので、それが人間ばかりか、天上界にも畜生界にも、それぞれに十界があるというところから、「十界互具《じっかいごく》」といわれています。

この十界互具の考え方からすれば、いまわれわれが日常生活をしているそのこと自体が、一つの結果として受けた現実であります。もしその日常生活が楽でなく、きわめて苦しいものであるならば、それがあるいは地獄に、あるいは餓鬼に堕ちていることであり、地獄や餓鬼の苦しみを味わっていることになります。

このごろよく言われている問題に、公害というものがあります。公害とは公《おおやけ》の害と書きますが、実際には何も公に来る害ではなく、各自が別々に受ける苦しみです。たとえば東京に公害がおこっているといっても、その公害によって呼吸困難になる人もあれば手足が不自由になる人もあり、また働けなくなって生活に支障をきたす人もあるといったように、各々別々に害を受ける。そうかと思うと、まったく害を受けない人もいます。このように、みな一様に受けるものではなく、人によって受け方が違うわけです。その人が当然そういう苦しみを受けなければならん業《ごう》をつくっている、そしてその業のままにまに苦しみを受けているのです。

間断なしに継続的に何年でも苦しむ、これは無間地獄の苦しみです。そうかと思うと、間隔をおいて苦しめられる人もあり、ちっとも苦しみのない人もおる。同じ世界に住み、同じ環境に暮らしながら、一方の人は非常に苦しみを受けるが、もう一方の人は苦しみを受けない。病人にたとえるならば、常に痛みを感ずる病人もあれば、一日に一度か十日に一度ぐらい痛む病人もある。またガンのような絶対不治といわれる病人もいます。これはやはり、その人その人の業によるのであります。

このように、現実の極苦《ごっく》の生活は、それがそのまま地獄の生活ということになります。つまりわれわれが日常生活していることが、そのまま地獄の生活につながっておる。ですからわれわれは常に、地獄の生活をひきおこすような原因をつくっておるから苦を受ける、逆に苦しみを受けるような原因となる生活から一刻も早く離れていかなければなりません。苦しみを受けるような原因をつくらなければ苦を受けることもない。つまり我痴・我見・我慢・我愛の生活を離れ、淡々として無欲な生活をしておれば、現実においても、それほど苦しまなくて済むのであります。
そうした自覚のない人、つまり現実に地獄などないと思っている人々は、肉体をもった人間であるがゆえに、常に他人を侵し、傷つけ、無理な生活をせざるをえず、そうしていること自体、精神的な呵責に耐えられないというような苦しみが伴い、さらにそれが原因となって自分をますます苦境に追い込み、果ては地獄の苦しみを受けることにもなります。そうしたことのないように、おたがいの日常生活の上に地獄が出現しないように、ということをよく教えようとしているのが、仏教の地獄観であります。

（『大法輪』一九七三年三月号）

わが天動説の根拠

〈仏教は天動説だ〉

お釈迦《しゃか》さまは天動説です。その天動説を信じない仏教徒がおるということは実に情けないことで、仏教というものは天動説の基礎の上にできておる世界観、天動説という世界観の上に築かれておる人生観というものが、すなわち仏教になっておるわけです。しかるに、このごろは地動説が正しいと思い込んでいる。それではどれほどの知識をもっておるかといえば、小学校のときに地動説であるということを教わったわけであって、別に天動説であっても、地動説であっても、ちっとも抵触しないのがおたがいの日常生活です。それが、いまの人たちは小学校のときにまだよくわけのわからん時分に、コペルニクスの地動説を教わったものだからそれを偏執して、かたよって、執着して、地動説を信じておるわけで、天体、太陽、諸惑星の年周運動を、われわれの住む地球の自転、公転説で解く。これぐらいの知識にとらわれておる。

しかし、われわれ東洋人の人生観は、天動説の基礎の上に確立しておる。その根拠を忘れてしまって地動説を唱えたら、いままでもっておった人生観はどうなるかという問題が起こってきます。無批判、無反省な日本人は、自分に批判する力がないもんだから、コペルニクスやブルーノの地動説ばかりを信じて、天動説をどっかへやってしまっておる。ところが、世界中が地動説かというにそうではない。いま現に、ヨーロッパにおいて地動説を信じておる者のパーセンテージをとると、六五パーセントしかおらない。あとの三五パーセントは依然として天動説を信じておるのです。

私は仏教徒であるから仏説を読んで、天動説を勉強しておる。それで天動説と地動説のどちらが「可」であるかということについて議論したことがあります。大阪に電気科学館というものがあって、そこの七階にプラネタリウムがありますが、あそこで京都大学の理学の先生と、天文の先生と私が寄って、天動説が正しいか、地動説が正しいかということについて、数日にわたって議論をしたことがあります。どっちも材料を出し合って議論を闘わせたところ、簡単にいえばこれはどちらでもいいという結論を得たわけです。決して私が固執しておるわけではない。

私は仏説を信じ、仏の説を徹頭徹尾信じておりますから、仏さまの考え方、インドの考え方、中国人の古い考え方、これが私の一つの持論でありまして、仏教家が仏さまの世界観を信ぜずに、昔から古い仏教徒が考えてきたものを捨てて、何ゆえに小学校で習うた地動説を信じなければならないのかということです。私の考えでは、どうしても天動説でなければいまの仏教というもののオーソドックスは了解することができないのであります。

しかるに中途半端な了解をしておるために、はっきりとそれを信じ切ることができないで、いまのわからん連中が迷っておるわけですから、特に私は終生の事業として、コスモロジーとコスモボニーの研究をやってきておるわけです。これはすでに浅草の浅草寺においても、東京大学においても、また上野の寛永寺にもあるのですが、視実等象儀《しじつとうしょうぎ》という、この天動説を説明した具体的ないろいろの機械ができております。それは現に存在しております。そういうものから見てもりっぱに説明ができるし、特に『婆沙論《ばしゃろん》』や『倶舎論《くしゃろん》』という本によって、非常に綿密に天体運行のシステムが説かれておる。それが私どもの科学的知識をもってすれば十二分に了解できるのであって、地動説というものは絶対に信ずることができないのであります。

ところが、なまじっか地動説を信じておるやつがおる。これがほんとうになまじっかなんで、そんなものを研究したわけでもなんでもない。ただ小学校の時分に習ったやつが中学校へいってまた習うて、自然科学でも、そういう線に沿うて習ってきて信じておる。それはあたかもダーウィンの進化論と同じことなんで、われわれは進化論といえばアメーバからサルになって、サルから人間になったと、こういうふうにいうておる。これはヨーロッパ人の考え方であって、東洋人の考え方では絶対にない。東洋人は、人間は初めから人間だ、格別だと論じておるんですけれども、むこうの学者はアメーバからだんだん進化して人間になったと考えておるが、そんなことは絶対にない。人間ははじめアメーバであったか、サルであったかということになる。アメーバがなくなって、サルがなくなって、人間だけが残ったのであるなら、それで説明はつくけれども、サルは依然としてサルでおる。アメーバは依然としてアメーバでおる。しかも人間は人間でおる。二分の一人間、サル二分の一なんて動物はいない。それでは片手落ちの議論になってくる。

このように、天動が正しいか、地動が正しいか、どちらでも説明がつくということは理学者の間でも認めておるし、現にヨーロッパにおいても三五パーセントは天動説を信じておるんです。天動説の根拠ははっきりしているのに、何を好んでわれわれはせっかく三千年、四千年の歴史をもって唱えられてきたものを、しかもそれが非常に綿密に微をつくし細をつくして研究し、説明されておるものを、いまさら何でそれをいそいで捨てなければならないか。捨てるなら捨てるで、理由がはっきりしておるならば捨ててよろしいけれども、理由がはっきりせずに捨てるということは許すべからざることです。

〈人間が悪うなった。これが末法澆季というものだ〉

これが私の信念です。私は徹頭徹尾インドの学問をやっておるものとして、仏説を絶対信じておる。仏さまの説いたことは金口《こんく》の誠説《じょうせつ》となっておるわけですから、これを軽々しくまげるということは絶対許されない。

ですから、たとえばこのようなことがある。いま騒がれている核実験につきましても、私はとうとうそうなったかと、ある意味で喜んでおるんです。このことは読売新聞にも書きましたし、中日新聞にも書いたんですが、研究して核物質を貯蔵したやつは一朝有事《いっちょうゆうじ》のときには使わなければならないんだから実験することになろうと、私はこういう考えなんです。

これはどういう理由があるかというと、末法澆季《まつぼうぎょうき》になると、世の中が悪くなる。悪くなるというと大気、つまり空気が濁り染まる、濁染して人体に及ぼす害莫大である、自然に人間というものは命濁《みょうじょく》が起こり、煩悩濁《ぼんのうじょく》が起こってきて没落するものだということが仏説にあるんです。これは二千五百年から三千年も前に書いてあるんです。三千年前にこれだけのことを書いてござるんだから、そのお示しのとおりになっているということを私は喜んでいるんです。これがもし書いてないことが起こったら私は悲観しますけれども、仏さまのおことばどおりに世の中が進んできておるということに喜びを感じているわけです。仏さまがうそをいわれたのなら困りますけれども、仏さまが本当のことをいわれて、そのとおりに世の中がなっておる。

西洋人は世の中が進むと思うておるが、東洋人はみな世の中が悪くなると思うておる。これだけの相違がある。東洋人の考え方はどんどん世の中が悪くなるという。皆さんはどう思うか。

しかし、ヨーロッパ人は世の中が進むといっておる。進むと悪くなると、これはどっちが本当かという問題です。この問題の解決はどう考えてみても、現在悪くなっておるというよりほかに方法がない。その悪くなるということも、悪くなるということばかりを仏さまは説いておられないので、こういうふうに悪くなったときはこうせよ、こうなったときにはこうせよと、親切に教えておられるんです。だからいまのように悪くなってきたら、どうしたらいいかということを説いておられるのですから、そのとおりにやったらよい。それをなまじっか世の中が進んでいく世の中が進んでいくというが、進んでいるのは科学だけなんで、何もかも進んでいるとはいえない。

もっと精神的な安堵を得て本当に楽しい、うれしい世の中ができればいいのですけれども、悪く進んでいるならば、これは進んでいるのでも何でもない、だんだん悪くなっているんです。だから末法澆季がきて、世の中が悪くなるぞ悪くなるぞとおっしゃっている、それがその通りにきている。私は毎日仏説の通りになってきているので、その点を喜んでいるわけです。

考えてみれば、人間が死ぬということはいいことです。セシウムとかストロンチウムとか炭素とか水素とかいうものがあって、成層圏から大気を破って落ちてくる、三十年も四十年もかかって落ちてくるというようなことが書いておるが、仏さまという方は偉い方で、昔の昔にそれだけのことをちゃんというて、われわれに警告を与えておられる。だから死の灰が降ることを何でおそれるか。「無常迅速《むじようじんそく》なり」とおっしゃっている。その通りである。今日はきれいな桜の花が咲いていても夜半の風で散る。無常は迅速である。われわれはいま達者でも電車の衝突で死ぬかもしれない。これほど切実に教えられておる。しかるに平気でこうやっておる。死の灰、死の灰というてビクビクしている。「無常迅速」という実体を本当に認識したら、死の灰みたいなものは何でもなくなるのです。

〈信仰がなければ核戦争は防げない〉

核実験というような問題をほうっておけというのではなく、人類が災禍を受ける時代は必ずくる。仏はそういう時代がきたらこうせよといわれている。そのようにしたらよろしい。たとえば『特留《とくる》此経《しきよう》』というものがある。このお経は、末法の世の中になってもとどまる、お前これだけは信じてこれによって生きていけよと、こういうふうに教えられている。そいつを信じて生きていたらまちがいはない。そいつをもがいて、うそだとかほんとだとかいうて、不安をいだくんです。私はどのくらい核実験をやられたからというて、ちっとも不安を抱かない。無常迅速なんだから、いつどこでどんな目にあうかわからんと思って毎日こうやっている。何が降ってこようが、そんなことはなんでもない。仏さまの教えというものをあくまでも信ずる、それしか他に信じているものがない。

だから、仏説である以上は、いかなることであれ、これを信ずるという立場を堅持してきたわけです。それでは進歩がないというかもしれないが、そこがちがう。ヨーロッパの思想というものは、何か事件が起こってからあとになって哲学が出てきて組織する。これがヨーロッパの近代思想です。

しかるに東洋では、仏さまの時代にあるだけの思想を全部勢揃いさせて出しておられる。その出しておられるどれかの掟《おきて》によって、われわれは日常生活をしておる。つまり向こうは何か起こってからこしらえる考えだし、こっちはちゃんといくつか思想があって、そこから自分の生活の規準を選んでいくという考え方です。東洋の思想は、西暦紀元四世紀頃にはきちんと決まっております。

たとえば馬鳴《めみょう》と龍樹《りゅうじゅ》と世親《せしん》と無著《むじゃく》、この四人の高僧がおって、お釈迦さま以来、西暦紀元四、五世紀の間までには思想というものはきちんと整理されて、どれでもあんたの好きなやつについていきなさい、まちがいのないところに行きなさいと、ちゃんと勢揃いさせてくれておるわけです。だからわれわれはその思想を堅持していけばまちがいはない。

ところがヨーロッパは、フランス革命が起こったというては無軌道になった。そして無軌道になったときに民主主義というものが生まれている。この民主主義というものはあまりにも自由で、あまりにも平等であるためにカントが出てきて、こいつを整理して自由の規則をつくる、あるいは平等の規則をつくる。こういうふうになっておる。それを今度はニーチェとか何かが出てきて、そいつを根底からひっくり返してしまう。さらにキェルケゴールやサルトルなどの実存主義というものが出てきて、まったく攪乱してしまう。

こういうふうに、ヨーロッパの思想というものは非常に混乱している。それを今度は日本でも明治以来ワーッともってきて、批判力のない反省力のないやつが、新思想だといって、耳から入れて口ばっかりで思想しておるわけです。人間の至上性を考えてみたりして、せっかくカントがいった心や理性をすっかり捨ててしまう。

この間から新聞を見ていると、五〇メガトンの核実験というものを道義的にいかんと書いておる。こんなことというのは阿呆だ。何が道義的にいかん。道義というのは倫理道徳であって、いまあいつらは戦争をしておる。冷戦をしておる。ソ連がやめなかったらアメリカもやるというとる。

道義心があったら、そんなものやるとさえいわんでしょう。道義心も何もない、戦闘状態に入っておる。戦争というものは感情至上主義で、とにかくあらゆるものを度外視してやる無茶なものである。宗教的な意味でこれをやめるのでなければ、どうしてもこれはやみません。道義なんかでやめられるものではない。どうしても宗教的な信念をもって、戦争しても原爆、水爆のような核兵器は使わないというてこそ、はじめて理由はあるけれども、道義的にこいつを使わん――、そいつは成立しない。これは倫理道徳の問題と違うのですから、論理をまちがえている。

これは本当に、宗教的にはたらかなければ解決しない問題です。仏教徒は仏説を信じて、死の灰のふる末法澆季に対処せねばならない。それが仏教徒のつとめである。

（『大法輪』一九六二年二月号）

問答有用

対談・徳川夢声《とくがわむせい》（文筆家、俳優）

〈薬師寺本坊にて〉

凝胤　（庭の老松を指さして）それがね、秀吉の手植えの松ですわ。

夢声　秀吉の手植えの松というと、樹齢どのくらいになりましょうな。……お手植えの時は苗の松だったわけでしょうね。

凝胤　千年ぐらいたった松でしょうな。ちょっと面白い歴史がありましてね、秀吉の子供で大和大納言という人が非常に病弱で郡山に隠居して出養生《でようじょう》しとった。そうすると淀君が訪ねてくるんですね、しょっちゅう。淀君がくると、こちらは薬師さんですから、薬師如来に祈願をかける。一度くると御祈禱《きとう》料が米三十石ときまっていたわけやな。それで坊主たちが寄って、どうか病気が長びくようにちゅうて……（笑）。

夢声　ホントですかな、それは。

凝胤　そんなことを書いているんですよ、寺の日記や評定記《ひょうじょうき》に。

夢声　三十石っていうと、いまの相場になおしたらヤミで四十五万円ですね。これだけの祈禱料が一回で入れば、そりゃア長びかせますよ。病院だってあまり払いがよけりゃ長びかせますからね（笑）。……ふつうおばあさんなんぞが目が悪いと薬師さまと、こういいますが、目に限らず病気全体にいいんですかな。

〈日本仏教は宗教に非ず〉

凝胤　『薬師経』に「一経其耳《いちきょうごに》、衆病悉除《しゅびょうしつじょ》、身《しん》

心安楽《じんあんらく》」と書いてありますから、なんにでも効くんですな。肉体的でなくても精神的でもよし……。十二の大願《だいがん》というのがあって、その中にはたとえば戦争のために王者の命によって兵隊にいくということ、そういうことでも薬師如来に願をかけると逃れられると書いてあります。

夢声　徴兵忌避《ちょうへいきひ》もできたんですな（笑）。

凝胤　王法《おうほう》のために繋《つな》がるる時にはすべからく祈るべしと書いてありますよ。

夢声　非常に民衆の味方だったんですね。

凝胤　古い宗教はみんなそうですね。日本の仏教だけでっせ、強いもんの味方しよるのは。仏教が大衆化したというが、こらただ形式的に大衆化しただけで、民衆とは離れてきたわけですな。

夢声　いましかし、仏教は日本に一番多く残ってるわけでござんすね。

凝胤　そら、形だけですわな。

夢声　仏教精神としては、それじゃ日本以外にどこに残っておりましょうか。

凝胤　いまさかんに仏教を研究していますのは、フランスと英国ですな。この頃アメリカも注意しかけてきていますがね。セークレッド・ブックス・オブ・イースト（東方聖書）というもんがでけて、英国人の仏教研究熱は大変なもんです。それを指導したリス・デヴィッツ夫妻ちゅうのが非常な研究家で、ロンドン大学におって広めたんです。そいつを明治の終わり頃に日本から習いにいったわけで、たとえば村上専精《むらかみせんしょう》（仏教学者）とか南条文雄《なんじょうふみお》（同）とかいう偉い人はみんな向こうで習うたんです。大体仏さんの仏教が南へ行ったもんと北へ行ったもんと二つに分かれていて、一方を南方仏教といい、一方を北方仏教というてるんですわ。北へ行った分が中央アジアを通り中国を通って日本へきよった。南方のやつはビルマ、シッキム、ブータン、シャムと、こう行ったんですわ。【コリャどうも、私などとはガクの深さが違うわいと、内心舌を巻いた次第（夢声、以下同）】

ところが北方仏教ちゅうもんは、通ってきた道が長いでしょう。第一に中央アジアという非常に広いとこを通ってシベリアの一角へ入って、それから万里の長城を越えて中国大陸へ入って、揚子江の沿岸と黄河の沿岸に分かれてやってるうちに発達したわけですな。大乗仏教というてるものは、大体中国ででけたわけですよってに。こいつがいろんな民族のテストを受け、またいろんな民族のカストム（風習）てものを包容して日本へ来てるから、はじめのものと変わってきてるわけや。ところが南へ行ったやつは元来熱帯の民族の影響を受けたやつばかりですよってに、南方仏教てもんは相当正確な仏教が伝わっていて、また小乗《しょうじょう》仏教が多いわけです。

夢声　伝わり伝わるうちに仏教の精神も形も、デマが伝わるに従って本当のものが反対になっちゃうように、だいぶ変わってるわけですかな。

凝胤　実に変わってしもたんですわ。そらもうお月さんとスッポンぐらい違うたもんがでけた。つまり氷炭相容《ひょうたんあいい》れざるもんが仏教に入ったんです。ですから日本仏教ほど多岐多様なもんはないし、またヨーロッパで十五、六世紀以降起こってる宗教学ちゅう一つのカテゴリー（範疇）にはめてみたら日本の仏教てもんは宗教かどうか疑われるくらいですよ。

夢声　宗教でないとすると……。

凝胤　まあ「日本道徳」ですね。わたしは先年、日本仏教に宗教性なしちゅうことを書いたりしゃべったりして、えらいお叱りを受けたんですけどね（笑）。とにかくヘンなもんですわ。もともと日本の仏教てもんは伝来当初は二つに分かれていましてね。一つは三論《さんろん》、一つは法相《ほっそう》という基礎学の上に出来あがってるんですけど、この頃はその基礎知識のないところへものをこしらえてるんだから、いわば空中楼閣ちゅうとこやな。

夢声　バラックみたいなもんですか。

凝胤　バラックなら下があるが、こら宙に浮いてるんですよ。

〈仏舎利が無数にあるわけ〉

夢声　クリストのかかった十字架というのがほうぼうにあって、あの木を集めると大きな船が造れるほどだそうですが、仏骨というのも、至るところにありますな。

凝胤　舎利《しゃり》……、こら、ぎょうさんにありますわな。

夢声　あれを全部集めると、マンモスぐらいになるかも知れませんね（笑）。

凝胤　もっと大きいでしょう。

夢声　じゃ、ピラミッド……。

凝胤　まだまだ大きい。どういうわけであんなに多くなったかちゅうと、お釈迦さんが亡くなられた時にお骨を八つに分散してまつった。ところが八つやそこらに割ってくれたから不公平になって困る、誰にもやってもらいたいという議論が出ましてね。その当時マウリヤ王朝のアソカ王という王さんが、これをあまねく行きわたらそうというところから、八つの塔を寄せて燃やしてその灰でダンゴをこしらえて、八万四千に分けて八万四千の塔を建てたんです。

夢声　ずいぶん小さいダンゴですな。

凝胤　つまり舎利というのはシャーリという原

語ですがね。こらガンジス河の砂なんですわ。つまり仏さんが最後のゆあみをして亡くなられたというので、ガンジス河ちゅうようなとこは後世の仏教徒の一つの崇拝地になってる。せめてそこの石でも土でもというので持って帰って祭りよったんですわ。

夢声　すると、ノモンハンの戦死者の遺骨みたいなもんですな。……シャーリー・テンプルという女優は、考えるとおかしい名前ですね、舎利とお寺ですから（笑）。

凝胤　なるほどね。

夢声　チベットへおいでになろうとしたというようなことを書かれたのを、読んだ記憶があるんですがね、そのお話をひとつ伺いたいと思いますが……。

凝胤　つまり行こうとした原因はですな、いまから三十年ぐらい前ですが、世界の学界というもんがどの方向へ向いとったかちゅうと、誰も彼もが中央アジアの研究に向いたわけです。ル・コック（アルベルト、独・東洋学者）とかペリオ（ポール、仏・東洋学者）とかスタイン（オーレル、英・東洋学者）とかいう人がそれで成績をあげた。それに刺激を受けて日本では大谷《おおたに》光瑞《こうずい》（宗教家・探検家）さんが行ったんですよ。それから高楠順次郎《たかくすじゅんじろう》（インド学・仏教学者）さんがインドへ行ってヒンズースターニというもんを研究してパーリ・テクスト・ソサエティでパーリ語の研究を始めた。パーリ語ちゅうのは南方の言葉です。要するに仏教の正しい経典を求めるちゅう運動から言葉の研究もはやったもんや。

　そうこうしているうちにチベットのほうがもっと正しいということになってきて河口慧海《かわぐちえかい》（僧侶・仏教学者）さんがネパールからラサへ行

って、ダージリン、ポータラへ行って、相当お経を持って帰った。それから大谷光瑞さんのお弟子の青木文教《あおきぶんきょう》（僧侶・仏教学者）という人も行ってきたんですわ。そんなこって、日本でも中央アジアなりチベットの研究熱ちゅうものがさかんになってきた。当時わたしは中学におる時分で、正木直彦《まさきなおひこ》という、のちに美術学校の校長になった人が校長で、それと河口さんとが友人ちゅう関係から、河口さんがしょっちゅうやってきてその話をする。それからわたしも、面白いもんやなア、ひとつ行ってみたいと思うて、なんとかすきがあったら行きたいと考えつつ、学生時分にも中国まで行ってみた。それから大学を卒《お》えていよいよ行こうと決心したんですわ。そうして大正九年、十一年と何回か中国へ行ってチベット入りを企てたもんです。

夢声　で、どの辺まで行かれたんですか。

凝胤　まず行く方法を研究しましてね。北京に雍和宮《ようわきゅう》というのがあって、それがチベット政府の中国の出張所で、そこへダライ・ラマでもパンチェン・ラマでもきて止宿してる。だんだん様子を聞いた末、隊商に入っていくに限るちゅうことになって、ちょうどリンチェンという男がチベットから来ていて、それを連れていくことにきめたんです。隊商は北京を出て、いまの京漢線を通って、保定《ほてい》、石家荘《せっかそう》、鄭州《ていしゅう》へ出て、黄河をずっとのぼって西安《せいあん》から陝西《せんせい》、甘粛《かんしゅく》を伝うて行ったんですよ。ところがやっぱり語学がつたないんで看破されて、入り口のところでつかまって、ブタ箱に監禁されてしもたんですわ。

夢声　スパイの嫌疑でも……？

凝胤　鎖国の折ですからね、英国人の官憲がおってしょっちゅう目をつけてる。英国の勢力範囲でしょってに、その時分は。目的はこうやちゅうたってああやちゅうたって、とても聞いてくれるもんやない。約百日近く、日もハッキリわからんまっ暗なところで暮らして、ここで死ぬもんやと思うておったんですがね。そん中におんなしように入れられてる連中にゃ蒙古人も中国人もチベット人もおる。ノミとシラミと南京虫とでどうにもならんとこですわ。食べるもんちゅうとツァンパちゅうて、日本でいう麦粉を牛乳で練ったもんをくれる……。

夢声　栄養価値はありそうですね。

〈塩分を摂ると肌が濁る〉

凝胤　しかし味もなんにもないもんですわ。大体が塩のないとこでしょってに。……人間に塩が要《い》るとか要らんとかいうことを、戦争中にいいましたやろ。わたしはその時に、塩がのうてもいけるちゅう経験をしたんですね。日本人の肌ちゅうもんは濁っていましょう。塩のないとこの人はもっと透き通りまっせ。

夢声　塩なしのほうが美人になるわけですかな。

凝胤　ということでしょうな。塩気はもう要らんですよ（笑）。

夢声　あたくしはこないだ、噛む必要ないといって、歯医者さんに怒られましたよ。

凝胤　いや、あれは卓見です。わたしが昔からその流で、そうしてまたおカユの推賞者なんです。ものを噛まんちゅうことはわたしの持論でね、なんぼ噛んでみたかて噛まん部分が必ず出てくる。噛むちゅうのは結局唾液をまんべんのう与えることなんですよ。噛んでるうちに唾液が出て、そうして胃液が迎えにきて胃液と唾液が消化してくれるもんで歯が消化するというのは大きな誤りだということをいままでいうてる。歯悪うなったら唾液は必ず濃いのが出るようになっとるんです。その証拠にゃ歯がまだはえん子供の唾液は濃い。歯の修繕みたいなもの要らんちゅうのは、いかにもその通りですわ。あんたのアレ見て、こらええことという人もあるもんやと思うてね（笑）。

夢声　有力なる共鳴者が現われましたな、はからずも（笑）。……チベットのほうを続けていただきましょうか。

凝胤　そこで百日ほど監禁されてるとこを、三井物産の人が綿の買い出しにきて、助けてくれたんです。わたしが出た時分にはその人は上海に帰って、もうおらなんだ。命の恩人ですけど、誰やその人ついにわかりまへんがな。

夢声　ブタ箱の中でいろんな人間と暮らしてる間の、おたがいの話なんかは……？

凝胤　わたしちょっとでけまっしゃろ、チベット語が。中にチベット人もおりますさかいに、そいつが通訳してくれる。中国語もちょいとでけますから、なんとかかんとかしてるうちに、中国語も蒙古語もチベット語も上手になって……。【愈々《いよいよ》エライ、私などとはアタマも度胸も骨も違う！】

夢声　語学学校みたいなもんですな（笑）。

凝胤　そんなもんですがな。それからしようないもんですから帰りましたがね。日本で死ぬつもりははじめからないし、こんな田舎の和尚になる気もないもんでしょってに、どうしてもチベットへ行きたい。ひとつ方向を変えて行こうと思うて、こんどは四川省の成都《せいと》へ行こうとした。成都ちゅうのはね、中国では革命にかかっておらんとこなんですよ。そこへ行くと恐らく仏教の古いものが残ってるだろうと思った。特に中国の印刷が一番盛んだったのが成都なんです。木版をね、一番早うやってるんです、あこで。そういうわけで成都へ行きゃ、ええもんがあるやろと思うて、揚子江をのぼって南京から武昌《ぶしょう》、重慶《じゅうけい》へ行ったんですがね、いまならなんでもないけど、その時分は重慶から向こうへなかなか行けんですよ。川を伝うて行くのが三十日から四十日かかる。自動車みちをこれからこしらえるいう時でしたな。で、重慶を出発してそうこうやってるうちに、ここの先代が死にますしね、とうとう焦げついてしもたわけですな（笑）。

夢声　チベットってところは、なかなか文化が古いんですな。

凝胤　チベットは七世紀の時に開けてるんですよ。チベット語がでけたんが六世紀ですね。インドのサンスクリットになぞらえてこしらえた言語でしょってに、インドのお経を翻訳するには、言葉としてまことに都合がええわけです。

夢声　現在、サンスクリットというものは、人間のしゃべる言葉としてはどこにも残っていないんですかな。

凝胤　残ってますよ。ヒンズースタンがそうですわ。ヒマラヤ山の南麓、ガンジス河の沿岸がヒンズースタンです。フランス語みたいに、社交界の上流者の言葉に残ってきてる、下層民の言葉やなしに。

夢声　あの梵字《ぼんじ》ってやつがそうですか。

凝胤　あらシッタン（悉曇）というんです。シッタンというとタイプとデーヴァナーガリーと、世界じゅうの字は書き方が二様に分かれていて、右行でやっていくか左行でやっていくか、ちゅうことで文化の系統がわかるんです。ウラル、アルタイ山を中心にして東のほうは右行、西の方は左行ですわ。インドはちょうどその中間で、左行と右行と両方ある。日本、満州、中国、蒙古は右行です。インドではシッタンは右行で、デーヴァナーガリー・タイプというのが左行ですわ。南方仏教になるちゅうと、ブータンでもネパールでもシッキムでも、パーリ語ちゅうのはみな左行です。チベットも左行ですわ。サンスクリットの原点ちゅうもんはもうなくて、ウィーグル語の原典があってみたり、サマルカンドの原典があってみたりするわけです。

夢声　サマルカンドは何語ですか。

凝胤　中央アジアの西から入ってきたわけですね。アフガニスタン語ですかな。中央アジアからアフガニスタン、サマルカンド、ヤルカンドへ入り、一方ギリシャ、ローマへ入っていった。つまりアーリア民族の発祥地帯ですさかいな。

夢声　中央アジアの砂漠におろされている文化というものは、あるいは世界最古の文化かもしれませんな。

凝胤　知れんのやない。その通りですよ。

夢声　ナイル河や黄河、揚子江あたりの文化より古いわけですね。

凝胤　そらずっと古いんです。アッシリア、ヘブライ、フェニキア、あっちのものはみんな中央アジアからいった。世界文化の源泉をなしたもんは中央アジアですね。

夢声　東へきたのが漢民族ですか。

凝胤　それればかりでなく、モンゴールなんかもきてるし……。

夢声　日本もモンゴリアン先住ということになってるんですがね。

凝胤　いろいろまざってますね、日本人てものは。

〈顔の美醜と頭の良否〉

夢声　日本人の顔は世界中の顔があるんですすっ

てね。
凝胤　そうですね。しかし全体から見て、日本人の顔お粗末だっせ（笑）。
夢声　寄せ集めの、間に合わせですから……（笑）。
凝胤　割合に線がノッペリしとってね。
夢声　なにか引きしまったところがありませんね。
凝胤　ありまへん。荒づくりですがな（笑）。
夢声　どうもわれわれは劣等感からいうんじゃなく、公平に見て日本人の顔を美しいとは思えませんね。
凝胤　塩をやめたらええと思いますがね（笑）。しかしまあ馬を見て、あらどこの馬やちゅうことわからんけどもやな、人間の顔見たらどこの人やわかるのは結構ですな。おんなし顔やったら難儀やでエ（笑）。
夢声　顔が美しいのは頭がいいんじゃないかという考えが、あたしありましてね。どうも日本人はツラがまずいから脳味噌もまずいんじゃないかという不安を感じていたんです。南方へ行ってみると、インド人が立派な顔をしている。長谷川一夫なんざ土下座しなきゃならんような顔ばかりですよ。ところが話してみると、あまり脳味噌は働かないんですね。顔と脳は一致しないもんであるという安心を得たんですがね。
凝胤　わたしは丸反対で、顔のええ奴は根性が悪い、鼻筋の通らん奴は阿呆、声のええ奴は頭がええと、こういうふうにきめてる。そこでわたしは日本の医者は阿呆やちゅう論を立ててるんです。インドの医者は声を聞いて診察するんです。患者と対座して声を聞いて「あんたはどこが悪い」とこういいます。中国へ行くちゅうと、手を握って脈をとってわかる。日本の医者はですな、「いつから悪おました?」「どないな工合《ぐあい》です?」「あんたのおとっつぁんは、どうでした?」「おっかさんは?」（笑）。阿呆なこっちゃ。大学へ行ったりして見てるとみんなそうですがな。こっちから教えてもろてる。足を痛がってても腹痛の薬ぐらいくれよるに違いない（笑）。

夢声　患者のいう通り素直に聞いてる医者がありますね。患者は素人ながら雑誌やなんかで医学知識を仕入れてる。「どうも尿をとってみましたが、蛋白は出ませんから腎臓炎ではないらしいですな」なんて患者がいうと、「ハハア、なるほどね」って医者がいってる。「糖は出ないから糖尿病でもないようです。要するにこれは過労ですかな」「ハハア」「なるべく安静を保って消化のいいものを食べていればいいと思いますが、どうでしょうか、先生」「うん、それでよろしい」（笑）。

凝胤　まさにその通りですがな（笑）。

夢声　こういう静かなところでお暮らしになって、一日の一番のお仕事は……?

凝胤　朝は四時半に起きてお堂へつとめに行きます。帰ってきてみんな揃うて拭き掃除、掃き掃除をして、おカユで朝食をして、新聞見たり書見をしてから講義をする。午後は然るべく用事をして、夜は十一時ごろ寝ますな。

夢声　すると五時間ぐらいしか……。

凝胤　そいで沢山やありませんか。ただし偶数時間寝たら、なんぼ寝てもあきまへんで。奇数寝なきゃいかん。八時間寝たらあきまへん。三時間か七時間寝たらええ。三時間でもよろしい。五時間……

夢声　これははじめて聞きましたな。偶数か奇数かを気にしてて熟睡できないってことになりやしませんか（笑）。

凝胤　どういうわけか知らんが、長年の経験からいうて偶数はいけない。それから眠うなるまで寝んちゅうのがええ。

夢声　これはいいですね。「おれは不眠症で困る」というような人が、朝からはよく寝られる、なんていってる（笑）。そんな不眠症はない。寝る時間がずれてるだけでしてね。食いたい時に食い、眠りたい時に寝るというのがいいんでしょうな。

凝胤　それじゃ犬や猫とおんなしやがな。そらいかんわ（笑）。

夢声　食いたいというのは意地きたなく食うのでなく、本当に空腹の時です。

凝胤　そら工合悪いな。かりに非常に空腹をおぼえていて非常に疲労した時は、食わずに寝ます。そうすると回復早いんです。宿食《しゅくじき》ちゅうことを嫌う。宿食は病気の原因やでな。たとえば昼間、遠い道を歩いて帰った、非常に腹へって疲労しておって、グッスリもの食うて寝る、そいつは一番いかん。足が疲れ体が疲れてるから内臓は休ましてやらないかん。【なるほど、和尚様の顔色は艶々《つやつや》として桜ン坊みたい】

夢声　あたしはその宿食をやってるわけですがね。

凝胤　早う死ぬな、そら（笑）。寝る前に食わんようにせんといかんですよ。ガンかなんかになる。仏さんがわれわれにいろんな教訓を与えてる中に、宿食ちゅうことを戒めておられる。日本人でも秋ぐち寝しなにグッスリものを食うて寝ると、おなかが冷やされてあくる日は大腸カタル、というのがぎょうさんにありまっしゃろ。インドちゅうとこは宿食して昼寝しても腹痛うなるとこでしょってにな。

夢声　しかしこれは習慣でしてね、あんまり空腹だと眠れない人がありますよ。……酒やタバコはどうですか。
凝胤　わたしは酒ちょっとも飲まん。飲める人は飲んだがええか知らんが、飲まんほうがもっとええわな。
夢声　その点は疑問ですね、あたしは。
凝胤　あんなもん要らんな。

〈「仕方なしに」生きている〉

夢声　要らんといって片付けりゃ、生きてることも要らなくなるが……。
凝胤　生まれてきたからしようがない、生きてるんでやな。……タバコみたいなもんのむ必要ひとつもない。タバコのむんやったら、メシ食わんとかなんとかしてもらわんと、そらいかんな（笑）。タバコのまんと話でけんとか手持ち無沙汰やとかいうが、ほれこの通り手持ち無沙汰でもなんでもない。
夢声　無駄ですかな。
凝胤　無駄ですがな、あんた。いかにも無駄ですがな。
夢声　（庭さきに目を移し）こういう庭なんぞ、こんな石がいい、あんな木がいいといっていろいろ工夫して植えたりなんかするのも無駄じゃないですか。
凝胤　もちろん無駄ですよ。坊主の着物かて要らんもんは着るなちゅう規則があるくらいや。大廈《たいか》高楼《こうろう》を構えるなんかもってのほかやわな。無駄なことばっかりしよるですよ、人間てやつは。……頭の毛長うするのも無駄やで。
夢声　短くするだけ手数でしょう。
凝胤　散髪へいくわけやなし……。
夢声　わたしは自分で刈ってます。
凝胤　自分でつむのが面倒や（笑）。

夢声　湯殿へ入ってこれを切ってると、疲れがとれますよ。
凝胤　短うしてごらん。もっと気持ちええですよ。
夢声　剃るのに時間はどのくらい……。
凝胤　二分間（笑）。
夢声　二分じゃ剃れませんよ。剃るったって剃りようによるんで、あなたみたいにきれいに剃るにゃア……。
凝胤　何いうてなはんね。結構二分で剃れますよ。（頭に手をやって）スースーこうやったらええのやもん。三日目か四日目にいっぺんやってるから、もう撫《な》でてるようなもんや（笑）。
夢声　三日目にいっぺんずつなら、二分だとしてもずいぶん時間とりますね。あたしは月にいっぺんです。
凝胤　しかし、やってごらん。気持ちようて賢うなって……（笑）。そうして邪念が起こらん。
夢声　邪念が起こりませんか、あなたは。
凝胤　起こりませんよ。
夢声　坊主になったって、起こる奴は起こりましてね。
凝胤　起こりません。
夢声　坊さんで起こした実例がたくさんありますよ。
凝胤　まあ清玄《せいげん》みたいなのもあるが、そら坊主やないんです。落髪するとか掃除するとかいうのは結局、お釈迦さんが性欲から身を守る方法として考えたもんですよ。宗教家が独身でないといかんちゅうのも、妻帯すると必ず子供ができますわ。そうすると民衆に対する愛がだんだん薄らいでいきますわ。子供の愛とか家族の愛とかいうつまらんことに拘泥しますからな。
夢声　妻帯すると、僧侶としてなすべきことを果たすのが困難になりますかな。
凝胤　なりまっせ。いいたいこともいえんようになりますがな。わたしんとこへも夫婦喧嘩なんか持ち込まれる。「別れたらええやないか。一人で喧嘩でけへんよってにさっさと別れたらええ」ちゅうと、仲ようしてまたいっこる。再びいうてこんわ。
夢声　また「別れろ」っていわれるからでしょう（笑）。……そうすると一生もう妻帯はなさらんですか。
凝胤　いま時分、この年になって嫁さんこんでな、そらア（笑）。よろしいで、独身ちゅうもんは。
夢声　独身てえのは結婚をしないという意味ですか、女を相手にせんという意味ですか。
凝胤　もちろん、女を相手にせんちゅう意味やがな。
夢声　一生不犯《いっしょうふぼん》というわけですね。それも禁酒禁煙と同じですかな。【さてこの生涯不犯が、どう響いたものか、師は突然妙なことをいい出し、それから一九五一年度最大の大激論となった】

〈天動説で少しも困らぬ〉

凝胤　わたしはあんた方と違うと思うのは、いまもなお天動説をとって、地動説をとっていない。わたしの持ち合わせの知識で、天動説で十分説明つくわけや。あんたらは地動説をとってるわけやな。
夢声　そりゃもう、小学校以来それで習ってますがね。しかし天動説でもって説明がつくというだけで、地動説が間違いだとはいえないでしょう。
凝胤　天動説でちょっとも困らんもの、それでええやないかいな。さかろう必要はないわな。地球かてあんた、いままで丸こいもんやいうてたけど、このごろは楕円形で北極と南極は細うなってるちゅうようなことをいうてる。つまり地球は円筒形やな。

夢声　そりゃ円筒形でもようござんすがね、丸いことは認めてるわけですな。

凝胤　円筒形やもん、丸いことは丸いですな。

夢声　それが空間に浮いてることも認めてるんでしょうな。それで天のほうがグルグル回ってるんですか。

凝胤　回っとるんです。

夢声　それのほうが便利かもしれないが……。

凝胤　いや、便利も何も、その通りなんですよ。あんたら勝手に……。

夢声　「あんたら」とおっしゃるが、そのほうが大多数です。

凝胤　日本人ちゅうもんは、そればっかりやで。そら教えられたからそれに違いないと思うて……。

夢声　あなたも教えられたからでしょう。

凝胤　そら教えられてきたが……。

夢声　それじゃア頑固ですよ。

凝胤　そんなことはない。その学問をやったんです。東京の浅草の伝法院に視実等象儀という精巧な模型ができてる。

夢声　天動説のほうのやつですね。

凝胤　そのほうや。大学にもそういう模型が沢山ありまっせ。

夢声　模型があるってことは、その説が正しいってことにはなりませんな。

凝胤　そういうふうに運行してるんだから……。

夢声　してるということは証明できないでしょう、ツジツマが合うというだけで。

凝胤　こっちがじっとしてるのに、朝になっておてんとさまが出てくる、向こうが勝手に動いてるのやよってにな。
夢声　勝手に地球が回ってるってことも考えられますな。
凝胤　そら回ってるとも考えられるが、わたしアしかしちょっとも動いておらんと思うて、ジーッと座っとる（笑）。
夢声　論そこに至ると、ちょっと……。
凝胤　頑固ですかな（笑）。しかしわたしどもの持ってる知識というものはその程度やな。動いておらんもんはおらんのやろ。
夢声　天動説で差し支えないから天動説をとるとおっしゃるのか、天動説を正しいと認めておられるのか、どっちなんですか。
凝胤　わたしは徹頭徹尾、天動説できているわけや。
夢声　地動説はウソだというんですね。
凝胤　そういうてどこでも説教してるわな。
夢声　そういけたらいいですな。
凝胤　いけたらちゅうて、いってるやないか。
夢声　羨ましいっていってるんですよ。
凝胤　それから出発していかんと、経典とかなんとかすべてそれで成立してるんだから、出てこんがな。
夢声　いやそうですかなア、これはどうも恐れ入ったな。
凝胤　恐れ入ることはない。あんたら新しいことをいうが……。
夢声　あたしが新しいことをいってるわけじゃないですよ。
凝胤　昔から日本人のいうてきたことを捨ててしもて、明治になって入ってきたことを信じてるわけやな。

夢声　そのほうが納得できるから……。
凝胤　片っぽだけ知って納得でけるちゅうのはおかしいな。わたしはすくなくともあんたが習うただけの天文は明治になってから習うてる。そうしてこっちのほうがよっぽど納得でけるちゅうわけや。あんたのほうは前のを知らんと、のちのだけに従うてるんや、勝手に。【こうなると、私は修行が足りないから、中ッ腹である。師は修行は足りてるんだろうが、同じく中ッ腹と拝察した】
夢声　まあそういうふうにおっしゃるのも結構ですけども、それはどうも衷心から「さようでございますか」といって感服はできませんな。
凝胤　わしはやっぱり、あんたのいうこと感服でけんわ。
夢声　そりゃあ当然ですね。
凝胤　ということはやな、あんたが天動説のほうも十分知った上で、その後の地動説も習うて地動説がええいうんならわかるが、前のを知らんとあとからきたのを信じてる。賛成者が多いというだけの話やな。
夢声　あとから生まれたから、あとで出たのしかおそわりませんでな、あなただって生まれた時のことからしかおそわっておらんでしょう。古いことを研究なさっているから昔のことを知っておられるということでしてね。こういう説というものは、あとの説が正しければ前の説は駄目になるんですから、駄目になったほうまでおぼえなきゃならんてことはないと思うんだがなア。
凝胤　ところが駄目になってないんだから……。駄目になったちゅうのは、あんたの勝手な話で……。
夢声　勝手ったって、あたし個人でいってるのやオマヘンぜ。

凝胤　おまへんちゅうて、そんなら誰がいうたかな。

夢声　誰でもみんないってるじゃありませんか。あなたは奈良にいらしって、今までの古い知識のほうが正しいからあとのものは認めないというのは、おかしいですな。

〈多数論はだいたい愚論〉

凝胤　そら簡単にいかんで。多くの人が信ずるから正しいとか、新しい人がいうてるからそれが正しいちゅう議論は工合悪い。わたしは根拠があるよってに、わたしのほうをいっぺん調べてみてくれと、こういうてるんですわ。大学でも木村泰賢《きむらたいけん》（インド哲学・仏教学者）や前田慧《まえだえ》雲《うん》（学僧・教育者）という博士はみなこのほうの派や。

夢声　大勢がいってるからといってそれに従うことは納得できないし、あとから出たのが真理とおぼしきものであるからといって頭からそれを支持することもうけがわれないというご意見ですね。そうすると何を信じたらよろしいんです、われわれ凡人は。

凝胤　衆《しゅう》は愚《ぐ》なりちゅうことがありますわな。多くの奴のいうことは愚論しかないわけや。多くの奴が賛成するのは大体愚論やわな。

夢声　最初地動説が出た時はそのほうが少なくて、天動説のほうが支持者が多かったわけですがねェ。

凝胤　世界中駆け回って一人ずつイエスかノーか取ってきていやへんやろ。まあ中国人やインド人はそう思うとったやろな。

夢声　あなたのお説だと、天動説のほうが衆論だから間違いだったのが、こんどは地動説が多くなったからそれが間違いだってことになりますよ。
凝胤　そうなっても、わたしどもは不思議に思わんから信じてると、こういうとるんですわ。
夢声　それは結構なわけです。【もう無茶苦茶でゴザリマス】
凝胤　そやそや、結構なわけや。ちょっともわたし自身、天体現象に対して不審はない。あんたが時代遅れといおうと阿呆やいおうと、わたしはこのことを説かずんばあらずちゅうわけで、いつもやっていますよ。天動説いうても地動説いうても、天文学は仏さんの時代から考えられておって、『倶舎論《くしゃろん》』『婆沙論《ばしゃろん》』ちゅう本に書いてあるんですわ。わたしは相当科学的に研究してみた。わたしもここまでがんばるだけに、学生時分はちょっと気ちがいでしょってに、とことんまでやったもんや。コスモゴニー（天地創成論）ちゅう論文を発表したことがある。自然科学のほうもやって、両方対比して研究発表したんです。大学で講演会やった時は、理科の人もだいぶきて聞いてくれたもんや。こいつァまだまだ人類に残されてる問題で、新しい研究がでけてわたしの考え方がまたええということにならんとも限らんですよ。第一、地球を南へ南へ行って、北へ戻ってくるかどうか、それさえハッキリしとらんやろ。
夢声　大体飛行機で北極を越えてニューヨークからモスコーへ行く航空路もできているし、南極はまだ航路が開けていませんけども、南から北へ回るということはまあ想像できますな。それから星なんぞも分光器で見て、成分などがこうこうであるという報告があります。あの星は地球から向こうへいっているものだ、この星は地球のほうへ接近してるものだってことが分光器に出てくる。あれでもってわかるわけですがね。

凝胤　とにかく星の研究なんちゅうもんは、もっと綿密にでけてるんですよ、インドで。星の数が幾つもあるちゅうことを三千大千世界というてるんですわ。星の数一つでも勘定してるんですよ。

夢声　天が地球を中心として回るってことになると、地球に近い星は二十四時間で回るのはラクですがね、何万光年という無限大の距離にある星がやっぱり二十四時間で走るということになりますな。

凝胤　そんなことないな。

夢声　そうしなきゃ、一定の位置の恒星は見えませんよ。

凝胤　プラネタリウムちゅうもんで見てごらん。何万年前の星はこの位置や、この星はこの位置やいうて、変わってますわね。

夢声　ですけども、今夜見た星とあすの晩見た星と、そう変わっていませんよ。二十四時間でパッと回ったことになりますな。

凝胤　そら回ってるのやろ。

夢声　そうすると星の光線が地球へとどくのに一年かかるのを一光年というんですが、百万光年ぐらい向こうの星はですな、二十四時間でもって直径百万光年の円周を描いたとしてみると、光線よりずっと速いってことになりますね。

凝胤　そうなるやろ。

夢声　光線より速いというものは、ちょっと想像できないが……。

凝胤　想像でけんいうても、ただ想像でけんだけの話でやね、実際はどのようになっとんのやらわからへんよってにな。人間の頭で考えたもんなんか知れたもんです。

夢声　しかし人間の頭で考えたことで、あなたものをいってらっしゃるわけですからね。

凝胤　大自然ちゅうもんは、人間の考えたようにゃ動いていないのでな。

夢声　とにかく非常に面白い異説を伺いましたな。

凝胤　わたしもこの説が絶対的なもんやと思うてるわけやなしに、いまの段階ではそれよりほか信じられんというわけです。だんだん進んできて、また必要に迫られたらまだまだ変わってくるやろな。

〈喜怒哀楽を超越の境地〉

夢声　話題を少し変えましょうか。時どきお弟子さんを叱ったりどなったりすることがおありでござんしょうな。

凝胤　そらあります、毎日（笑）。怒らなんだらとてもいかんわな。

夢声　本当に怒るんじゃなく、修行のためにでしょうね。

凝胤　そうです。腹みたいなもん立たしまへんわ。向こうは腹立ててると思うてまっしゃろけどな。

夢声　一応そういう形式をとらなければね……。涙もろいほうじゃありませんか。

凝胤　そんなこと絶対ありませんな。

夢声　涙なんてものは、アクビする時のほか出ませんかな（笑）。

凝胤　弟子が兵隊にいって六年間陸軍病院に入って、死によった。そのお葬式やる時だけは涙出たな。親の死んだんは、ちょっとも涙出ません。生まれよった時に死によるのはきまってるから、生まれる時に喜んだように喜んで送ったらええちゅう理論やな。ところがこの若い奴の時だけは……。

夢声　笑うというようなことは、始終あるでしょうな。

凝胤　そいつもすけないですね、おかしいことないんだから（笑）。笑う奴は愚痴で、理屈がわからんから笑うんですわ。腹からおかしいて笑うてなことは、まあないようですな。ようい いまっしゃろ、おへソが宿がえするてなこといいよるが、そんなこと絶対にないなァ。人が笑うから義理で笑うてやるようなもんでね。

夢声　おかしいってことが、そうあるはずはないですな。碁や将棋は……。

凝胤　碁は打ったも打ったも、実に打ったんですよ。そらもう中学四年の夏休み約一週間は夜通しやったな。まるきり気ちがいみたいな生活でんねやな。

夢声　昼間は寝たわけですか。

凝胤　昼も寝んと……。しまいにゃメシ食おうと思うてお膳を見ると、食卓の上に茶わんとか鍋とかのってまっしゃろ、それが黒と白に見える、天井が碁盤に見える（笑）。一週間ほどで強うなったな。ところが先代が帰ってきてセッカンを受けた。これほど時間を空費するもんないちゅうて怒られてからいっぺんも打たん。打たんちゅうたら絶対に打たんですわ。それから勝負事はきらいになりましたな。天津へ行った時に段祺《だんき》瑞《ずい》（軍人・政治家）に会いに行ったら、段祺瑞と梁啓超《りょうけいちょう》（思想家・政治家）が向かい合わせになって麻雀をやっとる。

夢声　二人差し向かいで……？

凝胤　二人ですよ。いまのと違うかな、麻雀ちゅうもんやいうとったが。大正の晩年ですよってにな。ゼニ払うとるさかいバクチやろちゅうことだけはわかったけどな。それからじきに麻雀ちゅうもんは日本へ入ってきたんですな。
夢声　日本へ来はじめは大正十四年ごろでしたな。その前もごく特殊な人はやっていましたけどね。
凝胤　しかしナンですね、日本は中国をもっと研究せないけまへんわ。ちっさな国では、偉い人間出ませんぜ。中国人の偉い奴ときたら、ズバ抜けた奴がなんぼでもおるな。蔣介石《しょうかいせき》が偉うなったんも、側近に太虚ちゅう大宗教家がついてるよってにですわ。太虚和尚、これは偉い男ですな。おそらく台湾にも一緒にいってるらしいがね。
夢声　しかし日本はせせっこましい島国ですが、交通機関の発達によって世界じゅうが島国みたいなせまさになったら、これからは島国根性でなきゃ世界じゅう成り立たんことになるんじゃないですかな。
凝胤　そうでもないんですな。中国なんかでは偉い奴は、みんな山奥に入っとる。日本では偉そうな奴は東京にみな寄っとる。これだけの違いがありますからな。
夢声　偉い奴が山奥へ行っちまったら、困りゃしませんか。
凝胤　山奥で次の人間をつくってるわけやよってにな。衡山《こうざん》とか五台山《ごだいさん》とかいうとこへ行ったら、えらいおりますわ。
夢声　竹林《ちくりん》の七賢《しちけん》……、われわれ凡俗といえども、このごろは時どき世の中にあいそがつきて、気の合った同士で山奥で話をしたらいいだろうと思いますが、いまは竹林に入れませんでね、日本では。入ると食うに困ってしまうんですから。
凝胤　困るちゅうことを考えるのが間違いやな。食えなんだら食わんでええがな（笑）。わたしは戦争中、与えられるものしか食わなんだ。このごろは与えられるもんが多うなったよってに、よう肥えたわ（笑）。

夢声　良寛《りようかん》、芭蕉《ばしよう》なんてのは、日本人が大いに憧れてる境地だが、この頃はあれはできませんからね。

凝胤　いや、でけるけどしゃへんだけやな。でけますよ、結構でけますよ。

〈「寿美蔵改め寿海」で失敗〉

夢声　芝居なんぞご覧になりましたか。

凝胤　大学を出たころだいぶ見ましたな。高野辰之（国文学者・作詞家）という劇の研究をやってる音楽学校の先生が大学へ歌謡史の講義をしに来るようになって、ウィスキーを一杯飲んで声色使うて講義するのを聞いたり、高野さんのとこへ行くと役者が来ておっていろんな話を聞いたりして、演劇ちゅうもんは面白いもんやなァと思いかけたんですね。それから歌舞伎座がはじめてでけた時に、高野さんに連れられていったのが、芝居を見たはじめですよ。

夢声　なんでしたかな、だしものは。

凝胤　あれ、なんやったかいな。……そうそう、なんでも大坂城落城の……。

夢声　坪内逍遥《つぼうちしようよう》の「沓手鳥孤城落月《ほととぎすこじようのらくげつ》」ですかな。

凝胤　歌右衛門が淀君になって出てくるようなやつを見た。それからだんだん面白うなった、こんどは歌右衛門でも物足らんちゅうようになって、左団次とか菊五郎、梅幸、芝居も「四谷怪談」とか「お祭佐七」とかいうもんが面白うなってきて……、その時分に一つの話があるんですよ。

菊五郎が明治座かどっかで芝居をやった時、寿美蔵《すみぞう》、いま大阪におる寿海《じゆかい》やな、あれがはじめて東へのぼってきて、そこで「船弁慶《ふなべんけい》」をやったわけや。それを見にいきましたんや。高野さんや香取秀真《かとりほつま》（工芸家、歌人）さんなんかと一緒でしてな。「どうも寿美蔵はヘタクソや。大阪芝居というもんは大根芝居ばっかりや」ちゅう話を横で聞いとった。そらそいで済んで、こっちへきてからは芝居みたいなもん見にいく機会ありませんし、映画も見る機会ないし、そんなもんとは縁遠かったんですよ。

ところが昨年、偶然に寿海ちゅう男がお茶をだいぶ前からやっとるもんだから、一服いただきたいというてきた。役者ちゅうことも知りまへんし、いらっしゃいというわけでお茶飲ますことにして、話してるうちに「あんた何してはんねん」ちゅうと「実はわたし芝居の役者で寿海と申します」というわけやな。「わたしも東京で再三芝居見たことあるが、大阪の役者てみなカスばっかりやそうな。寿美蔵ちゅう奴が出てきたら、実にヘタちゅうことをいうとってん。寿美蔵ちゅう奴いまどうしよったかいな」（笑）。そうしたら寿海、しまいまで話聞きよって「実はわたし昔寿美蔵と申しまして……」ちゅう話でね、こっちは進退きわまってね、工合悪かったですな（笑）。

夢声　さすがのあなたでも、そういう時はやはり工合が悪いですか（笑）。

凝胤　それから心安うなって、芝居見にこいこいいうてくれよってね、いっぺんその後の腕を見てくれちゅうわけや。三十年ぶりかでこないだ見てきましたよ。

夢声　関西へ帰って寿海になってから偉い看板になりましたよ。東京では寿美蔵はヘタだっていうんじゃなくいい役者だったが、パッとした人気は出ずじまいでしたね。近年は大変な売り出しようで、毎日演劇賞かなんかもらいましたな。

凝胤　わたしも間に合わせでいっぺん俳優になったことがあんねんや。

夢声　日蓮聖人の役ですかな（笑）。

凝胤　そんならええのやけど（笑）、あそこの伽藍へ右太衛門がロケにきましてね。わたし衣きて堂へ行っとったら、「あんたのふうをしてもろたらいつの時代でも間に合いますよってに、すんまへんけどロケの中に入ってもらえまへんやろか」ちゅうわけやな。入ってやったんですよ、ぼんさんが立って見てるとこを。

夢声　日蓮一代記などとると、主役にいいんですがね。「日蓮辻説法」を描いた木村武山《きむらぶざん》がこちらへきたことはありませんか。

凝胤　木村武山は心安いですわ。わたしが日蓮のモデルになって日蓮像を作っています。池上の本門寺にありますがね。

夢声　それでどうも、見たようなお顔だと思いましたよ（笑）。

（『週刊朝日』一九五一年六月十日号）

◉徳川夢声

一八九四年島根県生まれ。活動弁士、漫談家等を経て、座談の名手として多方面で活躍。絶妙の話芸の持ち主と賞賛されたマルチタレント。各界著名人との対談「問答有用」（『週刊朝日』連載）は四〇〇回に及んだ。紫綬褒章受章。一九七一年逝去。『話術』等著書多数。

IV

薬師如来の功徳

〈東方の如来〉

お薬師さまと申しますのは、字で表わしておりますように、薬とお医者さま、先生ということでございますが、その薬と先生というものを人格化して薬師如来《にょらい》というものが生まれているわけでございます。大体このお薬師さまというものは非常に古いものでございまして、おそらくインドの仏教が起こるよりまだ十世紀ほど前からインドの医薬というものとともに起こっておるものと考えられます。それが仏教が起こってまいりましてからその中へ組み入れられて、薬師如来や阿弥陀如来と、こういうふうに人格的な仏さまの名になってしまっておるわけでございます。

そこで、インドでは医方明《いほうみよう》と申しまして、五明《ごみよう》の一つである医薬の法というものが非常に古くから伝えられております。いまわれわれが漢方医薬といっておりますのは、ほとんど全部がインドで起こった医薬でございます。またインドと申しましても、特にただいまのアフガニスタン、トルキスタンとヒマラヤ山との間ごろ、いわゆる中央アジアで起こった考えでございます。しかし病気と申すものは、これはいずれの世におきましても最もわれわれ人間が抵抗を感ずるもので、この医薬というものはわれわれ人類の発生とともに起こっておる考えでございます。

そこで、医薬によってわれわれの苦悩をなくするということは、これはどうしても神とか仏とかいう特別なものがあって、そうしてわれわれの病気、苦痛を救済される、救済してくれた人が神であり仏である、こういうふうに考えて薬師如来は生まれてきているわけでございます。

インドでも主として南インドのほうが最も薬師さまの信仰が早かったのでございまして、よく東方の教主薬師如来と申しますが、これはつまり黎明《れいめい》を表わしておるのでございます。阿弥陀さまは日の入りの西のほうのお浄土である極楽《ごくらく》浄土に対して、東のほうの浄瑠璃《じょうるり》浄土と申しますのは東方にある。東のほうには薬師如来があり、西のほうには阿弥陀如来がある、こうなります。いわば日の出でございまして、日の出る方面と日の入る方面というので、われわれの過去と未来と現在——未来はすなわち日の出るほう、そうして日の入りというのは過去に陥ってしまうということで、われわれ人生の一生涯を過去から未来へ、未来から現在へと、こういうふうに説いてきた、いわゆる東のほうに薬師如来がおられる、こういうふうに考えてきたわけでございます。

〈薬師如来を慕う〉

そこで、薬師如来のご信仰ですが、ほんとうに人格的に薬師如来として信仰されましたのは、おそらく紀元前一、二世紀ごろから非常に盛んになって、そうして特に紀元後三世紀、四世紀ごろが最も盛んであったのではないかと思うのでございます。いま、薬師如来の遺物を見てみますと大体紀元前後から紀元三、四世紀ごろにインドでは一番盛んであったように思います。日本、あるいは中国あたりでは、紀元七、八世紀から十世紀ころまでが盛んでございまして、特に日本の場合には、仏教渡来以来、現世《げんぜ》の現在の世を救う仏さまとして薬師如来が最も信仰されてまいっております。

薬師如来は、法隆寺も薬師如来であり、私のほう（薬師寺）のも薬師如来でありますが、奈良朝時代の国分寺はたいてい薬師如来であります。高野山が薬師如来であり、比叡山が薬師如来であり、日野の法界寺《ほうかいじ》が薬師如来であるというように、わが日本におきましては藤原時代の中期に至るまでは大体国民の信仰は薬師如来でありました。この仏は現世を救う仏でございまして、主として現在のわれわれ人間どもの苦痛を右から左へ救うてくださるというのが、薬師如来のいわゆるアットリビュートといいますか、その属性でございます。現世の中においても病気が中心でございまして、われわれの病気をどういうふうにして救うかということが薬師如来のご誓願でございます。

〈薬師如来のお願い〉

薬師如来のことを書いた『薬師経』（『仏説薬師瑠璃光如来本願功徳経《るりこうにょらいほんがんくどくきょう》』）というお経がございます。このお経の中に、薬師如来が十二の大願《だいがん》を立てるということが書いてございます。ご承知の通り、阿弥陀如来には二十四の願《がん》があり、三十六の願があり、あるいは四十八の大願がある。こうして阿弥陀さまには四十八の大願、薬師如来には十二の大願をお立てになっておるわけでございます。これは薬師如来がもと菩薩でご修行なさってござった時分に、私がもし仏になった節にはこれこれのことを人類から解放してやりたい、救うてやりたい、こういうのが願でございます。そうして薬師如来はすでに菩薩から仏になっておいでになる。したがってわれわれ一切衆生《いっさいしゅじょう》は、その発願された願の通りに救済されていく、こういうのが薬師如来の願でございます。

その十二の大願を見ますと、つまりわれわれの病気には、精神的のものがあり、肉体的のものがある。肉体的の病気はわれわれ日常に苦痛を感ずる自覚症状がございますが、自覚症状のない精神的な病気というものをも考えておられるわけでございます。精神的の病気としては、われわれは外道《げどう》・小乗《しょうじょう》というようなものに眩惑されておる。いまの言葉で申せば、資本主義や共産主義に眩惑されて、その思想に偏しておる方がある。昔でいうなら小乗や外道の教えに左右されておる人がある、こういうことでございます。そういうふうな外道や小乗、あるいは共産主義や資本主義というような一方に偏した考え――今日われわれが知る共産主義というような考えは、これは一方に偏しておる平等原理でございますし、また資本主義というものも、いわゆる民主主義から生まれた自由主義という一方に偏した考えでございまして、これにも欠点はたくさんございます。

しかるに仏さまはいつも中道《ちゅうどう》ということをお教えになっておる。われわれは中道でなければならぬ。中国でも『中庸《ちゅうよう》』という本を見ると、中は天下の大道なりと書いてある。われわれは中道を歩かなければならない、一方に偏しておってはならないということで、これを思想的な悩みと、こういうふうに申されておるわけでございます。こういうふうな思想的なもののことをいいます。

次に自分が精神病を患《わずろ》うておる場合がある。われわれはいろいろな錯覚を起こし、いろいろな幻覚を起こしておる、これは精神的な病気でございます。あるいは神経衰弱である、あるいはまたノイローゼであるというのも、みんな精神的な病気でございまして、精神的な病気には自分自身から起こっておる精神病と、思想的な誤りを起こしておる、錯覚を起こしておる病気がありますのを各種の方面から救済していく。あるいは大乗を説いて精神を安立せしむるとか、あるいは平心《へいしん》をもって一方に偏しない考えを起こすとか、あるいは自分というものにこだわらない、人というものにこだわらない、物にこだわらないという、自我を捨てて無我になる。あるいは法執《ほっしゅう》を捨てて、平等心、等心というものになる。こういうふうに、すべて精神的な病気に対する救済法というものを、願によってお立てになっておるわけでございます。

いま一つ、社会苦とか経済苦とかいうものに対する、われわれの病気を解除するという運動でございます。たとえば、貧乏で飯の食えぬ者にはご飯を与えてやる。貧乏で着物のない者には着物を与えてやる。こういうふうにいろいろな経済的な苦しみ、社会的な苦しみに対して、これをどういうふうに救うていくべきかということを考究しておられる願もございます。

もっと深刻な願は、われわれが戦時中よく感じたことですが、王の命令によって戦争をしなければならぬというときに、その王の命令、あるいは上官の束縛、あるいは上官からくる圧迫をどうしてのがれるかという問題でございます。戦争責任はもちろん国王にありますことは、はっきりと書いておられまして、決して国民に責任があるのではない。命令されるままに国民は動いただけで、その責任は国王にある。国王の束縛力、あるいは上官の束縛力、あるいは力と金で人を束縛しておる。そういうふうな、いわゆる力とか金とかあるいは主権とかいうもので束縛する。これをどうしてのがれるかというようなことを発願されて、一切の苦痛をのがれ、抵抗からのがれる方法を説いておられます。

このように精神的にくるもの、あるいは社会的にくるもの、経済的にくるもの、あるいは力とか財産とかいうもので圧迫を加えられておるもの、そういうものに対する救済力というものも一応考えておられます。したがって思想的な面と、自己自身からきた精神的な患いと、さようなものをいちおう取り除くし、また経済的に社会的にくる難を除くということが『薬師経』には書かれておるのでございます。

〈薬師本願の主眼点〉

しかし、最も重要な薬師の願は、薬とお医者さまということにあるのでございます。われらの肉体的な苦痛をどうして救うていくかが中心課題である。これが第七の大願でありまして、「衆病悉除《しゆびようしつじよ》」ということを書いておられます。これがおそらく薬師如来の救済力の主眼となるものだろうと思います。まず肉体的な病気を救う。肉体的な病気というものは、目を病む者がある、耳を病む者がある、口を病む者がある、あるいは五体を病む者がある、内臓を病む者がある。種々雑多でございます。また病気をしても無医無薬のところ、無医村というのがある。あるいはまた医者にかかるだけの金のない者がおる。そういう人といえどもこれを救うてやろう、こういうのが薬師如来の仕事でございます。そうしてわれわれ人間の相好光明《そうごうこうみよう》となる。

考えれば、われわれの五体がそろうということは非常にありがたいことでございます。なかには五体のそろわない、いわゆる五根《ごこん》不具というのがある。このごろでしたら小児麻痺の人がある。障害者がある。こういうふうな人に対して、どういうふうにこれを救うかということを発願しておられるのが第一の願、第二の願でございます。

また、われわれ相好光明をそろえる、また同じ五体をそろえておっても、顔のゆがんだ人とか、あるいは手足の短い人であるとか、五体の指が六本あるとかいうように、五根完具しておらない人、こういう人に対してこれを完全無欠な体にするし、まただれが見ても見よい相好なり光明なりをそなえた人間にしてやろう、こういうふうに各種の方面から十二の大願を立てて、われわれの精神と肉体、あるいは外界からくる諸般の抵抗、苦痛というものを除くために、薬師如来を念ずればその功徳によってこれを一掃させてやろうというのが薬師如来でございます。

〈インド、中国、日本の薬師信仰〉

それで、薬師如来の信仰は、中国でも非常に古い時代、すなわち六朝から唐へかけては非常に盛んに行なわれた。インドにあってても中央アジアにおいては特にサマルカンド、ヤルカンドあたりでこの信仰が盛んであった。仏教が起こってから薬師ということが仏さまの教えの中へピタリと入ってまいったのでございます。仏の一切衆生に対する大慈悲の現われ、つまり薬師如来の現実の姿が仏の大慈悲の姿である。こうした仏教の慈悲心をもって、仏教の中へ完全に薬師如来が入って、全アジアに薬師如来の信仰がひろまった次第でございます。

わが日本では私が統計をとって調べてみますと、薬師如来をおまつりしてお堂を建てておりますのが数多ございます。それだけ薬師の信仰は普遍的になっておりまして、東京でも新井《あらい》に薬師さまがあるし、また出雲《いずも》へまいりますと一畑《いちばた》の薬師がある。私どもの薬師寺にはもちろん本尊に薬師如来をまつってあります。薬師寺は天武天皇さまがお建てになったのでございますが、その後、天武天皇さまの皇后持統天皇さまが跡を継いでおやりになり、さらに文武天皇さま、元明天皇さま、元正天皇さまのときに完成されております。

そうして、この五人の天皇がみずから三宝《さんぼう》のやっこといわれて、この寺の完成を期しておられます。持統天皇二年のときに無遮大会《むしゃだいえ》を薬師寺で行われたことが『日本書紀』にも出ております。そんなわけで薬師如来の本山はこちらになったのでございまして、持統天皇さまのときに全国に薬師如来をおつくりになった。そうして中央に薬師寺を置き、全国に薬師如来を置いて、行政の組織あるいは宗教的な連絡機関としてお建てになって、それに配しておる僧侶は、地方文化の先駆者であるという一つのシステムをつくられたわけでございます。それをまねてやられたのが聖武天皇の国分寺の考えでございます。

そういうふうに、国府というものができてみたり、中央集権、地方分権というものをほんとうに確立いたされましたのは白鳳時代の天皇のご考案だと思いますが、持統天皇さまのときにすでにそうした中央に薬師寺、地方に薬師寺というものを置いて、ただいまも厳然と各地に薬師寺が残っておりまして、今日でも、多くの薬師如来をおまつりした場所が残っておるのでございます。

今日にあっても、薬師如来の恩徳は国民全体を加被《かび》していられる。このゆえにわれわれは薬師如来を信仰しているわけなんでございます。

（『大法輪』一九六二年一月号）

唯心の世界

仏教を学ぶ上に「唯識《ゆいしき》三年、倶舎《くしや》八年」という言葉がある。これは、少なくとも仏教を知ろうとする者は、唯識と倶舎論を学ばなければならないことをいっていると同時に、この二つの学問が、非常に努力を要するものであることを表現している。

さて、唯識教学の根本聖典は『唯識三十頌《ゆいしきさんじゆうじゆ》』である。西紀五世紀、北インドの犍駄羅国富婁沙富羅《けんだらこくふるしやふら》の憍尸迦《こうしか》の第二子で、無著菩薩《むじやくぼさつ》の弟にあたる世親《せしん》菩薩の作である。

唯識の教えは、現実の凝視――われわれの感情的生活の中にある無限の欲望や、煩悩《ぼんのう》の見究《みきわ》めから出発し、欲望や煩悩と、倫理的・道徳的な良心や理性の判断にもとづく規制との矛盾の自覚へとおしすすめる。すなわち、仏の覚り給うた法と、法によって説法された聖教《しようぎよう》と、法によるよる正しい理法――真理とによって、人間の日常の、自己の生活をよく見究める判断力をよく養わさせることである。

今日の問題としていえば、それは、現代文明の科学的知性の判断を考慮しながら、ものの相《すがた》と働《はたら》きの奥に、「本性」「本体」のあることを知らしめるということになろう。

それでは、唯識でいう本性・本体とは何であろうか。

「欲界《よくかい》・色界《しきかい》・無色界《むしきかい》」の三界《さんがい》の事象は、すべて唯《ただ》、心から出たものであり、心の思いよう一つでどんなにもなる。このことは『華厳経《けごんぎょう》』の中にも「三界は唯一心《ゆいいっしん》で、心の外に別の法はない」（三界唯一心《さんがいゆいいっしん》、心外無別法《しんげむべっぽう》）と説かれているが、この心が本性である。

唯識では、この心を心《しん》・意《い》・識《しき》の三段に分け、それぞれの功能（はたらき）の相違を教えると同時に現実の対象に対しても、「三性《さんじょう》」「三無性《さんむしょう》」を説いている。

第一は、対象となる現実において、なきものをあるように思う考え方。

第二は、現実の存在は唯《ただ》単なる存在でなく、何か依《よ》ってくる理由ありとする考え方。

第三は、現実を見究めたところに、真実の世界がありという考え方。

この三段に分別して、物は本性《ほんじょう》と相《すがた》・用《はたらき》との三つに分かれることを説いている。そしてよくこれを認識して真実の世界を体得せしめ、現実の世界は、ただ識《こころ》によっていかようにでも現じていく世界であることを知らしめようとするものである。

『唯識三十頌』の最後にある釈結施願《しゃくけつせがん》の文には、一切衆生《いっさいしゅじょう》にこのことを知らしめたならば、人々もこの聖教と正理とによって現実を見究め、真実の世界を見ることができれば菩提涅槃《ぼだいねはん》の二《に》転《てん》の妙果《みょうか》を成就し、おたがいにこれを得せしめようと願うことができるという意がとかれている。

（『大法輪』一九五七年十月号）

六根清浄の道場

〈禅定三昧〉

茶の湯は、元・明時代の僧侶、特に禅僧の生活の一部として出発したものである。南宋以来中国においては、禅宗が南中国の福州、江蘇、浙江の地に流行した。

仏教は遠くインドに発し二千五百年の歴史を持っているが、その目的は仏陀《ぶっだ》による衆生《しゅじょう》の「皆成仏《かいじょうぶつ》」を記別《きべつ》されたところにある。この皆成仏は一切衆生の目的であるが、これに至るには如何にするかが仏道修行である。修行とは何かといえば、「三昧《さんまい》」で「三摩地《さんまじ》」ともいい、「定《じょう》」という。

三摩地は梵語《ぼんご》〝samādhi〟を音写したもので、中国では「正定《しょうじょう》」とか「等持《とうじ》」とか訳している。心を一つの境界に住して動ぜざる状態をいい、『倶舎論《くしゃろん》』には「心を心所《しんじょ》に摂持《しょうじ》されるが故《ゆえ》に、即《すなわ》ち一境に住することを得」としている。「解脱《げだつ》」(mukti)、「禅」(dhyāna)、「三摩鉢《さんまぱつ》底《てい》」(samāpatti)ともいって、心が相続して一境に転ずる状態を指す言葉である。
この三昧は修行の根本的なものであるが、これを修行していくのには機根《きこん》により、その方法に二種類ある。『大智度論《だいちどろん》』に、「三昧に二種あり、声聞《しょうもん》法の中の三昧と摩訶衍《まかえん》法の中の三昧となり」といって、修行する人によって方法の異なっていることを書いている。すなわち声聞法というのは小乗的の人で、すべて形式的に考える、自己の修行を中心に考える人々の修行のことで、摩訶衍法というのは大乗的の人で精神的に考えて自分ばかりでなく、人々とともに修行していこうとする方法である。

機根と方法は異なるところはあるが、要するに禅定心観《ぜんじょうしんかん》の修行で、精神統一の寂静、静慮の理想的な瑜伽行《ゆがぎょう》で、何事にもよらず自己の感情、妄想《もうぞう》をなくして、自我のない無我の生活に専念できる修行で、これは無所得《むしょとく》の正観《しょうかん》に住する日常生活ができるものであって、この生活こそ刹那々々に精神統一された寂静な真実の生活であって、これこそ禅定三昧《ぜんじょうざんまい》の生活である。

この禅定の生活は修行の生活で、無私無我の生活である。これに至る修行をするに、いろいろの方法がある。それは五停心観《ごじょうしんかん》の修行から始まって、複雑な二十七賢聖《けんじょう》の修行過程を経るか、または三十七道品《どうほん》の修行によって、仏果菩提《ぶっかぼだい》という最高修行の完成された理想的の相を現じられたものである。

かく修行の実際面からいえば、われわれの感情を誘発する「境界《きょうがい》」、すなわち環境の問題である。すなわち環境にいろいろあり、これを「色声香味触法《しきしょうこうみそくほう》」の「六境《ろっきょう》」といっている。この環境を客観的存在と認識する「六官」、すなわち「眼耳鼻舌身意《げんにびぜっしんい》」の「六根《ろっこん》」によって、あらゆる感覚が生じてくる。この感覚を「六識《ろくしき》」といって眼耳鼻舌身意の感覚・認識作用が起こってくる。すなわち感覚を助成する六官が環境である六境に刺激されて、認識作用である六識が生じてくるのであるが、この認識作用は心があって物のあることを認識するので、物があって心が働くのではなく、心から起こる物である。したがって物があっても心さえなければ認識作用は起こってこない。すなわち心が先になって物が感覚の上に作用してくる。そこで心が重要で、すべて心の作用であることを「三界唯一心《さんがいゆいいっしん》、心外無別法《しんげむべっぽう》」といって心の外に何物もないといっているが、この心を六つに分けている。

そこで、この心を起こしてくる道具になっている六根が大切である。この六根の清浄《しょうじょう》・不清浄によって起こる心が著しく変わってくる。すなわち、この六根を清浄にすることは仏道修行の初歩の行である。

〈六根ということ〉

この六根は『倶舎論《くしゃろん》』にも、「心の所依《しょえ》とは眼等の六根なり」、また「眼等の五根は能《よ》く各別の境を了別《りょうべつ》する識において増上《ぞうじょう》の用あり、第六意根は能く一切の境を了別する識において増上の用あり、故《ゆえ》に眼等の六を各々立て、根となす」とあるごとく、五根が個別の環境を縁じて精神の中枢の意識に訴えて認識作用が成就するものである。すなわち、五根が感覚を成就させる器官になっている。だからこれはちょうど門のごときもので、必ずすべてのものは門を通過して中央に入ってくるものである。だから、この門の役割を演ずる六根は重要なものである。

〈清浄ということ〉

「清浄」ということは、六根の各々が統一されて無私であり、無我であるところをいうのである。われわれは自我があるために、常に妄想が生じてくる。妄想があるから、六根が不統一になり、煩悩が生じていろいろの感情が起こってくる。そこでどうしてもこの六根を統一し、無私に導くことが最も必要な所以《ゆえん》である。

『円覚経《えんがくきょう》』に「心清浄《しょうじょう》なるが故に見塵《じん》清浄、見清浄なるが故に眼根《こん》清浄、根清浄なるが故に眼識《しき》清浄なり、識清浄なるが故に聞塵清浄なり、聞清浄なるが故に耳根清浄、根清浄なるが故に耳識清浄、識清浄なるが故に覚塵清浄なり、是《かく》の如《ごと》く乃至《ないし》鼻舌身意も亦《ま》復た是の如し」とありて、六根清浄ならしめることは三昧修行の精神統一の根本義である。この五官と意識の六つを調整統一することによって、精神統一すなわち三昧に入る訓練をすることがわれわれの生活には最も必要である。

いずれの宗派にかかわらず、僧侶の修行はこれが中心である。法相宗《ほっそうしゅう》では「五重唯識観《ごじゅうゆいしきかん》」といい、真言宗では「三密観《さんみつかん》」といい、天台宗では「奢摩他毘婆舎那《しゃまたびばしゃな》」といい、禅宗では「禅定・座禅」といい、その他、各宗で「念仏」、「観念」というがごときは、皆この三昧修行の方法の異なっていることを示しているが、結論からいえばその目的は一つで、精神統一による刹那の最高生活を完成せんとする修錬である。就中《なかんずく》禅宗は、修行座禅の日常行儀が修行の中心になっているものである。したがって座禅といえば禅宗独特の修行の如く考えられているが、実際は僧侶全体の修行なのである。

この座禅は、禅堂において座禅をして丹田《たんでん》に精神を集中して統一を得んとするものであるが、最も嫌うものは睡眠である。足を組み身心を整え、沈思黙考して出入の息を数えて（数息観《すそくかん》）いると、自然に朦朧《もうろう》として睡気が起こってきてついに居睡りが始まるものである。そこで師家《しけ》が出て一棒一喝《いっかつ》をもって覚醒を促すということになるが、この時に覚醒剤となったものは抹茶であったと思う。

〈**茶と禅僧**〉

茶は元来薬用されたことから発達したものであるが、中国では古くから栽培され薬用として用いられてきたものであって、南方では煎茶・抹茶の二様に用いていたもののようである。北方では煎茶の外に団茶《だんちゃ》として堅く固めてこれを削って用いてきているが、共に覚醒剤として用いたものが、明末頃になると一般民衆の嗜好品として用いられるようになったものであると思う。禅僧の間では座禅修行にはなくてはならぬ覚醒剤であったものである。

なお付記すれば、禅宗の法要儀式には必ず立礼茶・献茶の式が法要の中心になっているところを見ても、禅宗と茶との関係は深いものであること、及び禅宗の流行した土地には陶器の発達していること、例えば湖南、湖北の地において宋以後、汝窯《じょよう》、官窯《かんよう》、均窯《きんよう》等の製陶の盛んであったことと並び考えて、揚子江沿岸地域には禅宗が盛んであり、これに付属した諸種の工芸品の発達をみたことも注意すべきである。

かく中国禅宗は、南宋より元・明の間に揚子江沿岸に隆盛をみた。そしてこの禅宗をわが国に伝えたのは、鎖国下において交通まったく杜絶している中で、主として彼此《ひし》往来して求法伝《ぐほうでん》播《ぱ》を図った禅僧の熱烈な求法が伝播弘法《ぐほう》となったものである。

かくして禅僧の生活を一瞥《いちべつ》すれば、現今使用しつつある多くの道具類の大部分が、その生活用具の中に存在せることは注意を要するところで、まず足利時代の書院造の格式ある台子《だいす》皆具《かいぐ》、天目《てんもく》の茶道から、一転して方丈《ほうじょう》の中に爐《ろ》を切り、水差・茶入・茶盌《ちゃわん》を畳に直々に置く侘茶《わびちゃ》から、茶筌《ちゃせん》・茶杓《ちゃしゃく》・茶巾《ちゃきん》・袱紗《ふくさ》に至るまで、禅僧生活の用具として明・清の禅僧が使用せしこと等の記録も見られ、爐も北方では大げさな暖房装置を施されているが、南方では大爐と普通の爐を用いているのを見ても、禅僧生活とは密接な関係があり、かつ宋・元・明の禅宗を伝え、その生活をそのまま移植した日本の禅僧の生活も、自然茶と不可分の関係を持ったことは必然というべきである。

茶は古く奈良朝に輸入され、弘仁《こうにん》頃には各地で栽培し薬用として使用されたことが明らかであるのに、ことさらに栄西禅師《ようさいぜんじ》が伝えて各地に栽培したことが書かれたり、『喫茶養生記《きつさようじようき》』が生まれたり、京都・鎌倉を中心とする五山十刹《ござんじつせつ》が茶の本家の如く考えられたり、茶と禅とはまったく離すことのできない関係におかれていること、および茶祖といわれる珠光《じゆこう》は一休《いつきゆう》の弟子であり、紹鷗《じようおう》・利休《りきゆう》を生んだ人であるが、南都奈良の僧でありながら北嶺《ほくれい》新伝の禅と密接な関係をもっていること等を考えて、まったく茶は禅僧生活の方便の一部であったことがわかる。

かくして用具および生活形式が禅僧生活の一部であることは明らかであるが、その精神的の方面はいっそう禅茶一如である。

禅宗とは、『景徳伝灯録《けいとくでんとうろく》』第六巻に「講僧《こうそう》あり来り問うて曰く、未審《いぶかし》禅宗は何の法をか伝持する」といい、また第三巻の菩提達磨《ぼだいだるま》の条に「師曰く仏心を明して行解相応《ぎようげあいおう》ず之《こ》れを名づけて祖と曰《い》う」といっている。すなわち「仏心を明らかにして行解相応ず」とあるから、行と解との両者が仏心に称《たた》う修禅が、宗要で『正法眼蔵《しようぼうげんぞう》』にもある如く、「祖伝の禅は仏法の総要にして、その宗とする処《ところ》は文字立てず、仏々祖伝の正法眼蔵涅《ね》槃妙心《はんみようしん》を直指《じきし》し、専《もつぱ》ら坐禅弁道《べんどう》に依《よ》りて実参実究し以《も》って仏道を頓証《とんしょう》せんとするに在り、故《ゆえ》に特に所依《しょえ》の経典あることなく、又教外別伝《きょうげべつでん》なるを以って別に判教《はんぎょう》の説なし」とあって、坐禅弁道の実践を中心とする教外別伝、以心伝心の法というまったく日常生活の中に仏道を実現せんとする教えで、実践修行が禅僧の修行である。こうして行解弁道というものの実践修行を中心としている禅宗修行の一翼として、茶と茶の生活は、禅僧日常生活の一部にすぎない。

この禅僧生活の一部も日本に伝来し、元来日本では大乗相応《だいじょうそうおう》の地として、仏教が非常に精神的に飛躍した教義をもっているため、ややもすると実行生活を忘れる風もあり、現在僧侶でも仏弟子として仏陀の遺誡《ゆいかい》を護《まも》り、戒律に遵じた生活をしている僧侶があるかといえば毫《ごう》もなし。それに比し南方・中国においては厳密に実践されている。

(『人の心　仏のこころ』誠信書房、一九六一年六月)

わが健康生活の実際

〈坊主は長寿〉

人間にとって健康ほど仕合せなことはない。よく現当二世に利益を与えてくださる仏さまの広大無辺のご恩徳ということを申しますが、これは現在の健康無事無災の生活と、未来の最大の極楽生活とを得ることを教えていただいていることであって、われわれにとって何より健康で暮らさせていただくほど結構なことはなく、何がなくてもこれほどの仕合せはありません。古来、中国で「無事是貴人《ぶじこれきじん》」ということをいいますが、何ごともなく日常生活のできることの仕合せをいっているものである。畢竟《ひっきょう》宗教というものは、この「無事をどうしたならば得られるか」を教えるものである。われわれは、いつも自分で勝手にこの無事を得ないように障碍《しょうがい》をつくって、自分で苦しんでいるのであって、仏さまが二障二執《にしょうにしゅう》ということを仰せられているのはそれで、われわれが無事を得られないのは、「我執煩悩障《がしゅうぼんのうしょう》」というものと「法執所知障《ほっしゅうしょちしょう》」

という二つがあって、それが身動きのならぬように障《しょう》となり、執着《しゅうじゃく》となっているのである。

しかもこの二障二執が「倶生起《くしょうき》」「分別起《ふんべつき》」と申して、先天的に、あるいは後天的に起ると考えられている。この倶生起のものは、なかなかなくすることは困難で、修所断《しゅしょだん》という絶えざる修行によって、辛うじて断ずることができると考えられている。後天的の法執所知障というものは、一度自覚が起こらば道が開けるもので、これを見道《けんどう》の修行と申すのであって、自覚の上に確立するものである。

すなわちわれわれは、常にこの二執あるために二障が起こって悩まされているものである。この二執というと、我執と法執であって、なかんずく我執煩悩障は実に除きがたいもので、倶生の我執のごときはまず除くことは困難であると思うが、これあるためにあらゆる煩悩の根本となり、苦の源となり、矛盾を感ずる根本となるものである。そのために法執所知障も起こってきて、いっそう逆説的矛盾を感ぜしめあらゆる悩みを起こすものである。

われわれ人間の世界はすべて「因縁生《いんねんじょう》」の世界であって、因縁因果の理を悟れば、いわゆる所知の障はなくなるものであって、苦もなく、楽もなく、苦楽を超越した世界に住することができて、きわめて「無事」な世界が出てくるし、『華厳経《けごんぎょう》』に「三界唯一心《さんがいゆいいっしん》、心外無別法《しんげむべっぽう》」ということが書かれているが、すべてはただ心のもので、現象世界は心の上の影にすぎない。心のごとくあらわしたものであって、心の外には何物もないと説かれている。善きも悪しきも皆心の現われであって、心が最も重要なものである。われわれの迷《まよい》も悟《さとり》も皆心からのもので、迷と思えば迷、悟と思えば悟、苦と思えば苦、楽と思えば楽であって、『維摩経《ゆいまぎょう》』の中にも「心清浄《しょうじょう》であれば国土も一切が清浄である」と説かれている。すなわち、心が清浄であればあらゆるものが清浄になる、心が不浄であればあらゆるものが不浄になる、心本意のものである。すなわち主観的の判断にまかせて一切が判断されると考えるべきである。世の中でおたがいの環境を浄化してゆくか、ゆかぬかは、自らの心である。特に健康の問題のごときも、本人の自覚によっていかようにもなるものであることを考えねばならぬ。

いま、私ども坊主の生活を見るときわめて単純で、昔から坊主は長寿で達者だといわれているが、それもそのはずで、仏さまは「戒《かい》は是《こ》れ安穏《あんのん》第一の法」と説かれているが、仏制を保って生活していれば何も考えることもなく、心配もなければ心をつかうこともなく、ただ仏の仰《おお》せにしたがって生活しているので、妻子《さいし》眷属《けんぞく》もなく、衣食住はすべて足るにまかせ、蓄えもなければ蓄えようともせず、あるがままの自然の日常で、無理のない嘘のないもので、いつも平心の生活である。したがって健康とか長寿とかを考えもせず、生きるだけ生き、健康であるだけ健康であれかし、すべて業《ごう》・因縁《いんねん》を待ちてしかるべく与えられるという考えにあれば、不健康であっても心の持ち方で健康になり、かつ大切に業を守り、業のあるだけは業を果たさねば健康にもなり得ないことを常に自覚した生活であるから、ひとり健康となり、寿《じゅ》も生きるだけは生きる。寿が尽きれば、その時はいつでも好むと好まざるとにかかわらず死んで往くもので、いかに躊躇《ちゅうちょ》しても追っつくものではない。だから死ぬ時は喜んで死んで往く。平素の準備が必要で、用意さえあれば死して後に悔いのない人生である。

さらに死して後の転開が生前に充分に確定さえしていれば、死の恐怖のないのみならず、死への歓びが起こり、死によって「涅槃寂静《ねはんじゃくじょう》」の世界が開けることを知れば、「寂滅為楽《じゃくめついらく》」を現実に感じ得る人生で歓喜踊躍《かんぎゆやく》の現実を感ずる。すなわち菩提心《ぼだいしん》の確定した信仰に生きた生活こそ、おのおの健康の生活となって自然に自受用法楽《じじゅゆうほうらく》の極楽のような現実を味わい得るようになるのであるから、古来、坊主の生活は長寿で健康であるといわれているし、医学上から見ても心を使わない、心配ごとのない生活こそ健康長寿の秘訣であるといわれているのもそのわけである。したがって、われわれには信仰生活こそ健康長寿の生活である。

〈厳格だった師匠の躾〉

いま私の生活の一端を紹介して私の健康法を述べたいと思う。

私の家は古来すなわち旧幕府時代から、幕府の造幣の仕事をして銀の小粒を製造するのが仕事であった。先祖代々人間が小さくて弱かったもので、歌に「豆粒弱い三十六が一生」といわれて、祖先から若死の習慣があり、代々三十六歳になると夭折《ようせつ》することになっていた。私の六代以前の祖先は三十六歳を一期として死んでいる。また長兄も姉もみな三十六歳で死んでいて、私だけが生き存《なが》らえている。私の次の弟も都合よく生き存えているが、このようにみんな弱い体質を持っていたもののようである。

私も子供のころは病弱であったことはよく記憶している。この子は弱いから坊主にでもしたら、というのが両親の念願であったらしい。それほど坊主に対しては無関心であって、坊主の修行はなみなみならぬ苦行《くぎょう》であることはわからなかったものと見える。何しろ明治維新以来造幣の仕事を失った両親は、祖父の若死によってまったく路頭に迷って、ついに農業を営むことになったのであって、百姓は比較的気を使わぬ呑気《のんき》な仕事であったので、坊主の修行のことはわからないのも無理はない。しかし弱いから坊主にでもすれば強くなるだろうというので、厳格な上にも厳格な法隆寺佐伯定胤《さえきじょういん》老師の許《もと》へ弟子として托《たく》されたのである。そして、その寺院の生活が修練となって鍛えられたものである。

佐伯老師は京都泉涌寺《せんにゅうじ》佐伯旭雅僧正《きょくがそうじょう》の門下生として鍛えられた人で、明治初年から京都で育ち、まったく古い教団で修行された人であって、十四、五歳から二十五歳までの師の仏教的訓練はまったく戒律中心主義で、特に厳格な持戒生活であった。いうまでもなく経済的にはきわめて恵まれず、明治初年に寺領を返還し、「還俗《げんぞく》勝手たるべし」という中において、特に廃仏《はいぶつ》毀釈《きしゃく》のあとを受けた仏教教団は、いろいろの点において不自由その極に達していたものである。

その中で修行されたもので、家庭も経済生活に追われ、法隆寺自体も荒廃にまかせている状態であって、経済的の援助もない中に修行されたものであるから、その実情は非常に貧困で、本一冊求めるにも金がないという状態であった。ことにそのころの日常生活の状態をよく聞かされたが、まったく厳格なものであったと思う。

　こうした師の生活は、われわれ弟子の生活の中に反映した。厳格といっても程度の問題であるが、まったく厳格で、日常生活には仏制を守り、持戒堅固《じかいけんご》で自己の生活を容赦なく強制されたものである。

　私が入寺したのは八歳で、師匠は三十八歳で今から考えるともっとも緊張して勉強していられた時代であったと思うし、衣食住の衣生活は三衣《さんえ》一鉢《いっぱつ》を理想とし、木綿の褊衫《へんさん》一着で、下には白の木綿の着物一枚に肌着腰巻で年中足袋《たび》はなく、食は朝は白粥に沢庵《たくあん》、昼は味噌汁一菜、師匠は二菜。弟子どもは夕食として薬石《やくせき》に粥二椀に漬物という簡単な食事で、住宅は寺のことだからぜいたくである。

　しかし火鉢一つあるわけでなく、夜具とては座布団を並べて一枚の煎餅《せんべい》布団をかけ、枕は一本の丸太で何人もの共同である。したがって年中朝は四時になると枕の一端を槌《つち》で叩かれる。そうすると弟子一同は一時に目をさます。堂参と本堂の勤行《ごんぎょう》掃除にとりかかる。定められた場所は必ず清潔にしなければならぬし、掃除が終わると師匠が見廻る。そして悪ければ何回でもやりなおさねばならぬ。掃除して学校へ行く、もし悪ければ途中まで弟子をむかえによこしてでもやりなおさせられるのが常であって、それがために遅刻したことは幾度もあったし、約二里以上もある学校へ通学するにしても、汽車の便があっても汽車に乗ることは堅く禁じられ、絶対乗車を許されない。

友人は皆汽車通学をしているのにわれわれは歩かなければならないし、また時々は呼び返されるし、学校は昔は夏は七時に授業が開始されるのであってみると、四時には起床せねばならぬから、ちょっと子供には無理そうであるが、数年間これを通した。また帰りも同様で、冬には毎日日暮れになるし、夜はお経の稽古《けいこ》がある。

また、子供の同輩が多いのでついふざけると、夏の蚊の多い日も冬の寒風の中でも、終夜寝かせてもらえなかった日も幾日かあったことである。またお経の稽古も文字のわからないのに覚えさせられ、暗誦させられるのである。三回口写しをして四回目は同調して五回目には「さあ、やれ」といわれるが、なかなか覚えられない。そうすると火鉢にある太い火箸《ひばし》でグワンとやられ、腫れ上がり出血する。それでも平気で読書をしていられるという始末で、目から流れる涙をおさえつつ読経《どきょう》する、間違える、殴打される、血が出る、涙が出るということで、生傷の絶えぬこともあった。

こうした厳格なしつけを受けて、だんだん大きくなったものである。そして今日になってみると、その厳格な訓練が私にはどれほど生涯の仕合せとなっているかわからない。

しかしこれは厳しい方面ばかりであるが、これと打って変わって温かいほうも多い、なんともいえない愛情のこもった師匠で、膝下《しっか》でおやつでもいただく時の心持ちはいつまでも忘れられない。こうした厳しい訓練が私の今日を成し得たし、健康も養い得たと思うことは、師匠の膝下にあって受けた戒律を主とした厳格な衣食住の訓練が身についたことである。この訓練が私の衣食住の生活となったたし、十数人の弟子を養うようになってみると、師匠の弟子に対する訓練の方法は、やはり教育方針として最も適切であると思っているから、この方法を日常生活としている。

すなわち朝は四時すぎ起床、堂参したのち、家の内外の掃除をすませて朝食をなし、食事がすむとだいたい六時となるが、それから弟子たちを集めて約二時間仏典を講義し、弟子たちは学校へ行く。午前中は用事のないかぎり読書をし、中食を軽くして講演その他の用務を果たし、夜は旅行以外は必ず在寺して弟子の面倒を見て十一時就寝というのが日課である。

このほかに別だん健康法という特別なものはない。ただ物ごとに屈託しないことが最も肝要である。いわばすべての点において平心であることが必要で、何ごともあまり気にせず呑気であること、衣食住のすべてに釈尊がお定めいただいている戒律を守らせていただくことが、安穏第一の法と申されているので、金口誠説《こんぐじょうせつ》をできるだけ厳守させていただいているところに健康法はある。この戒律も単に専門家の僧侶にのみ定められているものでなく、在家は在家、子供は子供、女は女と別々にその生活の基準を定めれられているのであって、別だんむずかしい守り得ないことを説かれているものでないから、われわれはこの掟《おきて》を守ることが最も手っ取り早い健康法だと思う。

（『人の心　仏のこころ』誠信書房、一九六一年六月）

慈悲の心

大慈《だいじ》は一切衆生《いっさいしゅじょう》に楽を与え、

仏教は衆生を済度《さいど》するということが理想である。その済度に積極的な済度と消極的な済度とがあるが、その積極的な済度をあらわすことばが慈悲の「慈」である。

慈は力をもって、しかも合法的に衆生を救うてゆくというもので、たとえば父のいつくしみのようなもの、つまり子供を教育するのにただ可愛いからといって優しく教えるのでなく、少々無理でも子供に精神的あるいは肉体的に力をもって、どこまでもその子供を清く正してゆこうとするようなものである。この父の慈の教育のように、きわめて積極的に、衆生に善悪を説き教え、制裁を加えてでも救済するのが積極的な済度である。

釈尊《しゃくそん》が六年の苦行を基礎として自己に確立された理想を衆生の上に実現するために、まったく無所得《むしょとく》の正観《しょうかん》に住して衆生を済度されたのも、積極的な慈悲の姿にほかならない。

大悲《だいひ》は一切衆生の苦《く》を抜《のぞ》く。

『大智度論《だいちどろん》』

慈悲の「悲」は、いわば消極的な済度であり、子供の教育にたとえれば、愛をもって包容しつつ、その間に躾《しつ》けてゆくという母のいつくしみのようなものである。つまり形の上の愛の教育である。

私は八歳のときにお寺に預けられて出家した。母は兄弟数人の中から私一人を引き離してお寺へやったのが不愍《ふびん》に思われたのであろう、毎日、朝三時に起きて、どうしておるだろうと、家から寺までの三里の長い道を歩き尋ねてきて、寺の門前を行きつ戻りつして元気で働いている姿を見ては帰っていかれたということを、あとで聞いたことがある。

私がどうしても出家の道を守ってゆかなければならぬという覚悟ができたのも、この母の私に対する愛の所作があったればこそと、今さらながら感じている。

仏菩薩はこういう母の愛（悲）と父の愛（慈）をもって衆生を愛育し済度したもうのである。

（『大法輪』一九七二年二月号）

薬師仏に助けられて

私は仏縁《ぶつえん》が深くて叔父が僧侶であり、母の伯父も僧侶であり、家がお寺の隣であって、日ごとに独身者の和尚が風呂に来られたり、また三度の食事もされることが多いので、まるで親のごとく可愛がってもらったほど仏縁が深かったし、また「一人出家すれば九族天に生ず」という諺《ことわざ》もあることを聞いていた。また両親は昔から固い信念・信仰の持ち主であったため、八歳の時に法隆寺へ小僧として入寺した。その後九歳の時、今の薬師寺に転じたものである。それ以来この薬師寺の僧侶として得度《とくど》授戒《じゅかい》も終え、御本尊薬師如来と必然的因縁を結ぶようになったものである。

そして当時私は義務教育四年制の小学校を経て、高等小学から中学に入学し、中学を出た後、当時高等学校の入学試験が七月に行なわれたので、勉強のため京都の清水寺《きよみずでら》に止宿しておった。元来剣道をやっていたが、進学受験準備のため急にやめたのと、生来の乱暴者であり、また、運動好きであったため、梅雨期に向かう五、六月頃勉強が終わると梅雨の中、京極《きょうごく》あたりを散歩したり、時間的な不規則と急に運動をやめたのが原因になって、夜中に急性関節炎と肋膜炎を併発し、身動きさえできなくなった。深夜のことであったが、医者を呼んで一時的の手当をし夜の明けるのを待って大学病院へ入院し、加療三ヵ月にして完全に全快した。

病臥《びょうが》、高熱苦悶の一瞬、平素朝夕勤行《ごんぎょう》している金堂本尊が時々その御影を現わされて、暖かい御手で患部を治療されたのを夢見ること数回、その都度《つど》日一日と病状は快方に向かい、当時名医第一といわれた中西博士も、その快方の早きに驚かれた。かく平素は何ということなしに奉仕している薬師如来の偉大な霊験《れいげん》に心打たれて、生死の間をさまようような身体も驚くほど壮健にしていただいた。人々もこの全快の早いのと完全な治療に驚いたものである。

この薬師如来の威神力の広大無辺《こうだいむへん》であることに感激し、またしても反逆的に二十前後のこの歳頃、坊主坊主といわれて厭《いや》な思いをする時も、この感激が殊《こと》に深く生涯をこの薬師如来にお委《まか》せする気になった。今日かく僧侶として生涯を終始することになれたのもこの御利益《ごりやく》のお陰であると思う。

さらに今一つ御霊験に預ったことは、ちょうどいまの陛下（昭和天皇）の御大典の年の夏の終わり頃から秋の十一月にかけてのことである。その頃友人と『寧楽《ねいらく》』という雑誌を出版しておった。そしてその用事のためたびたび上京した。この年の七月二十日東上することになったが、何となく気分が悪く、熱もあったが、それを押して上京した。上京はしたが一層悪くなったので薬を飲み、汗を抜こうとしたが、どうしても抜けない。かえって熱が高くなるのみで皮膚一面に腫れ物ができた。高野辰之《たかのたつゆき》先生の宅で泊まっていたが滞在八日、無理を押してついに奈良へ帰ることになった。帰寺後苦しさのあまりただちに医者を呼ぶと、ちょっと小首を傾けている。どうもむずかしい病気らしい。平素壮健で無理を押しての東上だったので、帰って気が急に緩んだものか、人事不省に陥ったが、医者はどうも腸チブスでないかとの診断である。御大典の前で衛生消毒の余念のなかった時であるし、また陛下はじめ大官・外国使臣が行幸前のことでもあり、何しろ喧《やかま》しい時のことだから医者も県庁も、私の病気の発表をどうしたものかと困っていた。

病気の容体は最悪で、腸出血も甚《はなは》だしく、今日・明日というところまで来た。今少しでも動かすと危険である。それでとうとう警察に届け出たが、警察官としては上司の命令で、絶対避《ひ》病院《びょういん》へ送らねばならぬ。さりとて、もし病院へ運べば生命は絶望である。そこで寺の当局は係官と熱心に話し合い、避病院行きを中止して寺内で養生することになった。伝染病の大家で、桃山病院院長の熊谷博士の診察を受けたところ、出血が甚だしく一両日の生命であるといわれた。そこで博士を囲んで法隆寺佐伯大僧正をはじめ、信徒一同鳩首《きゆうしゆ》して葬儀の準備について協議するようになった。

高熱で譫言《うわごと》をいっているが、自体愛《じたいあい》・境界愛《きょうがいあい》の執念は去らない。しかも隣室で葬儀の相談をする声が明らかに聞こえてくる。その葬儀の相談が数時間におよんでいる。時に大いに不思議なことは、看護人に向かって、その障子《しょうじ》のところへ薬師如来が来ておられる。早く拝め拝めといっておる。周囲の人々は涙を浮かべ臨終が迫ったという。ところが私の意識は極めて明瞭なのである。

病室は、六畳の間で、南のほうは二間の襖で、長押《なげし》の上は二間に三尺の白壁である。その壁面にありありと、金色燦然《こんじきさんぜん》たる薬師如来、日光・月光《がっこう》両菩薩の三尊が笑みを含んで慈父のごとく、また十二神将《しんしょう》を後方に従えていわれるには、「さあ行こう、私がよいところへ連れて行ってやろう」ということである。

それにしても、杖《つえ》が必要であるというので、青竹の杖の用意をさせて、さあ行こうと、促されるままに、歩を東へ東へと進める。私は、薬師如来の後についていく。日光・月光両菩薩は、肢体を屈めて後から抱えんばかりにして下され、周囲には十二神将が厳《いか》めしい姿でこれを守っていられる。この一群が静かに歩を進める間にも薬師如来は低音で説法をされる。これを聞き、かつ問いつつ、紫雲棚引《しうんたなび》く曠野《あらの》、色とりどりの草木、遠近に聳《そび》ゆる山、鳥啼《な》き花笑う中、数里の道も瞬時の間に歩む。この時ふと仏は足を止められた。見ると道が二つに分かれている。仏が申されるには、二つの道に分かれているが、どちらを行けばよいか、これを間違えれば大変なことになる、お前は右へ行くのであるといわれ、さてまた声を改められ、時にお前は一緒につれて行ってやりたいが、未だこの世に用事のある身の上だ、私たちが見送ってやるからお前はここから帰れ、そしてお前の生涯はこの道を忘れずに行け、私たちは永久にお前を護《まも》ってやるといわれて、私はその三叉路《さんさろ》を、じっと見送ってくださる仏と別れ、仏のつけてくださった一人の供をつれて帰路についた。そしてほっと一息した。その瞬間、夢か幻か、壁と襖の中のみ仏と自分の姿はすっと消えた。

隣室での相談はまだつづいている。伝染病だから告別式はこの寺ではできない、別の寺で行なわねばならぬ。といって座布団・食器・料理に至るまで相談しておられるのが、かすかに聞こえる。熊谷博士や佐伯大僧正がまだおられることがわかった。そして、腸出血がひどいから今晩が危ないといっている。もう午後四時過ぎらしい。そのうち看護婦と、かかりつけの医者に託して引き取られた。あとは五分毎にカンフル注射をすることになった。ところが夜に入って意識が明瞭となってきた。多少持ち直した様子である。

寺中は憂鬱な中にも一晩明けた、すると危篤の状態を脱したのか、おも湯の一匙《ひとさじ》でも飲もうかという元気が出てきた。一同はただ驚くばかりであった。それから日毎《ひごと》に快方に向かい、一週間、二週間とたつうちにおも湯が粥《かゆ》となった。そこで熊谷博士は、この病気は病後の食事療法が最も肝心で、特に栄養が必要である。スープ・鶏卵・牛乳をとるように勧められた。しかし元来出家の身、子供の頃から戒律厳守の生活をしている。それがどうしてこんなことぐらいで破戒できるものか、破戒してまで生きていたくないというと、それで熊谷博士は困り、全快は手間どるし、余病の併発を恐れるといわれたが、お陰で絶対肉食をせずに済んだ。お粥は効能のあるものである。腰の立たなかった大病人が、お粥をとるようになってから二日目に腰が立った。こうして四ヵ月後に全快することを得た。

こうして二回まで、私の病気が奇蹟的に救われた。二回とも、毎日礼拝をしている薬師如来さまの霊験に救われた。それまでは『薬師如来本願功徳経』を読誦《どくじゅ》するたびごとに、十二大願の一文を拝して、かく不思議な願力を説かれているが、いったい人間どもにどうすれば霊験が頂けるのだろうと、不審を抱きつつ暮らしておったが、こうして二回まで救われ、かつチブスの時に頂いた霊験は人々には見えないが、私には見仏聞法《けんぶつもんぽう》の境界《きょうがい》で「一経其耳《いっきょうごに》、衆病悉除《しゅびょうしつじょ》」とお説きになったが、まったくその通りである。われわれのような者では容易に助けていただけぬものであるが、日ごとに朝夕の勤行を欠かさないならば、薬師如来は必ず助けたまう。私は以上のようにみ仏の来臨影向《らいりんようこう》を得て、一命を救われたことを考えると、薬師如来の偉大な、大慈大悲の広大なる恩徳を感ぜざるを得ない。

私はこのようにして薬師如来の霊験を頂いたが、わが日本における薬師如来の信仰は、仏教が渡来してから、数年にして伝来し、それ以来薬師如来の霊験を頂いて、今日千四百年の歴史をもっている。かつてわが国で信仰する薬師如来の御霊像が、数多あることを調べたことがある。誠に薬師如来は現在・未来にわたって霊験を示したまうが、なかんずく現実の病苦は、もちろんあらゆる欠乏・不幸等の不自由を消滅し、正しく民衆を指導して不平・不満・不安なく安住せしめられるみ仏で、現代民衆に最も相応《ふさわ》しいみ仏である。如来の十二の大願こそは物心両面における大衆の希望に添う救済力をもち、正しい路に引導して、個人的にも、団体的にも、邪見・邪行・邪道を排して、世界人類に共存共栄の道を解明したまうものである。特に人間の悩みの最も大きい病気に対しては、いかなる病気も救済のみ手をのべたまうもので、この十二の大願こそは尊い極みである。

そしてこの十二の大願を成就して成仏されるに至る薬師如来の因位《いんに》の修行も、弥陀《みだ》の五劫思《ごこうし》惟《ゆい》の修行、釈迦仏の三祇百大劫《さんぎひゃくだいこう》の修行と等しく、数限りない修行の結果成就し給える願であることを考えると、その御苦労の大なることも身にしみ感涙にたえぬものがある。だからこの薬師如来の信仰こそ現代の人々に必要であるばかりでなく、『薬師経』の御説法は合理的で科学的なところに、特に現代人の信仰する内容を多分にもっていることは、特にありがたいところである。

（『大法輪』一九五四年四月号）

私の遺言状

遺言状は、人間の最後の最後までもつ法執《ほっしゅう》であり、我執《がしゅう》である。これあるために煩悩障《ぼんのうしょう》も所知障《しょちしょう》も起こって、ついに解脱《げだつ》も得られなければ菩提心《ぼだいしん》も起こらず、涅槃寂静《ねはんじゃくじょう》である極楽も得られないのである。しかし人間はあさましいもので、「死んでも命のあるように、南無阿弥陀仏金ほしや、地獄の沙汰も金次第」とか、命と命の次の金、すなわち物に対する執着《しゅうじゃく》は生涯を通じて念頭を離れない。

人の死せんとするや自体愛《じたいあい》、境界愛《きょうがいあい》が起こるものであって、いよいよ臨終に近寄ると自体への執着が起こってきて、何十年間か共にしてきたこの自体には離れがたいので、何とかしてこの自体をと凝視するものであって、絶大な未練が残る。また自己のもつ名誉・地位・財産に対しての執着が、環境への凝視となって、永久に自己環境を護《まも》り続けたいという意欲が残って、迷妄の執去らずして自体と境界との上に未練は残るが、この未練の一端を書き残して、せめてもの現在のみの満足感を得ようとしているものである。もちろん財産なり、事業なりに対する未練で、後継者に自己の意志を伝え、亡きあとのようすがともいたしたいと考える執着である。

かくしてのこした遺言が果たして実行せらるるかどうかは、もちろん不明に属する、というより、仏陀《ぶつだ》の御遺勅《ごいちょく》でさえ後の世に実行されない時代である。仏は正像末《しょうぞうまつ》の三時ということを説いて、正法の時代には遺勅もある程度実行されるが、像法・末法の時代になると、形式はできても実際において実行は不可能であると説いていられるし、また『遺教経《ゆいきょうぎょう》』という弟子にのこされた遺言状を見ても、「戒は是《こ》れ安穏《あんのん》第一である、宜《よろ》しく尊重し、珍敬すべし」といわれて、後の弟子の歩むべき方向をよく示していられる。しかしこの戒律がどれほど今日、弟子たちの間に行なわれているかといえば、ほとんど実践されていない。

仏陀の遺勅であってさえかくのごとき状態であるとき、遺言のごときものが実際に行なわれるかどうかは、よほどよく考えてみなければならない。

仏が在世であれば、あるいは仏がなくなられた直後なれば、見仏した弟子たちのあいだで遺言は行なわれたし、また真面目に行《ぎょう》もできたし、実際修行の功もあって証悟《しょうご》もひらけたであろうが、だんだん日が経つにしたがって仏説の経教によって修行をしても証悟までには到達せず、したがって真面目に修行する者もなくなるし、さらに末法という時代になるといっそう遺言は守られなくなって、専門家の僧侶までが弟子たちの精神というべき戒律さえ忘れがちで、まったく省《かえり》みる者もなくなって、真の僧侶さえなくなった状態で、いまや遺勅も空しくなりつつある。仏さまは懸記《けんき》と申して予言に似たことをいっておられるなかに、末法になればまったく五濁悪世《ごじょくあくせ》の時代となり、世の中はだんだん悪くなってしまうといっておられるが、よくも遷《うつ》り行く世を知っておられたものである。

その後、滅後の弟子の中で遺言された祖師は数多くはあっても、さて実行されたかどうかは怪しい。

そこで、私もかつて二、三法定遺言執行人に選ばれて遺言を執行したことがある。主として財産分配と後事を託されているもので、弁護士立ち会いの下にできた遺言であっても、さてこれを実行することになると、財産の被分配当事者間において物品を分配したり、借家を配分することになると、その価格および地価などを精密に測定してこれを分配するのであるが、なかなかうまく配分がつかぬので困るし、いくらうまく分配できても当事者は不満を抱くので、せっかく執行しても後に口舌《くぜつ》がのこって永久にうまくいかないのが普通で、うまくいくことはほとんどないと思う。

特に後事を託されて管理する場合、なかなか遺言通りに実行されないことが多いし、多くの場合あとへ紛争の種をまくことになるのが多い。遺言によるこうした争いは多く、兄弟、親子、親族等の近親の関係が多いが、近親が血族権を争う場合はことに感情的な係争で、他人の手の施しようもなく、半永久的に争擾《そうじょう》を続ける場合が多い。まったく遺言からこうした紛争をみている例は多い。特に過去の戸籍ならいざ知らず、今日の戸籍法からすると財産分配法がまったく異なっているので、いっそうこの紛争が激しくなる傾向をもっている。
かく遺言がよほどの場合以外は、順調に進んでいないことは注意しなければならぬ。もちろん遺言を書きおく必要のある人が遺言書を作製するので、順調な家庭では大部分こうした遺言のない場合が多い。

そこで私は遺言を書きのこす心持ちは絶対にない。私の遺言観は愚痴であると思う。死なぬ前から死後のことを案じて、できるかできぬかわからないことを書きのこすほど馬鹿げたことはない。その上、科学的にいえば私の死によって私の世界はすでに万事終焉である。私なくて何があとにのこるか。自らの識《しき》（心）の中にあったすべては自らの識とともに還りゆくもので、のこるものは死の事実によって横たわる屍《しかばね》のみ。これとて何の感情もない木石と同様。重要なる識は死の現実によって色と心とに分裂して、識のみが生命を持って還りゆくと説かれている時、いわば、われわれの生命は識とともに永遠の生命に生きてゆくもので、屍とともに生きるものでない。現実の生命は終焉して新しい生命に生きてゆく現実である。ゆえに死は現実の識とともにあって、現実はすべて六尺の大地に帰って終わる生命である。

こうした現実に立って何のために遺言をし、後の世まで我執法執をもって煩悩障、所知障を持ち続け、せっかく二度と生きない人間としての心意識をもつことを、ここにおいて充分考慮する必要がある。もしこの時を逸すれば、永久に愚痴を繰り返す生命をもって流転せねばならぬから、一日も早く信仰心をもって理想の仏界を目標に進まなければならぬ人生であることを忘れてはならない。

そこで、私は遺言は書きおくものでないし、絶対書かないと思う。しかしいま遺言を書けといわれて強いて書きおくとすれば、死後の野辺《のべ》の送り、すなわち葬式の不必要なことである。今日の葬式を見るとあたかもお祭り騒ぎで、生前公職のあった人は何々葬という銘をうって、葬儀場を盛大に生花・立花・花環をもって飾り、幾千幾万の知名士の告別の焼香、僧侶の読経《どきょう》、何時から何時までと短時間に通りいっぺんの葬式を執行して、今日の葬式は盛大であったと一応はいうが、それが最後であとへは何ものこらないという調子のものであるから、「私の葬式は弟子どもの手で箱に入れて捨つべし、あとで死を聞いて来た人には線香の一本もあげてもらうがよし、これとても不必要なり、儀礼的のものは一切断るべし、迷惑をかくればなり」というのが私の遺言である。

また墓についても、墓を建てる必要なし。私の知る者ある間はよけれども、係累ない老比丘《びく》なれば必ず五十年の後には無縁となって、草葉の露と消え行くものなれば、さような標識の必要なし。過去の多くの人はすでに死せり、現在生きている人もみな死んで行く人であり、未来永劫に人は死んでゆき、みながみな無縁の一片の土となりゆくものである。だから墓は建つべからず、必ず無縁となればなり、いつの世にか片付けるのにじゃまになる。

昔法然上人《ほうねんしょうにん》が、弟子どもが墓のことを問いし時、あとを一廟《びょう》に止むれば遺法あまねからずと申されたことがあるが、滅後、弟子たちが骨を奪い合い、ついに黒谷《くろだに》に葬り、そこに智恩院を建てたが、結局法然上人亡きあと七百年にして両派に分裂して闘争を演じていると聞く。その遺言を守らずに跡を留めたことに禍があったのである。私どもはそんなえらそうなことをいうのではなくて、墓は永久に建つべからず、骨は土の中で草の肥《こやし》となればよしと遺言したいのである。

私の遺言は、

葬式は弟子どもの手で草原に屍を捨つべし、死んだことを知って弔《とむら》われし人には、線香の一本もあげてもらうがよし、これとても不必要なり、儀礼的のものは断るべし、迷惑をかくればなり、墓は建立の必要なし、草葉の露と消えゆくものなれば標識の必要なし、永久に無縁となりて土に帰るが本義なればなり。

であある。もって瞑《めい》すべしである。

（『人の心　仏のこころ』誠信書房、一九六一年六月）

法は変わらず〈師弟対談〉

対談・高田《たかだ》好胤《こういん》（薬師寺管主）

〈骨折り得〉

編集　薬師寺の橋本長老と高田管長といえば、現代日本仏教を代表する高徳、また師弟ということで名高く、昨年（昭和四十二年）春、長老が管長の座を弟子の高田先生に譲られたときは世の注目を集めました。まず長老からそのときの経緯《いきさつ》なんかからお話し願いたいのですが、高田先生はやはり一番弟子で……。

橋本　私の弟子は沢山おりまするが、上から三人は戦争の犠牲者になって死んでしまった。そして四番目が今の管長です。私は弟子をお受けするのには一つの計画があり、社会へ出て間違いのないような宗教家にしたいと考えてお受けしてますから、その仕込み方も厳しい。だから本人から見たら非常に苦しい修行をしてきたわけです。私は独身で肉食はしませんし、また従来の奈良仏教の伝統的な厳しい生活をしてきたので、それを弟子たちにも植えつけてきた。奈良の仏教というものは京都や東京の仏教とは違う。そこで奈良の坊さんとして仕立て上げていくために、ずいぶん骨折って殴る、蹴る、縛るというようなことをして仕込んできた。そして中学を出、大学を卒業して一人前になったので、昨年、引退して譲ったわけです。その一番の原因は健康をそこねたことです。眼が悪くなり、身体も何となく疲労したので、ほとんどの公職を後進に譲り、寺の住職も譲ったわけです。まだこれ（管長）のほかに十四、五人弟子がおるので、それらの目安をつけていこうと……。実は私、来年死んでいこうという計画を立てた。煙のようにスゥーとどこかへ消えていくというような死に方を考えていた。ところが地方の信者の方が二人、五月にここへやって来て「どうも近頃のあんたの顔見てるとおかしい、足もとを見てるとおぼつかない、あんたは頑固だから病気になって医者に診《み》てもらえといっても従わないだろうが、しかし今度はどうも健康がよくないと思うからぜひ医者にかかってくれ」というう。私は元来、医者嫌い病院嫌い薬嫌いという人間です。そのときは笑って「医者にかかっても死ぬときは死ぬ。だから医者みたいなものにはあってなきが如《ごと》きものである」というたもんだから、その二人はあきらめて帰った。ところがまた六月にやって来る、そして七月には「ちゃんと医者をよんで待っているから……」といってきた。それで仕様がなく診てもらったところ、大変危険信号が出ていると診断された。「そうですか、これからどうするかはいずれ報告いたします」ということでいちおう、寺へ帰り、その月の十七日に東京へ講演を頼まれて出かけた。十七、十八日と六つの講演をすませ、十九日は朝早くから私の関係している高校の講演をやり、ちょっと時間があったので、ある会社の社長を訪ねた。が、その途中で滑《すべ》ってころび大腿骨を折ってしまった。こりゃ大変だというので救急車で東京医大へ運ばれ、結局七十五日間も入院生活を送ることになり、十月一日に退院して帰ってきた。……何しろ東京での出来事でして、あちらの信者は当番をこしらえて誠によく世話をしてくれたけれども、やっぱり一ばん気のおけんのは弟子やった。弟子たちが二人ずつ詰《つ》めてくれたので充分養生できました。

高田　〝骨折り損〟ということがあるが、あれ、足が折れなんだら、もっと事は重大だったと思うんです。結局、糖尿病で目が見えんようになっていたんですね。ところがその入院のおかげで高血圧や糖尿病もなおった。つまり骨折で外科に入院して内科の病気もなおったわけです。これはおやじ（お師匠さんというと何だか他人めいてくるので、おやじといいますが、字で表わすと師父で、おやじと読んでほしい）の頑固ということも大いに原因があると思うけれども……。いつも私らが「医者に診てもらえ」というと、この通りだから喧嘩になるんです。世間には物わかりの悪いおやじが沢山いるけれども、物わかりがようて物わかりが悪いというおやじは一番手に負えんですよ（笑）。だからある意味では、足を折ってよかったといえる。先日もおやじにいったんだけれども「骨折り得《どく》というのはあんたのこっちゃなあ」と。とにかく「糖尿は糖が下りるのやから、糖をよけい補わなければいかん」いうて、どんどん菓子を食べてる。お菓子はいけないというのは以前から医者にいわれてる。酒も煙草もやらず、うまいものも食わんおやじが、お茶飲んでお菓子食べるだけがただ一つの楽しみですよ。ところがそれが駄目だということで、われわれも情けのうなったが、「糖が出るだけおれは糖を補うのや」というて食べてる。だから終《しま》いには腹が立つわけや。住職問題でも、三年か四年も前から譲る、いや受けぬで、もめてきた。私は、このおやじから住職を受けつぐということは一薬師寺の問題じゃない、いうなれば橋本凝胤という人は南都仏教の表看板だ。自分のおやじのことをこういうたら自慢たらしいけれども、この人の一つの在り方というものが奈良仏教というものを支えているわけで、それが現役から退くということは隠居するわけやから、南都仏教・日本仏教という立場から退くべきでないと主張してきた。おやじにしてみれば健康のこともあったらしいけれども、ぼくらには、ちょっと歳とってきたなあちゅうぐらいや。だから「やめたらいかんのや、やめるんなら私も一緒に副住職やめるよ」というてきた。それでもおやじの方は「われ（お前）はいつまでも、おれを苦労させようと思いやがって」という。「そりゃ、かわいい弟子のためには苦労してもらわんと」まあ、そんなことで、住職を譲るとか譲らんとかいうことは三、四年も前からの話なんですが、しかし喧嘩はようするが、その後で一緒に茶を飲んでいるというのがわれわれの間や。美しき争いとはこういうことやないかな（笑）。

編集　その美しい争いの中から新管長が誕生した……。

高田　一昨年の十二月だった。私の顔を見ると「身体が悪い」といっていたおやじが、「おれがの、眼の黒い間にわれ（お前）の一人立ちする姿、見て死にたいんじゃよ」としみじみいう。そのときです、私が住職を引き受けようと決心したのは。そうして去年の四月一日に私が住職になって、おやじは長老ということになったけれども、やはりおやじは薬師寺一家の家長です。住職は代わっても、その他のことは何も変わっていない。ですから、こんなに仲よう話していることは稀《まれ》なことで、ふだんは顔を合わすと相変わらず言い合いしてますわ（笑）。

編集　やはりまだ叱られることもあるわけでしょう。

高田　叱られるというよりは、意見はされる、それに言い合いは相変わらず。先日なんかでも

「病気はまだ完全になおっていない」と私はいうわけですよ。そやけど、おやじは「なおった」といって見舞いに来てくれた人などに年内にお茶の一杯でも入れてお礼をしたいという。「そんな寒いときに無理しなさんな、来年の春や。あんたはまだ病人なんや、病人であるという自覚がなかったらあかん！」とカカッという。カカッといわにゃあかんのや、優しくいうてたんでは……。そうすると、「そんなもの心配するのはおれの方じゃ。われ（お前）は西や東と毎日うろうろ行って、身体でもこわしたらどないするのや。心配はおれの方がしてるわい」とくる。私だっても、歳とってるおやじだし、今日まで苦労してきた人だから、優しい言葉をかけようとは思う。けれども会って話し出すと、そんな調子だから、こっちも〝心配してるのに何じゃい〟ということになる。そのくせ汽車なんかに乗っているときなんか〝おやじにあんなこといって、すまなかったなあ〟と胸の中で泣くこともある。結局、私ら師弟は許し合えるわけやな。

編集　管長はテレビにまで出られてお忙しいようですね。

高田　テレビは月に二度か三度ですからたいしたことはない。それよりも住職の他の仕事でね……。今月（十一月）などでも五十五回の講演予定がありますのや。だいぶ、しんどい。この間でも、七月十九日におやじが倒れた。ところがおやじが行く予定だった所へも私が行かねばならん。すぐ東京へ飛んで行きたいけれども行けない。結局行けたのは十日後だった。待ってるおやじにしても〝好胤、いつ来てくれるのや〟と辛かったろうけれども、行けん私も辛かった。とにかく三ヵ月、四ヵ月先はつまっていますからね。
編集　美しい師弟愛ですね。
高田　おやじはどう思ってるか知らんけれども、こういう師弟の気持ちというものが出てくるのも、さっきおやじがいったような殴る蹴るというような厳しさの中から出てきたもの。とにかく、あの厳しさときたら、軍隊生活以上やった。
編集　殴る中にも、非常なあたたか味がある……。
高田　あたたか味があったんやろうか（笑）。
橋本　ないな（笑）……。とにかく庭先に大きな秀吉の手植えの松というのがあって、悪いことをすると、そこへ細引きで縛り上げるのやさかいな。そのくらいにして教育してきたもんですわ。

〈今に見ていろぼくだって〉

編集　管長が初めて薬師寺へ入られたのは何歳のときですか。
高田　小学校五年、数え年の十二です。昭和九年に私の父が死んでいますから……。その父親というのが野球好きで、私を慶応の野球選手にしたいという夢をもっていた。だからもしその父親が死んでなかったら、ひょっとしたら今頃、巨人の監督は川上でなかったかも知れん（笑）。その父が死んで橋本凝胤というおやじに拾われて来たわけです。私にとっておやじといったら、この人しかない。私は軍隊生活を千葉でしたけれども、復員したとき、まっ先に駆けつけたのは、東京から埼玉へ疎開していた母でも姉でもなかった。奈良のおやじだった。あれだけ、どつかれ殴られてもこんなもんかいなあと思いましたね。軍隊生活中におやじの夢をずいぶん見ました。

編集　長老、初めて薬師寺へ来られたときの高田管長はどんなお子さんでしたか。

橋本　特に小さかったですわ。これを私の所へ連れてきたのは元の華厳宗《けごんしゅう》の管長をしていた筒《つつ》井英俊《いえいしゅん》君だった。筒井君とは学生時代の友人なものですから、こっちにも責任もありますわ。近所の東大寺から連れて来た。これのおじいさんというのが東大寺の坊さんでしたんや。今の東大寺管長の橋本聖準《はしもとしょうじゅん》さんはこの人の叔父さんですわ。

高田　母の弟です。

橋本　そういう関係もあって、何とか一人前にせにゃあかんという責任を感じて、今から考えると、ずいぶん痛めつけて教育したもんですな。それはやっぱり私がそうだったからですわ。私が師として仕《つか》えてきたのは法隆寺の佐伯定胤《さえきじょういん》さんです。この人の教育方針というものは厳しいもので、それを今度は私がやったわけや。ですから上のやつほど、えらい目におうている。これ（管長）の上に三人おりましたので……。

高田　われわれぐらいまではほとんど同じでしょうね。とにかく私が来たときに、長老が数え歳の三十九でしたからね。

編集　血気盛んだった……。

橋本　そうですな。朝は四時半起床、夜寝るのは十時か十一時でしょ。その間、暇さえあったら子供たちの教育と読書が仕事ですから……。たとえば、学校で習ってきたものは、それをすっかり暗誦をさすまで寝やさせません。何時になっても暗誦しなかったら、こっちは寝てても部屋の外で起こしておくというような具合にして勉強させた。当時の教育というものはすべて暗誦でしたんで……。

高田　夜、「休ませてもらいます」と行く。すると「今日のところやれ」だからね。だからあの当時、憶えたものは今でも憶えてる。

編集　そのころ、辛くて逃げ出したいと思ったことありますか。

橋本　逃げ出す前に「出て行け」という。

高田　「出て行け」とやられても行く所はない。けれども、やっぱり出て行くことありました。出て行ったあと、今度は捜すのはおやじや（笑）。裏の畑にかくれている。そうするとおやじが兄弟子なんかに捜しに行かすわけや。「はよう捜せ」と……（笑）。そうなると、おやじより、兄弟子に怒られてね。

編集　出て行ったまま帰って来なかった弟子がいますか。

橋本　それは一人もないですな。これはやはり私に家内と子供がないからで、もしあれば感情的にもいろいろもつれることもありましょうけれども、何といっても独身者ばっかり、しかも他人ばっかりですよってに、平等ですわな。

高田　そりゃ辛いで……朝は五時に起き、夜は十二時、一時になる……その頃おやじは二十二、三貫あった。それで嫁さんないんでしょう。精力がみなこっちへ来るんですからね。朝起きるのが特に辛かった。とにかく、起きるということがなかったら、どんなにいいやろうと思って、子供心に〝永眠〟という二文字に憧れた（笑）。朝起きてお堂へお参りし、掃除をして、ご飯をたべて、それから学校へ行くのだから遅刻するわけや。遅刻がいやで、ご飯たべんと行こうとしても、どうしてもご飯たべんと行かせてくれなんだ。そうして走って行く。小学校といえば走って行く所だと思っていた。学校へ着くころは、いつもベルが鳴って朝礼が始まってる。たまに早く行ったら「薬師寺の小坊主が来たぞ！もう始まるぞ、おそいぞ！」とからかわれた。そんなとき〝お前らみたいに朝起きて何もせんとご飯だけたべて来るんやったら何ぼでも早く来れるわい〟と思った。しかし、そういう口惜《くや》しい思いが、私の性根をつくってくれた。だから学校時代の〝思う存分《ぞんぶん》はびこった、山のふもとの椎《しい》の木は、根元へ草をよせつけず。山の中からころげ出て、人にふまれた樫《かし》の実が、椎を見上げてこういった。今に見ていろぼくだって、見上げるほどの大木に、なって見せずにおくものか……〟（笑）よく憶えている。

編集　読本は、師匠の前で暗誦するわけですから、できなかったら師弟二人が寝られない……。

高田　そうですが。ところがおやじは、たまにグウーと鼾《いびき》をかき出すわけや。寝られたらこっちは朝まで寝られないから、障子を外からガチャガチャゆする。すると鼾が止む。やがてまた、グウー、ガチャガチャ……それを四、五回やると機嫌のいいときは「もうよい」となる。ところがなかなか機嫌のいいときが少ないのや。そして「安眠妨害罪で警察に訴える」といわれる。師匠もこわいが警察もこわい（笑）。……あれは暗誦力を養うためにやったのかなあと、今になって思うんやけれども、どうやったやろう。

橋本　暗記はそういう訓練からおこっているわけや。

編集　長老の修行時代もそのように厳しかったわけで……。

橋本　われわれのはもっと厳しかったですな。法隆寺という所は今でこそ立派な寺になったが、昔は貧乏な所だった。佐伯定胤という人でも衣一着しかなかった。夜寝るったって夜具もまともにない。座ぶとん一枚敷いて一本の丸太を枕に三人も五人も一緒に寝るわけや。そうすると佐伯さんが朝起きてきて丸太の根元の方をガーンと殴るから一ぺんに皆パッととび起きる、そんな生活ですわ。

編集　やはり寝かせてもらえなかったこともありますか。

橋本　そうですな、いうことをきかなんだら、障子の外の縁側に三時でも四時でも、自分が起きるまで坐らせておくわけや。そして殴る蹴る……。お経を習っているとき金物でガーンと殴られ額から血が流れたこともあった。夜中に、子供ですから寝小便することもある。するとむくむくと起こして、そいつを氷の張った池の中へ放り投げて洗う……それくらい厳しかった。それがやっぱり人間をつくったわけやな。意地悪でしてるのと違うんやさかいな。みんな、悪いことをしたためにやられるのですわ。

〈大仏さんはまだまだ尽きないよ〉

編集　修行時代の思い出はまだ尽きないようですが、この辺で一つ外へ目を向けて頂いて、最近問題になっている大学問題に関してのご高見をおきかせ下さい。

橋本　大学問題はね、これは一七八九年のフランス革命によって民主主義ができて発達し、十九世紀の終わり頃になって曲がり角にきた。それがすなわち実存主義です。この実存主義によって感情主義――人間性というものを生かす主義がおこってきた。そして二十世紀になってヨーロッパでは無茶苦茶になったわけや。アメリカでも一九二〇年頃から大混乱をおこしている。そしてその大混乱をおこしたやつが、この間のフランスの五月革命によってまた曲がり角へきた。つまり一ぺん曲がり角を経てもう一ぺん今また曲がり角へきているところですわ。実は私、病院へ入院したとき深く感じたのだが、病院くらい封建制の強い所はないと思った。甲の医者の学説がその医局全体を支配している。だから変わった考えを提唱したら博士にもなれん。こういう状態から東大でもああいう問題がおこったので、なるほど当然やと思った。……学界というのも皆そうらしい。たとえば、私らは東大の印度哲学科に学んだが、あそこなんかでも教授、助教授は東西本願寺のバックのないやつはようなれん。初めて脇道へ入ったのは高楠順次郎《たかくすじゅんじろう》の弟子の木村泰賢《きむらたいけん》、これは曹洞宗《そうとうしゅう》だ。それでなければ常盤大定《ときわだいじょう》先生とか島地大等《しまじだいとう》さんなど、みな本願寺系だ。最近、曹洞宗の管長になった佐藤泰舜《さとうたいしゅん》だって当然、東大教授になる人だがなれなんだ。学閥というものが非常に激しい。どうにもならんで、それを苦にして死におったやつもおる。だから後進の学生は非常に反発を感ずるわけやな。その現われだと私は見ている。だから教授が自覚せねばいかんし、学生もまたそのことをよく了解して自覚していかねばいかんと、私は思う。

編集　角棒をふるって血を流し合ってる行動については。

橋本　無自覚やからですわな。学問してたらいいんでしょ。学問をお留守にして棒をかついでいることばっかりやってるよって、学生の本分をわきまえていない。無自覚ですよ。また教授が適当な指導方針を出さない。

高田　私が大学の卒業式から帰ったとき、ちょうどおやじが字を書いていたんで、卒業証書を見せて「今日の卒業式の記念に何か書いてください」と頼んだら、おやじは〝あるべきようは〟という明恵上人《みようえしようにん》のことば七文字を書いてくれた。〝あるべきようは〟ということは、在家は在家らしく、出家は出家らしく、先生は先生らしく、学生は学生らしくということですね。今の学校の先生は先生らしくなく、学生もまた然《しか》り。だから学はあっても教えというものはまったくないわけですよ。学問というものは知識だけじゃないと思う。それに伴う心がなかったらいかんわけですよ。この知識だけがあって心の伴わない学者に指導されているところに今日の日本文化の悲劇がある。たとえば、奈良の場合でも、大仏さまを造ったがために人々は非常に苦労したという文献があれば、それでもう搾取だという。修学旅行で奈良へ来た学生が大仏さまを拝んで〝こんな大きなものをこしらえた一二〇〇年前のわれわれのおやじに負けてなるものか、もっと立派な日本をつくるべくぼくらは頑張らねばいかんのや〟と思うてくれて明日の日本の幸せがある。それを〝大きいなあ、なるほどこれが搾取のかたまりか〟と思うて明日の日本の幸せがあるのだろうか。岩波新書のなかで、奈良文化は唐文化の「模倣」だ、と二文字で片づけている学者があるが、しかし百人行って三十人しか帰れんような、非常な苦労と努力によって唐の文化を日本へもって帰ってきた。当時、日本が唐に対して対等の国際的地位を保つために、いうなれば国家の繁栄と国民の幸福を願った国づくりの情熱からなされたものだ。それを搾取だの模倣だのという、これは許しがたいことです。あえていうならば〝偉大なる模倣〟といえといいたい。そういう先祖に対する思いやりのない心が今の歴史家の心ですよ。私は先祖に対する思いやりのないところに、どうして未来の日本に対する思いやりの心があろうか、といいたい。この知識だけあって心が伴わない、そして学はあるけれども教えのない時代、そこへもってきて教育基本法に宗教的情操の涵《かん》養《よう》ということをうたいながら、宗教教育をしたらいかんという、こんな無茶な話はない。それは、薬を与えないで効能書きだけを読んで聞かせ「どうや、ぼちぼち効《き》いてきたか」というようなものや。そうした戦後のおかしな教育のなれの果てが、今日の大学問題になっていると私は思う。

橋本　学があって教えがない。この頃になって教授と学生の話し合いということをいっているが、昔は一人の先生がおったら、そこへ生徒が家庭へまで入り込んで教えを乞うたもんや。先生も生徒の来ることを歓迎してくれた。われわれは島地先生のお宅へよく夜通うたもんや。前《まえ》田慧《だえ》雲《うん》さん、常盤大定さんの家へもよく行った。そして勉強もさることながら、その人格にふれてきた。だけど今の先生はそうじゃない。講義して帰る、それで終《しま》いや。

高田　可哀そうなのは若者や。それはやっぱり、これからの世の中を救うのは教育の力と、やはり宗教家の働き……

橋本　……によるわな。

高田　ええ、それ以外にないでしょうな。国がしよったらいいとか、政治が悪いとかいうが、その前に教育の力と宗教家の働きですよ。宗教家の怠慢は国を亡ぼします。

編集　宗教家の責務重大ですね。

〈愛は辛抱だ〉

高田　また修行時代の話に戻るけれども、お経の稽古で居眠りしたら殴られる。間違うたといって殴られる。そりゃ、般《はん》若《にゃ》の若《にゃ》という字を先生は若《わか》いとは教えてくれるけれども若《にゃ》とは教えてくれん。読めないのが当然だ。それを間違えたというて殴られ寝かしてくれん。寝かしてくれんから寝不足する。だからおやじの長い講義の間には居眠りもやる。第一、おやじの話はむずかしくて分からない。だからあるとき、唯識《ゆいしき》の講義中に飛行機がとんで行った。で、講義が終わったあと「管長の話は飛行機と一緒ですな」「なぜや」「飛行機の音きこえてはるけど中身何やら分からへん」(笑)……えらい怒られたわ。そういう鬼のような橋本凝胤ですけれども、たまに一っかけらの人の情けが走るのやな。自分の寝間へ連れて行って抱いて寝てくれるということも、たまにはあった。そういうおやじが戦後、人権擁護委員になり、その功労があったということで藍綬褒章《らんじゅほうしょう》をもらった。そのときおやじと二人でお茶を飲みながら話した。「世の中もずいぶん変わりましたなあ」「何でや」「あんたみたいな人が人権で功労があったというて勲章もらうなんて考えられません(笑)。……ようもあんなに、どついたり殴ったり寝かさんといたりしなはったな。今あんなことしたら人権問題でっせ」と。そのときおやじが「もうおれもあんなときの根気ないようになったのう」といいましたな。おやじも根気でやってたわけやな。それから私の顔をしげしげと見ながら「そやけどな、好胤、人というもんは仕込み甲斐のないもんやのう」というた。そのときほど私はおやじに〝申しわけなかったなあ〟と思ったことはなかった。「お前のためにこんなにやった」というような愚痴《ぐち》めいたことをただの一言もいったことのないおやじの言葉であっただけに一入《ひとしお》だった。いわゆる教育ママといわれる教育熱心な母親でも、自分の子供を家庭教師に任せて熱心に勉強はさせるけれども、自分でも手とり足とりしてやる母親があるかと考えた場合に〝こりゃ、おやじも大変だったんやなあ〃と思った。一人でも弟子を寝かさんときは、おやじもまた寝ていなかった。こういうことが何十年してやっと分かるわけです。おやじを怨《うら》んでたその怨みが多ければ多いだけ、それが感謝の気持ちになってくる。だから私は愛というものはどういうものか長老からは説明は受けなんだけれども、身をもって教えられた。愛は説明じゃない、愛は感ずるもの、そして愛は辛抱やということを。そういう愛が今の学校の先生と生徒たちの間にない。だから学はあるけれども教えはないということになる。やはりこういうところに、今日の学生が、誇り高い角帽の代わりに血を流し合う角棒をもつということの原因があると思う。そうした師弟の全身心をもった、ぶつかり合いの教育の場が失われてしまった……。

〈仏教は衰えていない〉

編集　そういう師弟関係が仏教内においてもだんだん失われつつあるような気がするんですが……。世間では日本の仏教は堕落したとか葬式仏教だとかいってますけど……。

橋本　私はそのことについては一つの意見をもっておる。坊主というものの定義から問題になってくるわけや。坊主というものは戒定慧《かいじょうえ》の三《さん》学《がく》というものが坊主の仕事なんで、他の社会事業をやるとか葬式をやるというのは坊主の仕事じゃない。葬式てなことは釈尊だって好かなんだ。『遺教経《ゆいきょうぎょう》』に至るまで、〝そんなことしたらいかん〃とおっしゃっているようなことをあえてしとるのがこの頃の坊主や。私はこういうのは坊主とはいわない。在家だ。そういう坊主でないのが坊主の中へ入ってくるからおかしくなる。獅子《しし》身中《しんちゅう》の虫ですわ。そういうことから、ぼつぼつ自覚していかねばいかんと思う。いかに末法といえども、何人かのしっかりした坊主がおる。そこでは本当の仏教を専業しているから、盛んなところはいつも盛んです。衰えているのは似非《えせ》坊主、役者坊主。

高田　いま葬式仏教の話が出たけれども、たしかに奈良の寺にはお墓も檀家もなく葬式をしない。そういうことに誇りめいた意識をもった時期もあるけれども、最近私はまた別の面から仏教を見直している。つまり日本人は非常に正直で親切な国民だといわれる。アメリカの信用販売で一ばん迷惑をかけないのは日本人だという。非常に正直だ。それから非常に親切だ。なくなられた高見順《たかみじゅん》さんがパリから帰ってきて、「五十円のラーメンが電話一本で忽然《こつぜん》と目の前に現われる。これは日本以外では考えられない奇蹟だ」と述懐しておられたが、そういう日本人の心はどこで誰によって培《つちか》われたかというと、私はこれを一軒一軒の檀家をまわったお寺さんの苦労と努力と辛抱によるものと思う。五十年、百年たって、ひいじいさん、ひいばあさんの命日をご催促してくれる、こんなアフターサービスの行き届いた仕事が外に何があるといいたい。そういう村や街の檀家を一軒ずつお参りしてきたお寺さんのあの苦労と努力と辛抱が、日本人の心の中に仏のあたたかい慈悲を流して、正直で親切な心を育ませたのだと思う。だからこの頃、檀家参りのお寺さんの姿見たら、ふっとふり返って拝みますのや。講演会へ行ってもその話をようします。この間もその話をしたときに、お寺さんが「私らのやっていることに意義づけしてもらった。今まで葬式坊主や何やといわれてきたけれども、これからは自信をもってやらせてもらいます」と涙流して喜んでくれた。本山だとか有名な大きなお寺じゃなく、仏法を人の心の中に支えてきたのは、村や町の檀那寺ですよ。テレビや新聞やに出ているような、われわれのような坊主はだめなんです。本当に偉いのはお葬式や逮夜《たいや》まいりを本当に真面目にしているお寺さんです。お寺さんこそ、今の世に尊い、私はそう思います。

編集　そう考えれば葬式仏教も堕落じゃない……。

高田　お寺さんがそこに目覚めてくれることが必要です。私の友人で学校の先生なんかをやっている人が沢山おるけれども、だんだんみな寺へ帰ってきますね。「このままではいかん」いうて。仏教は死んでませんよ。私の小僧時代、寺は貧乏のどん底でお薬師さんが日光浴してお り、雨降ったら傘さしておつとめするありさまやった。だから「学校を出してもらったら学校の先生をして収入の道をはかりたい」というたときに、おやじは「二足わらじをはくな」といった。「食っていけませんやがな」「食うことを考えるな、坊主はそんなものではない」「食うことをやっていても食えん世の中に、食うことを考えなんだら死んでしまう」「それやったら死んだらいい、われ（お前）がの、坊主の道を真面目《まじめ》に一生懸命やってて、それで食えずに死んでも、われに罰は当たらん。われを食わさなんだ世間のやつに罰が当たるんやから安心して死ね」といわれた。もう二十何年も前のことですが、そのおやじから教えられた〝二足わらじをはくな〟ということが、私の友人の間で目覚めてきて実現されつつある。大学へ残って教授になれといわれた男も、郷里の寺へ帰って檀家を守っている。そうなりますのや。まあ見てて下さい。

〈奈良仏教の心〉

編集　いま薬師寺では金堂復興勧進《かんじん》ということをやっていますね。

橋本　薬師寺は天武天皇がご建立になった寺です。天武天皇の時代は壬申《じんしん》の乱というような事件がおこって世の中が非常に喧噪《けんそう》としておった。そこで何とかして国民思想を統一せねばならんと考えられましたものが『古事記』と『日本書紀』の編纂である。それから次に御詔勅が出て〝家毎《ごと》に仏舎をつくり仏像経論《きょうろん》を安置して読経する〟と、国民生活の中に宗教の信仰ということを要請された。それが天武天皇の一ばん大きな仕事でした。この国民的な仕事を継承していくのが薬師寺の使命であり、薬師寺の仏像を安置するに相応《ふさわ》しい金堂を復興することは、その使命の一つでもあるわけです。

高田　おやじの話はアカデミックでな、むずかしい。そこで今の話を補足させてもらうと、天武天皇が六八四年に詔を出して「日本人の生活の中に仏壇をまつる」ということを教えてくれた。天武天皇という人は伊勢神宮の造営を決めた人でもある。つまり神さま、仏さまに対する非常に宗教的な気持ちの深い人です。ですからそれ以来、日本では遠い先祖は神さま、身近な先祖は仏さまで、神さま仏さまご先祖さまという心が、日本人のあたたかい国民情操を養ってきた。そのように、日本人の家庭生活の中に仏壇というものをもたらしてくれたのが天武天皇です。その天武天皇が、薬師寺を発願された。その薬師寺のお堂、つまり金堂の薬師三尊は天武天皇と持統天皇の発願のものですが、三百七十年前に今ある仮堂をこしらえるまでは、五十年以上も雨ざらしであった。そしてようやく仮堂は建ったけれども天井が低く粗末で一般民家の天井よりもひどい。つまり今の仮堂はあの仏さんには相応しくないものなのです。私は小僧の頃からおやじに「お薬師さまを、こういう所にお入れしておくのは申しわけない、このままではもったいないのや」と耳にタコができるほど聞かされてきた。あるときアメリカ人が来て「日本人というのは物の値打ちの分からんやつらだ、こんな小さいビルディングに、こんな立派な仏さん入れといて——日本人にこれを守る資格はない。だから世界一のアメリカで、世界一の設備で、世界一のこの仏さんを守ってあげるから、アメリカへ売れ」と、五億ドルでも十億ドルでもいいから買うという。アメリカに欲しいものは歴史だ。これを売ったら日本や薬師寺は金持ちになりますわな。けれども、こんなものを売ったら昭和の日本人の恥をさらすことになる。そういう国の恥ずかしめを受けるような言葉をいくたびか耐えてきた。そして去年の四月に薬師寺の住職になったとき、この仏さんに相応しいお堂を建てることは一薬師寺の問題ではない、昭和の日本人の世界に対して果たさねばならん大きな文化的使命の一つや、ということから、〝宗教によって国民を幸福にしたい〟と思われた天武天皇のその精神にのっとって金堂復興勧進《かんじん》ということにふみきったわけです。しかしそのためには十億近くのお金がかかる。私は無力だし薬師寺は貧乏だから、とてもできる仕事ではないけれども、十億というお金がどんなお金やろうと、大きな会社の社長さんに一ぺんきいてみた。そしたら「高田さん、それはいける、私らの会社のグループで集める、一年一億の宣伝費が十年たまったらできる」というわけや。けれども十億のお金は欲しいが、宣伝費で金堂が建っても、決して日本人の名誉になりませんが。私は「ありがとうございます。けれども宣伝費で建てるのは私の本意やない。やっぱり坊主の道、仏の道でやりたいんや。小さい頃からおやじに〝最小の効果のために最大の努力を惜しんではならん〟ということを教えられてきた私は、そこに坊主の道があると思いますのや。今日の時代は、〝最小の努力で最大の効果を上げる〟というようなことばかりいうている時代やけれども、それと反対の心が昭和の日本人の心の中にあったんやということを、私は薬師寺の金堂を通して将来の日本に伝えたいんや。だから改めてお願いに参ります」というて〝百万巻写経による〟金堂復興勧進ということにふみきったわけです。

編集　どういうふうにやっているんですか。

高田　講演会や会う人ごとに、顔をみたら勧進をしていると、協賛要項パンフレットを一人一人に手渡し、それをよく読んでもらい、説明もして、協賛して下さるお心があれば一巻千円の納経料をそろえて薬師寺へ申し込んでもらうのです。そうすれば寺から天平写経紙という用紙と般若心経の写経用手本を送る。そしてそれに写経してもらって送り返して頂き、それを新金堂に納めて永久に、お薬師さまの有名な国宝の台座の中に納めて供養する。百万巻集まったら千円の供養料で十億のお経の心のお堂が建つというわけです。先祖を思うひとつ心になって、おじいさん、おばあさん、お父さん、お母さん、孫さんが三行ずつでも、かきあって、一巻の写経を仕上げる。美しいじゃありませんか。

編集　完成予定はいつ頃で。

高田　昭和五十年の予定です。その導師ができるということは、坊主にとってこんな名誉なことはない。けれども私は、その導師を今日まで苦労してきたおやじにさせて上げたいと思ってますのや。それが私のたった一つできる、おやじへの親孝行。だから私は弟子としておやじに頼みたいことは、死ぬというようなことを考えずに、金堂が建つ日まで健康でしっかり生きていてもらいたいということです。あるいは、おやじには悪いけれども、こういうやり方ではお堂はできないかも知れん。ある人は「大きい所で金もろうて、足らんところは一人一人に……」というが、私はこれでやりたいの。もしできなくても、私はいいと思っている。そのときは世間からは笑われるだろうけれども、お薬師さんは笑わらへんと思うし、おやじだって、そんな形だけでとらわれるようなおやじじゃないという自信がありますからね。それでも、落慶供養の導師をする長老の晴れ姿を夢に、今、草の根をわけて勧進しているのです。勧進とは、信仰心をすすめるというのが、本来の意味です。

編集　最後に長老から管長に一言……。

橋本　私はこの人に譲ってしもうて、これが自由奔放にやられることを希望しているわけですが、ただ、奈良仏教の心をどこまでも忘れずに守って行って欲しいと、これが私の唯一の希望であり、弟子みんなにもそれを申している。

（一九六八年十一月六日、於奈良・薬師寺、初出『大法輪』一九六九年二月号）

◉高田好胤
一九二四年大阪府生まれ。一九三五年薬師寺入寺。副住職在任中、伝道僧として五百万人に及ぶ修学旅行生に説法する。一九六七年薬師寺管主、法相宗管長就任後、伽藍復興に写経勧進をしながら専念。長年にわたり戦没者慰霊法要に各地戦跡を巡礼。一九九八年逝去。『心』『観音経法話』等著書多数。

生死一如の道──解説に代えて

奈良・薬師寺長老　松久保 秀胤

断想

橋本凝胤師のもとに私が弟子入りしたのは、昭和十二年三月二十七日のことである。「昔から兄弟でいちばん賢い子が坊さんに選ばれるのだ」と父親から言われ、師僧からも「僧侶に適している」と出家を勧められていた。父親は画家であったが法話の会の世話をしており、薬師寺の末寺である喜光寺《きこうじ》の地蔵盆法要に連れられて参詣した時、師僧に庭で相撲をとって遊んでもらったこともあった。入寺は薬師寺伝統法要の修二会《しゅにえ》が厳修される数日前のこと、庫裡《くり》の中二階に上げられたまま小学四年生から寺の生活に入ることになった。

当時、兄弟子には観雅《かんが》、良胤《りょういん》、好胤《こういん》がおり、五侶《ごりょ》が薬師寺塔中《たっちゅう》・地蔵院の共住となった。まだ師僧は住職ではなかったので「院主さん」と呼称していた。毎朝四時半起床、五時撞鐘《とうしょう》で始まり、金堂での読経《どきょう》の後、諸堂礼拝、続いて地蔵院内仏の読経、六時前には掃除にかかる。師僧が座敷を箒で掃き、すぐ上の好胤法兄《ほうけい》と私が拭き掃除にあたる。七時に朝斎《ちょうさい》。粗相をすれば容赦なく黒檀の打拍具で擲打される。泣くとお粥が口に入らない。グズグズするうちに朝斎が終わる。そして登校前の挨拶に行く。掃除の不備が発見されると、やり直しをさせられて出発が遅れる。遅刻は学年最多であった。末っ子の六男坊でのんびりと育てられた生活とは打って変わり、寺内の勝手もわからず戸惑うばかり、叱られ通しの毎日で「約束が違う」と不満だらけだった。

地蔵院の台所を出ると田畑が広がっていた。町育ちで畑仕事などはしたことがない。便所の汲取《くみと》りを命ぜられたが全くの未経験。とにかく二つの桶に八分汲取り、担《にな》い棒の前後に縄を掛けて担いでみたが桶が上らない。縄を三重に巻いたら勢いよく上った。何か降ってきたと思った刹那、「阿保ンダラ」と叱声一擲《いってき》。臭気芬々《ふんぷん》。一身糞尿塗《まぶ》し。前の桶から流れ出た糞尿をかぶったのである。為す術もなく立っていると着物をはぎ取られた。素裸のまま井戸端に引っ張られ、容赦なく冷水を浴せられた。「汲取り桶に水も入れずに肥水《こえみず》（糞尿）を入れる阿保があるか」。叱られて寒くて震えながらも、師僧にある温か味を感じた。この思いが、その後何十年も苦楽を共にする核であった。

七月から読経習礼《しゅらい》が始まった。経机《きょうづくえ》を挟んで一対一に坐り、経本の一行ずつを口写しに口ずさむ。一度しか唱えてくれない。誤った音を発すると途端に前頭を棒で打たれる。音曲の付した声明《しょうみょう》になると不思議と水を得た魚のように進む。「声明は声が良うてもあかん。耳の勘が良いだけでもあかん。心の素直なのが大事じゃ。お前は叩いても逃げない。それが大事じゃ」と言われたが〈勝手な話だなあ、生家では一度も叩かれたことがない。両親はよかった〉と思った。

寺で初めて迎えるお盆のこと、朝斎の後に師僧の部屋へ呼ばれた。法兄も顔を揃えている。最長の観雅法兄から「茂樹（俗名）、家に帰ったらよろしい」と言われた。心の底を見抜かれたかとギクッとしたが「いいえ、帰りません」と答えた。「こいつらしい返事や」と師僧は破顔大笑。また夕方呼ばれて「藪入《やぶい》りに帰りなさい。おっ母さんが駅前まで来てるぞ」と師僧に言われた。涙声のようなので変に思った。母が朝から私を待っていることをご存知であった。一泊二日の藪入りから戻って挨拶にいった時、八歳で入寺した頃の自身の母親の想い出話を聞いた。優しさが心に沁みた。

ある日、法隆寺の佐伯定胤《さえきじょういん》大僧正が来訪された。初めて会う師僧の師である。緊張しつつ挨拶を申し上げた。が、完全に無視。茶室に案内する応接を習った諸作法通りに振舞っているのに、全く相手にされずに席入りされた。点茶作法の間、師僧の定胤師に対する言葉遣いがいつもと違うことに気付いた。自分の至らぬことに対して注意されない寛容さに感じ入り、羞恥の念を深くした。食事や仏事の諸作法などは厳しく躾けられたが、人に対する言葉遣いや応対は相手に心から敬愛の念を持つことが大切であり、その心得は自ずから学ばせる方針だったのであろう。

師僧は本坊（当時は地蔵院）の庭に面した四畳半の一室に居を定め、親しい来客にはこの部屋で応接していた。冷暖房などあるはずもなく、冷え込みの厳しい冬でも火鉢に炭火を囲い、鉄瓶を掛けて暖をとる程度であった。そこで時間がある限り、教学に関する古版本の精読や依頼された原稿を執筆していた。隣の塔中・金蔵院書庫に何時間も籠居して古版本を校合《きょうごう》していることもあった。

ある時、兄弟子たちが訪友と書庫の隣地で野球を始めた。私は墨摺《す》りで参加できない。ひと段落ついてみなで茶を喫《の》み交わしている場に叱声が響いた。書庫の窓から一部始終知悉の限り。「球戯《きゅうぎ》（師僧の固有辞）をしたければ一人で楽しめばよい。他人まで誘うて時間を無駄に遊ばせることは大変な罪悪じゃ」と、自己の行動の責任と他人を誘惑する罪を厳しく指導された。

「一夜を無駄にする者は、一生涯を酔生夢死《すいせいむし》に過ごす人なり」という戒がある。師僧は生涯、精進潔斎して肉食妻帯をせず、持戒堅固の学僧の道を履《ふ》まれた人である。この箴言を弟子にも言動で示された。

南都の学侶として

『大正新脩　大蔵経《たいしょうしんしゅうだいぞうきょう》』が高楠順次郎《たかくすじゅんじろう》博士都監の下で始まったのは、師僧が宗教大学（現・大正大学）在学中の大正七年からだと告げられたことがあった。卒業後、東京大学印哲聴講生となり、小野玄妙《げんみょう》、大屋徳城《とくじょう》、水原堯栄《ぎょうえい》、干潟龍祥《ひかたりゅうしょう》、出口常順《じょうじゅん》、結城令聞《ゆうきれいもん》氏等、当時気鋭の研究者と経典の校定本について討議を重ねていたと想像される。

『大正新脩大蔵経』の第四校合所に「佐伯定胤」「橋本凝胤」の名が記録されている。そのフィールドノートを師僧逝去後、故原稿の中から見出した。毛筆の運筆は稚書《わかが》きの字体で、表紙表題に「唯識関係書論校勘控《こうかん》　大正七年十月　梅羲秀（右側）　凝胤所持（左側）」と記された杉原二折十枚綴の書冊である。佐伯定胤師の推奨を得て、薬師寺信徒総代であった戸尾善右衛門氏の援助によって大蔵経刊行事業の一翼を扶承した証左となる書冊である。

東京遊学中は、前田慧雲《えうん》、常盤大定《ときわだいじょう》、島地大等《しまじだいとう》、木村泰賢《たいけん》師等、印度哲学・仏教学における当代の碩学から特別な教授を受け、また河口慧海《かわぐちえかい》師のもとに通ってチベット語を習うなど、学究一筋の生活を送っていたようである。遊ぶ時間など寸暇もなかったであろう。そして大正末年頃、東京での研究生活に一応の区切りをつけて、宗学に専心するために奈良に戻っている。

佐伯定胤師は明治の中頃より法隆寺内勧学院《かんがくいん》において唯識《ゆいしき》教学講義を続けられていた。勧学院には宗派を超えて向学の士が集っていた。一年二季の開学だったようであり、その都度師僧のもとに届けられた勧学推奨状が残されている。近年入手した古書資料から、その時の講義内容が窺われる。定胤師は「三箇疏《さんがのしょ》」を併用して『成唯識論《じょうゆいしきろん》』を精読し、時には『法華玄賛《ほっけげんさん》』の一文を例題として唯識教学から解釈した一・三乗権実論《じょうごんじつろん》を説かれている。

大正十五年に刊行された師僧の著作に『藏文和文譯　唯識三十頌・大乗百法明門論』という翻訳書がある。佐伯定胤師の侍者として三ヶ月ほど訪華した時、支那南京内学院呂先生より贈与されたというチベット語による「唯識三十頌《ゆいしきさんじゅうじゅ》」原本の偈頌《げじゅ》を和訳した二十四頁の小冊子である。チベット大蔵経を請来することが仏教研究に必要であると考え、東京遊学中にチベットへ経典を求めようとしたこともある。同じ志をもった先人、河口慧海、多田《ただ》等観《とうかん》、橘 瑞超《たちばなずいちょう》師等がすでに入蔵《にゅうぞう》しており、その求法《ぐほう》巡礼は青春期の憧憬の一事であったと思われる。

その頃、東京で出会った東大寺の筒井英俊《つついえいしゅん》師と寧楽《なら》仏教研究会を発起し、大正末から昭和十四年まで美術論誌『寧楽《ねいらく》』を刊行した。大和国史会の『大和志《やまとし》』や、仏教や美術・歴史関連書を出版していた鵤故郷舎《いかるがこきょうしゃ》の定期刊行誌『夢殿《ゆめどの》』『以可留我《いかるが》』などにも、学生時代に研鑽した研究成果を精力的に筆述している。それらの学術誌に寄稿した論考をまとめたものが『仏教教理史の研究』（全国書房、昭和十九年）である。

　昭和十四年に刊行された『思圓上人一期形像記《しえんしょうにんいちごぎょうぞうき》』（鵤故郷舎）にも南都学侶としての気概が強く表れている。鎌倉時代の南都戒律復興期の学匠であった西大寺叡尊《えいそん》上人筆述本『感身学正記《かんしんがくしょうき》』三巻の影印本に、読み下し文と解説を付した帙《ちつ》入りの稀覯《きこう》書である。

　後年、経論《きょうろん》の古版について関心を寄せていた頃は、奈良を中心とした経論曼陀羅《まんだら》の開版に究意を注いで春日版、長谷寺版、當麻寺《たいまでら》版、根来《ねごろ》（寺）版、西大寺版、三輪版等の在所について熱心に調査をしていた。また、王子製紙博物館に陳列された唐代の麻紙、桑紙、竹紙、楮紙などに写された経典版本の版式、料紙の研究・蒐集によって、博物館長の成田潔英氏を助援していたこともある。さらに古書界で問題となった「敦煌《とんこう》古経巻」について、巻末の書写年代と料紙の製紙年代に差異がある点に注視して贋物が混入されていることを指摘し、弘文荘・反町《そりまち》茂雄氏に相談していたこともあった。

　東京遊学を終えて奈良に戻ってからは、法隆寺勧学院を新たな学所としつつ、薬師寺金蔵院書庫所蔵の教学古版本、殊《こと》に薬師寺住侶《じゅうりょ》、高範《こうはん》、基弁《きべん》、行遍《ぎょうへん》、増忍《ぞうにん》諸師の朱点本を整理・研究していた。後年の講義のなかで、その朱註の秀逸な点を詳説して、薬師寺は南寺伝唯識系であることを説かれていた。

本書所載の「わが健康生活の実際」で叙述しているように、師僧の師は法隆寺の佐伯定胤師である。その定胤師は京都泉涌寺《せんにゅうじ》の佐伯旭雅《きょくが》師に師事されているが、唯識教学の学統からすれば、南寺伝は飛鳥元興寺《がんごうじ》系即ち道昭《どうしょう》学系であり、一方北寺伝は南都興福寺系即ち玄昉《げんぼう》学系に分かれている。薬師寺の貫趾は飛鳥薬師寺で道昭学系であり、学界では中世に南寺伝・北寺伝の混淆があって南北学系の差異は認められないことが通説となっているが、経論書の読み癖等の差異を勘案すれば一概に結論付けられない問題である。

南寺伝学統は、文明年間（一四六九年）以降、後土御門《ごつちみかど》帝内供奉《ないぐぶ》十僧に撰ばれた長乗《ちょうじょう》、長懐《ちょうかい》、長基《ちょうき》、懐賢《かいけん》、胤継《いんけい》と学侶が輩出し、一代空いて高栄《こうえい》、高範、基範《きはん》、基弁、良基《りょうき》、乗範《じょうはん》、行遍、増忍、勝遍《しょうへん》、隆賢《りゅうけん》等の教列に繋がっている。この一事を認知していた師僧は、薬師寺慈恩会《じおんね》（法相教学祖・慈恩大師窺基《きき》の御忌）の竪義加行《りゅうぎけぎょう》を通して南寺伝唯識の已講《いこう》に昇格することを名誉としていた。その心境は「慈恩会竪義加行日記」に表出されている。

私が入寺、弟子入りした昭和十二年は、師僧「院主」が已講僧正に補任された早々の時である。潑剌とした学徳兼備の律僧であった。晋山式《しんざんしき》は昭和十四年五月に行なわれた。先代住職の隆遍《りゅうへん》師忌日を四月三十日に勤め、奉白文を厳粛な面持ちで読み進められていたことを覚えている。院主の称号は「管主」に変わった。

戦争と出家者

支那事変が激しくなってきた頃、阪急創業者の小林一三《いちぞう》氏から、大阪池田市にある氏の旧宅雅俗《がぞく》山荘で毎月仏教講話を催す要望があった。奈良から大阪まで出向き、朝十時頃から約二時間の講話、その後昼食、食後にお茶席が設けられる。大戦末期には米軍空襲により往復路を中断されることもあったが、この講話会は戦後も小林氏が亡くなるまで続いた。

師僧にとって茶道は礼儀作法を学ぶだけでなく人間性を深める上において大切であり、宗教と同様に自分を律する道であると考えていた。また、茶席には各界の名士たちが集って学術サロン的な趣もあり、仏法を弘める場でもあった。

この頃「陣中茶箱《じんちゆうちやばこ》」献納の一事がある。兵士の使用を考えて、抹茶道具（茶盌、茶杓、茶筅、振出し菓子器等一組）を小箱に納めたものである。特に狭い空間の中で緊張を強いられる潜水艦乗組員のために考案し、五十具を海軍省に献納した。小林一三氏も協賛され、後には海軍特攻隊にも献納し、裏千家今日庵千玄室《こんにちあんせんげんしつ》大宗匠の若き日の感激の一頁を語る資料にもなった。

薬師寺でのお披露目式には、茶道の家元や米内光政《よないみつまさ》海軍大将はじめ軍幹部が出席した。師僧がこの茶箱を考案したのは、戦争や国家のためよりも一人ひとりの兵士への共感、いたわりの心からであったと思う。

大戦末期には大政翼賛会奈良県支部常務理事に委嘱された。決起大会が興福寺境内で行なわれた時には、モンペをはいて襷掛けで出席していた。学生時代に剣術の心得があり、頼まれて模範槍術も行なったようである。しかし帰寺して「知事に『あたかも槍術師範宝蔵院胤栄《いんえい》坊（安土桃山時代の興福寺の僧、武術家）ですね』と言われたが、南寺伝の薬師寺には北寺伝のような武術はない」と抗言したこともあった。道昭僧都以来の南都学徳の誉れを心底に秘めていたのである。

戦争も空襲による被害が烈しく急迫を告げる様相となってきた昭和十九年、私は旧制郡山中学四年生になり、十月から上級学校進学相談が始まった。学校から海軍兵学校受験の推薦があり願書を渡された。

保護者の署名が必要なので師僧の机上に差し出した。すると、「お前は人殺しをする兵隊に志願するのか」と睨み付けられた。「大東亜戦争に参加する行為を人殺しとは無茶苦茶です。大政翼賛会の理事の言葉とは思えません」と答えた。ところが、「法令に従って兵隊となり戦場に行くならば止むを得ない。その時の殺傷は全て国王の罪業である。だが志願して軍籍に身をおき戦場に行けばお前自身の罪業であり、わしは保護者として賛成した署名をすれば幇助になる。そのように経典に説かれてあるから署名しない」と厳然と言われた。数分の沈黙が続いた。「では、止めます」とだけ言い残して自室に戻り、呆然と師僧の言葉を繰り返した。

翌日、願書は無記名のまま校長に返した。叱責を受け、校長室前に立たされた。

師走も押し迫った頃のこと、奈良憲兵隊分所から軍曹と兵卒が地蔵院に来訪し、師僧はしばらく面談していた。そして私を部屋に呼び、重苦しい表情で「軍曹に呼ばれたから行って来る。留守番してくれ」とだけ言い残して連行された。

私は一睡もできないまま翌朝の堂参を行なった。兄弟子たちはすでに徴兵されており、まったくの一人であった。翌日は不安な一日だった。連絡は皆無、飲み物も喉を通らない。その翌日も陰鬱な気持ちが続いた。冷え込みの厳しい夜だった。台所の裏戸を強く叩く音に気づき、戸板の落しに手をかけると「わしや」という声調で直ぐ判った。急いで戸を開けると、師僧が仄かな明かりの中に見えた。涙が溢れ出た。

元旦から始まる修正会の準備が終わって一段落した晦日の夕粥膳の時、拘束されてから帰寺後ひさしぶりにゆっくりと言葉を交わした。「庫裡の方の準備はわしが全部済ませた。諸堂はよいのか。片付けたら部屋に来てくれ」と言われた。鎮痛な表情であった。

師僧の部屋には茶菓子が用意され、修正会の準備を済ませたことへの労《ねぎら》いの言葉を頂いた。そして、時局は急迫しており二人に何時《いつ》訣別の時が来るか判らない、しかし寺だけはどうしても護らねばならない、自分もその覚悟でいると静かに話された。予期していた怖ろしい事情ではないと知って少し安堵した。

不審に思っていた憲兵分隊の拘束について尋ねた。「他人の誤解だ」とすげなく言われたが、「大政翼賛会に奉仕しているのに、なぜ誤解が起きるのですか」と追問した。「要は常務理事を辞めたことへの曲解じゃ」と苦笑交じりに言う。私は初めてその事実を知った。「なぜ辞めたのですか」「お前に願書の署名を求められた時に自分の身分に気づいて、知事に辞表を出したのがことの発端じゃ」。私は絶句した。察するに、知事は厭戦思想に転向した旨を理由に師僧の辞任を上申したようである。

その年の大晦日は、師僧と大阪空襲で罹災して身を寄せてきた師僧の親戚者と私の三人だけ。訪問者は一人もなく、地蔵院は森閑としていた。私はひたすら兵学校の一件で、血気にはやり師僧に向かって過激な言動をしてしまったことについて慙愧の念に苛まれていた。

大基《たいき》文庫（凝胤長老遺品管理団体）に「昭和二十年日記　管主房」二冊が存する。三月十日より十二月大晦日までの記録である。

八月十四日　ハレ
今日は何となく最後の茶会としての氣分なり。（予定）客は小林一三　浜口雄彦　荒川又市　加藤義一郎　島中雄三氏なり　空襲ハゲシクして遂に小林・加藤来加（駕）なし　他は皆出席有之　大茶会を開く　十一時半より濃茶　食事　淡茶。午后四時終了せり（茶道具一式記録）
八月十五日
盂蘭盆會準備多忙なり　今日重要放送　天皇玉音　正午有之と晨朝ノラヂオにて通ぜらる　正午前襟を正して稲葉氏のラヂオの前に立ちてラヂオを拝したり　君が代放送の後天皇自から詔書拝読ありたり　無条件降伏せし民族破滅の第一歩を印せり　何んの為すこともなく終日せり
夜（心経）千部会執行　盂蘭盆会ありたり

八月十六日
午前橿原神宮参拝し、民族の降伏を謝せんとせるも来客多くして行くことを得ず（以下略す）
八月三十一日　雨
降伏後半ヶ月　一向に仕事も手につかず　誠に困つた半ヶ月なり　最早そんな事も云うて居られぬ時来たれり　一生懸命九月より発足せざるべからざることあり　奮発すべき秋来たれり

記述は原文のままである。緊張した気持ちで一文を綴っているようだが、九月三日には茶会を催して武者小路宗家を正客に数人連客、さすがに菓子はなくて「ブドー糖」と書いている。翌四日は定例の小林一三氏の雅俗山荘の講話会に数人で訪問している。十八日には東京に行くために早朝五時に大阪駅発の列車に進彦《しんげん》執事と搭乗した旨の記録があり、沿線の被災の烈しさに驚怖を覚えたとある。

十二月三十一日　ハレ
昨夜雨降りし様子なり　今日大晦日にて敗戦の結果頗る不愉快ながら何んとも致し方無く、右往左往しつつ其日を送りて今日に至る。然し果たして来年ともなれば好き日の来るかと待ち居るも能事世に委ねる次第なり。政治経済の圧迫は日に加わり遂には革命か暴動ともなる事では無きかと案ずるのみなるも、これも又自然のしからしむるなのか、自業自得なり。古諺の

「泣く児と地頭には勝てぬ」の通りなり。自重の外なし。今更再び時局に便乗して乗り切る節操も持たず、誠に今後の時局推移を静観して、好時の到来を待つより外なし（以下略す）

今、六十六年前の師僧の日記を前にして思うのは、戦争参加が出家者として如何にあらねばならないのかと説諭された時、戦争の死傷の罪は国王であるとしたこと、それに伴って大政翼賛会の役員を辞退したことから推察すれば、いかに平静な気持ちで新年を迎えようとしているか。

敗戦は師僧に少なからず影響を与えたと思われるが、生き残った人々をどうするかということが先決であり、世界情勢の掌握と現代思想を探求することが必要であるとして、新たなる道を考究していた。そして戦後混乱している日本の人権思想を構築しようと、仏教哲理、東洋思想だけでなく、サルトル、ハイデッガー、キルケゴール、フィヒテ等の著作にあたって西洋哲学を研究する傍ら、京都大学西洋史教授の原随園《はらずいえん》師と交誼を深くし、西洋思想の潮流を学んでいた。

終戦直後、師僧はＧＨＱから奈良県教職員適格審査委員会委員長任命のために身上調査で喚び出され、面接・質疑応答の後、就任を命ぜられた。そして週五日、県庁に出かけて終日詰めていた。当初は嬉々として職務に励んでいたが、日本人として日本的な教育をすることが当然と考えていた師僧は、教育者の二割を不適格にせよと詰め寄るＧＨＱ教育係の中佐と話し合いが決裂して、委員長を辞任している。

その後、昭和二十六年に法務省・人権擁護委員会奈良県連合会の会長に就任した。

日本再生と世界遍歴

戦後、師僧の社会に対する働きかけの転換点に二点あると思われる。一点はこの人権擁護委員会の会長になったこと。もう一点は、社会福祉法人恩賜財団奈良県済生会会長に就任したことである。当時、奈良県には日赤以外に公的な医療機関がなかったため、済生会を中心とした病院を設置、充実させる企画が起こった。昭和二十五年頃から頻繁に誘致されており、師僧も関心を持って東京済生会本部と交流しながら医療事業を進めていった。奈良県済生会に法人格を持たせて奈良、桜井、宇陀《うだ》、吉野、葛城、御所《ごせ》の六病院を設置し、充実した医療機構を整えていった。

その後、この事業は奈良県が引き継ぐことになるが、お役所的で瑣末な事務対応ばかりを相手にしなければならない事情もあって、次第に医療事業への熱意は後述するインド日本寺建立計画へ移行していった。

若い頃に薬師信仰に身を委《ま》かせて一命を救われた身上を述懐している一文が本書に収載されているが、仏教教学布教を一身に課せられた使命と信じていた。師僧は学生の頃から『成唯識論述記《じょうゆいしきろんじゅつき》』等唯識論書を精読玩味しており、「性用別論《しょうゆうべつろん》」という一語をよく説かれた。社会への効用に迷って本性を見失いがちになることに対して、本性と様相を分別し、済生会の医療事業への奉仕からインドに日本寺を建立するという仏恩報謝の献身へ、自分としてどのような立場でこれに臨むべきか、その心がまえ・態度を性用別論によって決し、信仰上の社会教化に定めたのではないだろうか。

またその頃、戦前より構想を抱いていたチベット大蔵経公刊事業に意を注ぎ始めている。資料の蒐集調査の結果、大谷大学図書館所蔵本を中心に、一部欠本はフランス国民図書館から借り受け、原本から六十八万枚もの写真を撮影して製作された。この時期は、このような専門的な仏教布教活動とともに、広く社会に向けた法話会等の教化活動にも継続して力を入れており、例月法話の会には法弟誠胤《じょういん》を侍僧に全国を巡っていた。

この『影印北京版　西蔵大蔵経』は財界はじめ多方面からの協力のもと、昭和三十三年に百五十一巻まで完成した。その後、三十六年に最終百六十八巻（目録・索引含む）で完結している。本書に収載された訪米所感の一文「見かけ倒しのアメリカ」は、この『西蔵大蔵経』の紹介・販売を兼ねて、法弟瑛胤《えいいん》を同道して訪米したときの帰国談である。

アメリカでは鈴木大拙《だいせつ》師と共にニューヨークの仏教アカデミーにおいて全米各大学、図書館や美術館の有力者を招いてチベット大蔵経の披露と講演会を開催した。また、企業家のロックフェラー氏や上院議員のジャヴィッツ氏を訪問して対談、国連人権局での調査、MRA（道徳再武装）本部に滞在して宗教・道徳問題について討議、ワシントンやフィラデルフィアでは美術館観覧など、二ヶ月余りの間に精力的に活動し、宗教・思想・文化・政治・経済等々、多方面にわたるアメリカ社会の様相を実地に見聞した。

帰国後はじめに取材を受けたのは毎日新聞だった。特に経済問題を問われて、「アメリカ経済は負の経済である」と断定した。アメリカでは割賦《かっぷ》販売が販売総量の大半を占めており、その月賦販売の貸付金利を下げると販売総量が上昇する。このシステムにおいて、物の販売総量の過大をもって経済大国と呼称するのは真実の好経済とはいえない。「虚の経済」「負の経済」である。また日本では、アメリカを模倣して紙の消費量が文化のバロメーターになると報じられていたが、その実態が果たして文化レベルの高さを示すものかは疑問であり、それを軽々に信ずるのは稚拙であると指摘していた。

アメリカ社会は正に氷山の一角のごとく、一部の知識層は確かに経済、文化ともに優れているようだが、潜在している大部分の国民は経済、文化ともに貧困である。その貧困な市民（民族）層を基盤にした選挙による多数決政治に根本の問題がある、と断じていた。殊に割賦経済の脆弱な基盤をもって住宅政策と金融政策を推進しているような状態なのだから、五十年もしたら貸付金返還の停滞によって経済破綻が到来するのは必至だと、予言ともいえる発言をしていたのである。アメリカが抱える黒人問題だけでなく、ヒスパニック階層の、おもに住宅金融に対する行政と、それに関わる政党政治の行き詰まりは明白であると断言してはばからなかった。

当時のアメリカ礼賛の世論は師僧の主張を理解しかねていたようだが、その新聞記事を読まれた「財界総理」とも称されていた経団連会長の石坂泰三氏からは賛意の手紙を頂戴した。今日にあってリーマン・ショック以降のアメリカ経済の動向をみて何と思うだろうか。

昭和三十八年には世界宗教者平和使節として、立教大学総長松下正寿《まさとし》氏や曹洞宗管長高階瓏仙《たかしなろうせん》師等十数名の宗教者とともに欧州、東欧、ソ連等を歴訪した。

冷戦下の当時、核大国が核実験を繰り返しており、核兵器の製造および実験禁止を強く訴えていた。そして宗教者こそが政治家を指導、善導しなければならないという責務を感じ、ローマ法王パウロ六世やロンドンのカンタベリー大司教、ソ連ではギリシャ正教の総主教等、諸国の宗教者や政府要人を訪問した。その後、師僧は一団と別れ、パリで日本美術展覧会発足の開眼供養を行ない、中近東、インドを回って帰国している。

翌年にはアリューシャン列島にあるアッツ島まで、玉砕戦死者慰霊法要に二週間の行程で遺族の方々とともに法弟法胤《ほういん》を同道して出発している。雪の舞うアッツ島で残されていた兵舎に数日間寝泊まりしたというのも、当時の兵士の苦境を少しでも体験しようとしたためであろうか。帰国後、両足の指が赤く爛れているにもかかわらず診察を拒否して炎症がひどくなっていた。アッツ島で凍傷にかかったのである。それでも大阪へ定例の法話会に出かけ、その足で名古屋の法話会に向った。

私は持病の糖尿病に加えて酷くなる一方の凍傷を気遣って療養を勧めたところ「邪魔をする」という理由で侍者を外されたが、症状が重度になり急遽予定を変更して帰寺した。懇意の医師が法話に来訪しており、凍傷三度に加えて糖尿病で余病併発しては大変だからと強く安静を促されたということだった。私は安堵して療養を進言したことであった。

インド日本寺建立に向けて

戦後は国内だけでなく、海外にも積極的に出かけている。

花園大学学長であった祥福寺住職山田無文《むもん》師との旧交が法縁となって、昭和三十五年に日印仏教文化協会（現・国際仏教興隆協会）が設立された。そして、インド仏蹟巡拝団を結成し、翌年二月から初めてインド八大仏蹟を巡拝することになった。私は無文老師の侍者、法弟暎胤は師僧の侍者として、総勢二十数名の巡錫行脚《じゅんしゃくあんぎゃ》であった。

釈尊成道《じょうどう》の聖地ブッダガヤの金剛宝座、菩提樹前ではチベット人巡拝者が五体投地の礼拝をしていた。異国・異民族が同じ宗教・信仰を共にする寛容な雰囲気と聖地の持つ独特の静穏さを感じる場である。大塔が中央に厳然と屹立している聖域の周辺には、スリランカ、タイ、ビルマ、中国、チベット、ラオス、カンボジア等各国の寺院があり、中国寺院以外には僧侶が居住していた。案内していただいたブッダガヤ大菩提会役員から、かつて一九二〇年から三〇年に地域の割当てが実施されたが、日本は建物を未だに建てないので取り消された旨の説明を受けた。

ブッダガヤには二泊したが、バンガローの一室に留錫《りゅうしゃく》された無文老師は釈迦牟尼世尊《しゃかむにせそん》の尊号を何度も唱えられ時には感極まっておられた。そしてパトナ、霊鷲山《りょうじゅせん》、初転法輪《しょてんほうりん》地サルナートを巡拝した後、ガンジス川を遡上してバイシャリー、涅槃《ねはん》地クシナガーラを貸切車両で巡歴した。無文師は師僧について得度されたこともあり、車中では共に向学に燃えていた東京遊学時代の懐かしい思い出を親しく語られていた。

三十日間の仏蹟巡拝行を終えた後、私は単身さらに六十日間の仏足蹟《ぶっそくせき》探索行の旅を求めた。玄奘三蔵の『大唐西域記《だいとうさいいきき》』の記述に従って、デカン高原と南インド・アマラバティ仏蹟に向かい、アマラバティ大塔及び仏足蹟を検分した。その後帰国して、師僧からインドに日本寺建立を計画していることを知らされた。

それが具体的に進行するのは昭和三十八年八月のことである。師僧は大和郡山大石石材店にインド・ブッダガヤに建立する宝篋印塔《ほうきょういんとう》を発注し、石塔の原石を採石する瀬戸内海北木島《きたぎしま》に出向いて安全法要を行なった。三十九年十二月、インド・ビハール州政府から日本寺の境内地の指定と契約調印日の通知書が届き、法弟法胤、国会議員和爾《わに》信徒総代を同道してインドへ出発している。

昭和四十年九月には宝篋印塔を薬師寺境内東塔北側に仮建立し、造塔安全誓願法要を執行。総重量四十トン、総高八メートルの石塔正面には「佛恩報謝」「佛法興隆」「令法久住」「利樂有情」、背面には「建立主　日本國僧　橋本凝胤」と刻字された。その年の暮れに石塔はインドに向けて神戸港から出荷された。

翌年二月に大石石材店大石恒義氏が、現地では重機類は皆無ですべて人力のみの建立作業という困難を乗り越え、犠牲的ともいえる尽力により宝篋印大塔が完成した（当初、タイ寺側傍のビハール州政府所有地に仮建立された。州政府下に設置されたブッダガヤ聖地整備委員会により、大塔周辺には分祀寺院を建設することが禁じられたため、後日計画指定地域に宝篋印塔を移建することになっていた）。

そして二月二十七、二十八日の二日間、ビハール州知事、インド政府の高位高官の出席を得、日本からは南都隣山寺院管長六閣衲をはじめ各山信徒総勢百五十名参列のもと、インド・ブッダガヤに建立する印度山日本寺第一期工事となる宝篋印塔開眼法要が執行された。

十年一日の如し

平成二十二年、特別史跡平城宮跡地で平城遷都千三百年記念式典が盛大に行なわれた。平城遷都千三百年祭には一七四〇万人の来場者があったと発表された。今では知る人も少ないが、師僧はこの平城宮跡を後世に残すべく戦後間もなくより活動し、当時一般の民有地となって史蹟保存が危ぶまれていたときに、国有化実現に向けて奔走していたのである。

昭和三十年には平城宮跡保存顕彰会会長となり、昵懇となっていた大野伴睦《ばんぼく》副総理に平城宮跡地の文化的重要性を説いて現地を案内したり、その後池田勇人首相に官邸まで陳情に出向いて説得したりと、正に東奔西走していた。ついには昭和三十八年、池田内閣において国費買い上げの法案が成立し、国有化されて平城宮跡地は現在に至るのである。

チベット大蔵経刊行とその紹介を兼ねた訪米、世界宗教者平和使節団員としての訪欧、インド日本寺建立への嚆矢となる宝篋印塔建立、平城宮跡地の国有化など、長年の憧憬の数々の夢事が数年の短期に叶ったことへの悦びの一方で、それらに絡んで種々湧き起こってくる諸問題に腐心し、この頃は師僧もさすがに疲労極に達していたのではないかと思われるが、少しもそのような様子は窺われなかった。

生涯、唯識教学に精意を徹していただけに心意の転換が敏活であり、世俗上起こる問題に対しては即断し、何事も割り切って処していた。戦後の農地解放で薬師寺の領田が喪失して寺の収入がまったく途絶えた時も、「これでおまえたちも少しはしっかりするだろう」と私たち弟子を叱咤していたほどである。その後の薬師寺旧境内地の買い戻しについても、不動産取引にまつわる煩瑣な交渉事や不快事が少なからずあったが、禍を転じて福と為すと割り切ればよいと、結果的に旧境内地の主要な部分が戻ってきたことをそのまま受け止めていた。

そして、その地に宝蔵庫を建築することになったが、このささやかな慶事が薬師寺住職退任の時期を決心させたようであった。

本書に所載されている『大法輪』誌上の、師僧と晋山法要後一年経った好胤法兄との対談では、住職継承事情や薬師寺金堂復興事業について語り合っているが、師弟の関係を超えた二人の性格が明瞭に表れているようである。終戦直後の話であるが賠償問題が喧しい頃、薬師寺の諸仏・寺宝が米国へ持って行かれるという噂がたったことがあった。師僧は「日本は戦後直下で国民は非常に貧しい。アメリカのオリエンタリスト、アーネスト・フェノロサやワーナー氏のように薬師寺銅像群の価値を評価する国で大切に保存され、なおさらに日本政府の年間予算の一・五倍の資産が入れば国民が潤って良いだろう」と平然としていた。好胤法兄は、これに抗して金堂再建復興の意気込みを述べていた。「名将出でて万卒枯れる」と古諺にあるが、両雄相並ぶという感じであろうか。

その後、住職を退任して長老となった師僧は、法相教学の根本経典である『成唯識論』の講義に集中する生活が続いた。その頃は高田好胤新管主の弟子を師僧が教監として預かり、珠慶《しゅけい》、昌胤《しょういん》、賢胤《けんいん》、朝胤《ちょういん》、覚田《かくでん》、義詮《ぎせん》等を聴講者として講義を続けた。

私も含めて弟子が寺務の多忙を理由になかなか出席しないので、時たま聴講に出ると「毎日講義を聴いてこそ身につくのじゃ」と叱声が飛んで来た。「平常業成《へいぜいごうじょう》」という一語を生活の基本に精進を続け「十年一日の如く」日々を過ごすように、と口癖のように諭した。また、昭和四十五年四月から病臥するまでの五年間、毎月二回東京に出向いて東大仏教青年会の研究会において『成唯識論』の講義を続けている。

昭和四十六年のこと、阿南惟幾《あなみこれちか》陸軍大将夫人、阿南綾さんが得度を受けに来寺され、別坊舎で善《ぜん》信尼《しんに》として修行されることが決まった。師僧が尼僧と師弟を結ぶことは希有な一事であったが、善信尼の稟性と心衷に対する洞察は明確なものがあった。そして善信尼に百日に及ぶ四度《しど》加行《けぎょう》修行の指命があった。当時尼は七十三歳。過酷ともいえる四度加行を経験したことのある弟子たちが、ご高齢の尼には過剰な修行ではないかと訴言したが頑として受け容れることはなかった。両人の求菩提心はそれぞれ立場こそ異なるが、明白に通じ合っていたと察せられる。敗戦の重責に一死をもって殉ぜられた阿南大将、大戦戦死者への追悼の篤志を、仏道を通して実現しようとする熱意を秘めている善信尼の求菩提心を汲んでのことであった。

昭和四十八年十月、師僧はサンパウロ大学・ムリロ博士に招聘されて「国際ヨガ学会」における唯識講義のために法弟太胤《たいいん》を随伴してブラジルへ渡航した。十一月下旬に帰国し、さらに十二月九日からインドへの巡礼に出発。体調を考えてわれわれ弟子は反対したが、インドで涅槃に入れば結構なことだ、と一言残して旅立った。

そして大晦日直前に帰国し、今度は和歌山の白浜薬師堂例月祭に奉仕すると言って出かけた。身体を気遣う私たち弟子の進言には全く馬耳東風であった。

生死一如

晩年、師僧は風邪をひくと糖尿病と関連して快復が遅れた。体調を気遣って早朝の堂参の時間を遅らせたらどうかと勧めたところ、「十年一日の如くと何十年も教育してきたのに、わからん奴だ」と睨みつけられた。「わしはお前らのような鈍《なまく》ら坊主ではない。堂参中に倒れて死んだら本望じゃ」と取り付く島もなかった。

高熱が続いたときも医師の診察を拒んで食欲も細る一方なので、私たち弟子は気が気ではなかった。相談の輪に入ってもらった善信尼が病床に行き、「お大事に遊ばしませんと大変なことになります。お医者様の診断をお受けになられ、御療養遊ばしますようにお願いに参りました」と進言したところ、「何度教えたら判るのか。お互いに出家の身、御臨終は何時《いつ》かと尋ねるもんじゃ」と叱正を受けたと報告されたこともあった。

昭和五十年早春、御家流香道の山本霞月さんを偲ぶ霞月忌を師僧導師の下で催すことになっていたため、私は前準備に東京に行っていた。師僧は岐阜別院に講義のため留錫、早朝の列車で東京に向かうことになっていたが、伴僧から体調が急変した旨の連絡が入った。私はすぐ帰山するように指示した。

そして奈良済生会病院に入院することとなった。医師の所見を聞いて症状をみると発語障害が想像できた。入院してからはほとんど眠っている状態で、食事は少量の摂取だけ。脳血栓か脳梗塞が進行していると主治医に告げられた。

師僧の志を継ぎ、高田好胤法兄が薬師寺管主となって十年、百万巻の写経勧進《かんじん》の末に実現した記念すべき金堂復興完成落慶法要を控えて悲痛な事態となった。転院先を医療設備・介護等の条件を考えながら、親族と相談して探しているうちに期日が迫ってきた。

昭和五十一年四月一日、法要初日に金堂前に庭儀舞台を設備し、師僧には堂内に御座を設けて参列してもらうことにした。参列者は約一万五千名。金堂前庭儀舞台を挟んで東西に立錐の余地もない状況であった。法要奉仕者の小松優葩《ゆうは》女史が開式前に車椅子で誘導して堂内に着座願った。式典が始まり、舞台潔斎・咒師《しゅし》素走り儀、唄、散華《さんげ》の序典と進行し、「薬師寺金堂昭和復興落慶法要お扉開扉」の会奉行《えぶぎょう》の詞に伴って金堂南側正面三間の扉が開くとともに金堂鴟《し》尾《び》開顕、虚空から散華が舞い飛び参拝庶衆の大喚声、万雷の拍手が一斉に湧き上った。その轟々とした交響音が堂内に届いた時、師僧は悦びに満ちた表情で嗚咽していた。

その後、法弟賢胤と付添婦の方と交替で看護をしながら枚方《ひらかた》、高槻、有馬と転院を続けた。突然の発熱、嚥下障害など病状が進行していった。そして新千里病院では、吉岡院長の懇意な助援をいただいて各種のリハビリテーションを続けたが、効果は期待するほど進まなかった。

昭和五十二年十二月二十四日、年末年始病院は救急以外は休業態勢に入るので、仮退院の申請をした。寺の自坊で生活をすれば、病状が好転するかもしれないという一縷《る》の望みもあって、仮退院を考えていたが許可がなかなかおりない。その日は仕方なく諦めて帰寺することにしたが、心中穏やかではなかった。駅で偶然に主治医と会い「橋本さんはまあ、植物状態ですから病院での治療は限界でしょう。仮退院でなくて退院された方が良いのではないでしょうか」と告げられた。私には抗言する言葉が見付からなかったが、実はこの非情な宣告に腹立ちさえ覚え、そのまま帰寺する気にならずタクシー乗り場に歩が進んでいた。

病院から車で三十分ぐらいのところにある箕面《みのお》の勝尾寺に参詣しようと、ふと思いついたのである。師僧が若い頃、勝尾寺に仮偶していた親しい友人に会うために十数里も歩いて行き、一夜中囲棋をして過ごしたという話を聞いたことを思い出したのである。そして勝尾寺に行き、本堂の観音様に師僧の平安をお祈りして帰途についた。

二十六日の月曜日に病院に戻って一月九日までの仮退院手続きを終え、寝台車に師僧を乗せて自家用車で帰寺するという予定ができた。私は安堵して病室に行った。病床の付添をしていただいている佳鏡《かきよう》さんから「土曜日は病院から直ぐ帰られなかったでしょう。ずいぶんイライラされている様子だったから気になって、自坊に電話をしたら『まだ帰らない』という返事なので心配していました」と言われた。箕面に行き勝尾寺に参詣した経緯の一部始終を話した。また師僧が若い頃に友人と楽しんだ囲棋のことまで話した。

とその時、背後に「ワーッ」と大声で泣くような声がした。とっさに枕元に顔を近づけて師僧の顔を見つめた。落ちこんだ眼瞼《まぶた》に涙が溢れている。そして私の襟を両掌でつかんで自分の方に引き付けようと力み、額と額とがいき当った。「余計なことを喋ってすみません」と謝する心で発した言葉が通じたのか、参詣して平安を祈願したことへの謝意だったのか。

三年間声も発することなく寝たままの状態であったことを考えて合点できたことは、唯識の説く人間の不可思議が師僧の身に起きたのではないかということだった。生涯の唯識教理研鑽がアラヤ識に銘記不忘である、という大事を教示いただいたのだと思った。殊《こと》に教理の一條理にある「眼耳《げんに》身三識《しんさんしき》は二界繋二地《にかいけにじ》に居す」という偈《げ》を、かつて唯識講義の中で頻りと説かれていたことを思い出した。眼耳身の三器官にかかわる神経は欲界繋《よくかいけ》（日常生活の世間、世俗界）、色界繋《しきかいけ》（諸々の欲から捨脱した出世間《しゅっせけん》の世界）の二界に通ずるというものである。

この時の師僧は、生きている現実だけをそのまま受け入れ、生きたいという意欲を捨離捨脱した心境だったのではないか。自心の識体に対する執着を持たないように生涯修練を徹底してきたことから色界繋に三識が移行し、病室での私たちの話を聞いて六十余年も前の一事を思い起こし、あわせて勝尾寺の観音様の功徳の深さに感涙され、医学的に植物状態と判断された身とは隔絶した現況が自然と顕われたのではないか。落慶法要の時の歓喜の嗚咽も思い出されて、そう考えずにはいられなかった。

正月は久しぶりに自坊で過ごしてもらい、年が明けて新千里病院に戻った。

三月は何となく気がかりの月であった。師僧は晩年、法話のたびに西行法師の「願はくは花のもとにて春死なむ　そのきさらぎの望月のころ」という遺詠歌に憧れている話をした。歌心をしのび、師僧のお伴をして弘川寺へ参詣したことを私は思い出していた。

当時私は蓼科・聖光寺《しょうこうじ》の代理住職を務めていたので、例祭を終えて長野より帰山し、法弟暎胤と相談して病院近くに仮宿をとり交替で看護することにした。二十四日の夕刻に病院を訪れたが、師僧は昏々と眠るばかりだった。大迦葉《だいかしょう》尊者が釈迦牟尼世尊《しゃかむにせそん》へ接足礼拝《せっそくらいはい》の作礼《さらい》をする儀に倣い、師僧の足裏に掌で接して無言のまま退室して仮宿に入った。その深夜零時過ぎ、皆既月食が起こった。夜空を見上げると赤褐色の月影である。不安な気持ちになった。

翌朝、法弟暎胤と共に病室を訪ねた。病態は変わらない。静かに眠られており、脈拍・血圧も正常であることを確認し、修二会を数日後に控えているので帰寺の途についた。寺務室に到着。訃報が入っていた。すぐさま病院に引き返した。私たちが退出してから容体が急変し、「椿花の落ちるように逝かれました」と夜昼なく最期まで付き添っていただいた佳鏡さんに告げられた。

三月二十五日は旧暦如月の望月の暦日である。生前から憧れていた西行法師の遺詠歌そのままに遷化された。

唯識論書の中に「黙識心通《もくしきしんつう》」という一語がある。言葉に語らず、無表業《むひょうごう》のままであっても心は通ずる意である。「忍の徳たるや持戒苦行にも及ばず」——師僧は慈雲《じうん》尊者飲光《おんこう》の墨書を好んで自室に掲げており、生涯「黙忍」「淵黙」を識命としていた。

生死一如《しょうじいちにょ》、生死一大事《しょうじいちだいじ》と膾炙することがあるが、履行の道は遠しである。

＊

今、師僧凝胤和上のお人柄をしのびつつ、師の人徳によって薬師寺の寺風が保たれ、寺門の子弟が和南衆として伽藍を護持させていただけることは、正しく師の徳育に拠るところであります。

また師の著作権が親族に相続されていたところ、昨年三十三回忌をもって著作権を薬師寺に無償譲渡下さり、書肆の書架から師の著作物が消失せんとする時、妙機を得て芸術新聞社より本書の出版の申し出を受け、遺弟一同欣慶の念を禁じ得ません。

読者の皆様に著作物を通して師の人徳をお慕い賜らば幸甚と存じます。

平成二十三年　十月

松久保秀胤（まつくぼ　しゅういん）

一九二八年大阪府生まれ。一九三八年薬師寺入寺。橋本凝胤師に師事。法相宗宗務長、薬師寺管主、法相宗管長を歴任。二〇〇三年薬師寺長老。法相唯識の普及、教化のため全国各地で講義を続ける。藍綬褒章受章。仏足石研究の第一人者。著書に『唯識初歩』『安らぎを求めて』『生きる指針』『み佛の踏みし蹟どころ』、共著に『薬師寺白鳳伽藍の謎を解く』等がある。

著者略年譜

西暦	年号	履歴
一八九七	明治三十	四月二十八日、父・東繁松、母・ぬいの二男・常太郎として、奈良県生駒郡平群村に誕生。
一九〇四	三十七	三月二十一日、法隆寺に入寺、佐伯定胤師に師事。常磨と呼称。
一九〇五	三十八	三月、生駒郡平群村梨本尋常高等小学校尋常科第二学年修業。薬師寺に移り住む。
一九〇七	四十	三月、西ノ京尋常小学校尋常科第四学年を卒業。
一九〇九	四十二	三月、甘壌尋常高等小学校高等科第二学年を修業。度牒授けられ凝胤となる。
一九一六	大正五	二月、橋本隆遍師の姓を継ぎ、橋本凝胤となる。 三月、郡山中学校を卒業。第三高等学校受験のため、京都清水寺に止宿。この年大病にかかる。
一九一七	六	宗教大学（現・大正大学）に入学。

一九二一	大正十	東京において東大寺筒井英俊師と共に寧楽仏教研究会を発起し、美術論誌『寧楽』を発行。
一九二三	十二	三月、宗教大学卒業。 四月、高楠順次郎教授の門下として、東京帝国大学聴講生となり、三年間学ぶ。黒板勝美、高楠順次郎、小野玄妙、大屋徳城、南条文雄、望月信亨、村上専精等諸先生の指導を受ける。 この間にインド仏教史の論文を作成。さらに『仏書解説大辞典』『大日本仏教全書』『望月仏教大辞典』『大正新脩大蔵経』等の編集に参画する。
一九二四	十三	七月、世界仏教大会に出席のため、佐伯定胤師の随行として中国各地を訪問。以来仏教研究のため再々訪中することとなる。
一九二六	十五	奈良薬師寺に住し、法隆寺勧学院に学ぶ。 『藏文和文譯　唯識三十頌・大乗百法明門論』（蔵文和訳、薬師寺）出版。
一九三四	昭和九	『岩波講座日本歴史　南都佛敎』（岩波書店）出版。
一九三七	十二	慈恩会竪義加行を満行する。
一九三九	十四	薬師寺住職となる。

一九三九	昭和十四	『思圓上人一期形像記』（鵤故郷舎）出版。
一九四〇	十五	『救世観音』（観音全集第九巻、有光社）出版。
一九四一	十六	法相宗管長に就任する。
一九四四	十九	『仏教教理史の研究』（全国書房）、『奈良の上代文化』（編著、全国書房）出版。
一九四九	二十四	文化財保護法制定推進に尽力。 この頃より薬師寺東塔ほか文化財の修理につとめ、以後月光菩薩、吉祥天女画像、本尊薬師如来台座、聖観世音菩薩、南門および八幡宮社殿等の修復次々に成る。
一九五一	二十六	三月、奈良県文化財保護審議会専門委員（昭和四十二年三月まで）。 奈良国立文化財研究所の設立を提唱する。 飛鳥・平城宮の遺跡を国家的保存とするため尽力する。 十月、人権擁護委員会奈良県連合会会長（昭和四十四年六月まで）。
一九五二	二十七	五月、社会福祉法人恩賜財団奈良県済生会会長（昭和三十五年九月まで）。 十二月、奈良国立博物館評議会評議委員（昭和五十三年三月まで）。
一九五三	二十八	十一月、大阪堂島薬師堂復興。

一九五五	昭和三十	平城宮跡保存顕彰会会長として、特別史跡平城宮跡の国家保存の基礎を固める。
一九五七	三十二	『菩薩』（薬師寺）出版。
一九五八	三十三	チベット大蔵経復刻版紹介のため、アメリカに渡航。
一九六〇	三十五	藍綬褒章受章。
一九六一	三十六	第一回インド仏蹟巡拝団を結成し、団長として巡礼する。 『人の心　仏のこころ』（誠信書房）出版。
一九六二	三十七	『般若心経講話』（誠信書房）出版。
一九六三	三十八	世界宗教者平和使節団員として渡欧。ローマ法王、カンタベリー大司教等に謁見。
一九六四	三十九	厚生省慰霊団員としてアッツ島に渡航。
一九六六	四十一	二月、仏恩報恩感謝のため、インド・ブッダガヤに日本寺建立を発願し、同地に宝篋印塔を建立。 薬師寺大宝蔵殿完成。 『心の安らぎ』（行雲叢書第一集、春秋社）出版。
一九六七	四十二	和歌山県白浜薬師堂建立。 薬師寺住職を退き、同寺長老となる。

一九六九	昭和四十四	賜杯銀杯一個。 『彼岸に帰る』（行雲叢書第二集、春秋社）、『仏教の人間観』（講談社現代新書）出版。
一九七〇	四十五	長野県聖光寺開山。 『人間の生きがいとは何か』（講談社現代新書）出版。
一九七二	四十七	十一月三日、奈良市名誉市民として顕彰される。 『変らざるもの』（現代を生きる心・一、筑摩書房）出版。
一九七五	五十	茨城県潮音寺開山。
一九七八	五十三	三月二十五日、遷化。

［編集付記］

初出時の誤字や脱字等、明らかな誤植と認められる箇所について、訂正可能と判断されるものは訂正した。読書の便宜を図り、句読点や改行、送り仮名を整理し、漢字表記の接続詞や副詞・代名詞等、使用頻度の高い語句を一定の枠内で平仮名に改め、基本的に書名や経典名には『　』を、引用文や会話文には「　」を付した。講演・対談等の筆記録について、著しい重複や文脈がたどりにくいと思われる部分については、著作権者の協力を得て、初出時の趣をできるだけ損なわない配慮をして修正したところがある。

信ずるとは何か

2011年　11月18日　初版第1刷発行

著　者　橋本凝胤《はしもとぎょういん》
発行者　相澤正夫
発行所　株式会社 芸術新聞社
〒101-0051
東京都千代田区神田神保町2-2-34
千代田三信ビル
電話　03-3263-1623（編集）
03-3263-1637（販売）
FAX　03-3263-1659
URL　http://www.gei-shin.co.jp/
振　替　00140-2-19555
印刷・製本 シナノ印刷 株式会社

ISBN978-4-87586-308-3　C0015